현직 교사도 함께 학습하는 수능 고사성어

역사가 보이는
고사성어
특강

박한신

저자 박한신은 문사철(文史哲)에 청춘을 투신했고 야학에서 국어·사회·
영어 등을 가르쳤다. 메가스터디를 거쳐 이투스에서 강의를 하고 있으며
온라인 강의를 시작한 해부터 지금까지 한자 자격증 및 수능 한문 영역 전
국 1타이다. 그의 인문학 특강은 석봉한자에서 만날 수 있다.

역사가 보이는
고사성어 특강

인쇄일 | 1판 1쇄 2016년 7월 22일
발행일 | 1판 1쇄 2016년 7월 28일

글 | 박한신

펴낸이 | 김영곤 **펴낸곳** | ㈜북이십일_21세기북스
교육출판팀장 | 신정숙
책임개발 | 탁수진
영업·마케팅 | 김창훈 오하나 김은지
표지 디자인 | 박선향 **내지 디자인** | 예손 **편집** | 우진문화사

출판등록 | 2000년 5월 6일 제406-2003-061호
주소 | (우 10881) 경기도 파주시 회동길 201(문발동)
전화 | 031-955-2108(마케팅), 031-955-2444(기획편집), 031-955-2177(팩스)
홈페이지 | www.book21.com

ISBN 978-89-509-6551-8 03770

현직 교사도 함께 학습하는 수능 고사성어

역사가 보이는
고사성어
특강

박한신 지음

21세기북스

『**철운장귀**』가 출간된 지 100년이 넘었다. 이를 바탕으로 탁월한 연구 성과와 업적들이 족출되었으나 대개 중국과 일본 학자의 작품들이었다. 아직도 대한민국에서 갑골문과 문자학에 관련한 세계적인 석학이 배출되지 못함이 안타까울 뿐이다. 학부 때 갑골문 출토 후 100여 년간 발표되고 출간되었던 논문과 서적을 분석하기 위해 도서관을 헤맬 때가 있었다. 그렇게 오랜 시간을 역사와 문학 그리고 문자학을 궁구했으나 천성이 게으르고 노둔한 인간이라 그런지 부족함을 채울 시간이 더 필요해 보인다. 다만 청춘을 문사철(文史哲)에 투신한 덕분에 더는 헤매지 않은 것에 안도할 뿐이다. 그 일환으로 온라인 최초로 시경 · 초사부터 한시까지 통시적으로 한문학을 조망하는 특강을 오픈한 지 벌써 몇 년이 지났다. 전국 각지에서 과분한 격려와 찬사를 받은 것에 대한 보답으로 원고를 다듬어서 출판했어야 했는데 안일함과 나태함으로 몇 해가 지나버렸다. 그러다가 오희숙 실장님의 강렬하고 지속적인 권설에 힘입어 역사가 보이는 고사성어 특강을 먼저 선보이게 되었다. 기본 원고는 비교연구방법으로 동 · 서양사를 단번에 정리할 수 있도록 구성한 것인데 그 초고에서 중국 고대사를 분리하고 고사성어를 역사적인 맥락에서 학습할 수 있도록 만들었다. 가장 주안점을 둔 것은 학습자가 역사적인 원근감을 갖출 수 있

도록 한 것이기 때문에 일반 교양서로서 손색이 없을 뿐만 아니라
전공자들이 참고하기에도 적합하고 유익할 것이라고 기대한다.

미천한 자를 강사로 선택해주신 에듀캠퍼스 대표님과 오숙희 실
장님 그리고 교재의 출판을 허락해 주신 21세기북스 김영곤 대표
님과 탁수진 차장님께 감사의 마음을 전한다. 훌륭한 영상을 만들
어주신 미디어백북 김희은 대표님과 이영래 대리님 그리고 김용환
촬영감독님의 노고에 감사드린다. 처음부터 끝까지 여섯 차례나
정성을 다해 낭독하며 퇴고에 참여해준 이서현과 고려대학교 한문
학과 임자연 선생님 그리고 더는 다듬을 수 없었던 모호한 문장과
졸문을 깔끔하게 조탁해주신 오선이 작가님께 고마운 마음을 감출
수가 없다. 각 분야의 최고의 전문가를 만나게 해주시고 모든 작
업을 가능케 하신 하나님 아버지께 모든 영광을 돌린다.

저자 **박한신**

차례

연표

요순 시대	하나라 시대	상나라 시대	서주 시대
	B.C. 2070~B.C. 1600	B.C. 1600~B.C. 1046	B.C. 1046~B.C. 771

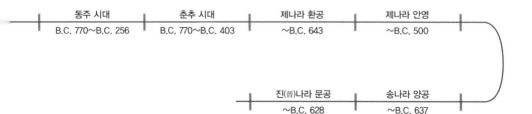

동주 시대	춘추 시대	제나라 환공	제나라 안영
B.C. 770~B.C. 256	B.C. 770~B.C. 403	~B.C. 643	~B.C. 500

	진(晉)나라 문공	송나라 양공	
	~B.C. 628	~B.C. 637	

차례

연표

초나라 장왕	오나라 합려	오나라 부차	월나라 구천
~B.C. 591	~B.C. 496	~B.C. 473	~B.C. 465

전국시대	한나라	조나라	위나라
B.C. 403~B.C. 221	B.C. 403~B.C. 230	B.C. 403~B.C. 228	B.C. 403~B.C. 225

진(秦)나라	연나라	초나라
B.C. 900년경~B.C. 221	B.C. 1046~B.C. 222	B.C. 402~B.C. 223

중국 고대 신화에 등장하는 제왕으로 알려진 삼황오제
(三皇五帝)[1] 중 요임금과 순임금은 성군의 대명사로 통하는 존재입
니다. 그들이 이룬 치세는 태평성대의 모델로서 공자마저 흠모했
다는 점은 이미 잘 알려진 사실입니다. 하지만 우리가 알고 있는
고사성어가 이들로부터 시작됐다는 것을 아는 사람은 매우 드뭅
니다. 그래서 요순으로부터 시작되는 성어의 뿌리 및 원류를 역
사적인 배경을 통해 하·상·서주를 거쳐 춘추전국시대에 이르
기까지 통시적으로 살펴볼 예정입니다. 아울러 성어에 등장하는
3급 한자를 갑골문과 설문해자 버전으로 그 자원을 심도 있게 탐
구하고, 후반부에서는 대한검정회(대한민국 한자교육 연구회) 3급 한
자를 총정리해서 3급 자격증까지 단번에 취득할 수 있도록 구성
했습니다. 3급 대비 1,000자는 기본적으로 '~인데 ~로 풀이'로
정리했습니다. '~인데'까지는 갑골문의 해석을 정리한 것이고,
'~로 풀이'는 외우기 쉬운 방법을 제시했습니다. 다만 지면의 한
계로 상세하게 설명하지 못한 부분은 강의를 듣고 교재로 복습한
다면 단기간에 한자를 정복하고 대한검정회 3급 자격증을 취득할
수 있을 것입니다. 이제 60강을 통해 고대 중국의 고대 역사뿐만
아니라 고급 성어 및 3급 해당 한자 1,000자까지 단번에 정복할
수 있을 것입니다.

---

1 삼황오제 : 대체로 복희씨·신농씨·여와씨를 삼황(三皇)으로, 황제·전욱·제곡·요·순을 오제(五帝)로 본
다. 《사기》를 지은 사마천조차 삼황은 허구적인 인물로 여기고 기록하지 않았다. 삼황오제 중 실존 인물
로 볼 수 있는 존재는 요·순뿐이다.

1강

요임금 시대 _ 전설 속 제왕

> 감간지고(敢諫之鼓) 진선지정(進善之旌)
> 고복격양(鼓腹擊壤)

　　　　　　　　　　　　중국 황실의 모습을 영화를 통해
서 본 적이 있을 것입니다. 영화 속 황궁은 마치 공중에 떠 있는 대
궐과 같고, 황궁까지 가지런히 이어지는 돌계단은 땅의 세계로부터
천상의 나라를 연결하는 사다리 같아 보입니다. 하늘 높이 이어지
는 웅장한 섬돌을 보면, 압도적인 위엄과 숙연함마저 느껴집니다.
아무리 어리석고 미천한 존재라 하더라도 그 용좌에 앉기만 하면
하늘과 땅을 다스리는 주인이라고 인정하지 않을 수 없을 듯합니
다. 중국 전설 속 제왕인 요(堯)임금 역시 그런 황궁의 용상에서 천
하를 다스렸을 것으로 생각할 수 있습니다. 하지만 당시 천자였던
요임금의 삶은 우리가 상상하는 모습과는 사뭇 다릅니다.

　우선 요임금의 궁에는 마천루로 이어지는 돌층계를 찾아볼 수
없었습니다. 단지 세 층으로 된 흙 계단뿐이었습니다. 화려한 장

식의 거대한 지붕 역시 기대할 수 없었고, 비바람을 막아주는 갈대 지붕이 전부였습니다. 볼품없는 것은 임금의 수라도 마찬가지였습니다. 산해진미(山海珍味)는커녕 고기 한 점 올라가지 않았고, 오직 현미와 채소뿐이었습니다. 그렇다면 의관은 조금 근사했을까요? 옷차림도 다르지 않았습니다. 요임금은 옷감이 너덜너덜해질 정도로 해져도 새 옷으로 갈아입지 않았고, 겨울에는 녹피 한 장으로 추위를 견뎌냈습니다. 헐벗고 추위에 떨고 있는 백성들을 생각하면 그것마저 사치라고 생각했기 때문입니다. 이처럼 요임금의 의식주(衣食住) 그 어디에서도 천자의 권위를 확인할 수 있는 외적인 요소나 장치를 발견할 수 없습니다. 하지만 요임금이 지닌 인덕과 지혜는 하늘만큼 넓고 바다처럼 깊었기 때문에 남녀노소를 막론하고 요임금을 우러러보며 따랐다고 전하고 있습니다.

요임금은 백성을 자식처럼 사랑하고 아끼는 마음으로 민생을 살폈고, 특히 농업 생산량을 안정화시키며 백성들의 먹고사는 문제를 해결하기 위해 온 힘을 기울였습니다. 그렇게 경제를 안정화시킨 후 백성을 교화하는 일에 힘쓰며 오직 덕치와 선정을 베푸는 일에만 모든 권력을 집중했기 때문에 사리사욕으로 가득 찬 간신들은 발붙일 틈조차 없었습니다. 요임금과 함께 공직에 참여한다는 것은 곧 백성의 복리후생을 위해 고된 노역도 감내해야 하는 혹독한 일이었기 때문에, 간악한 자들은 주요 관직에 자청할 엄두조차 내지 못했습니다. 그로 인해 요임금의 궁궐에서 이뤄졌던 치세가 인류 역사에서 태평성대의 전형으로 평가되며, 아울러 위대한 천자의 모범으로 요임금이 지금까지 회자되고 있는 것입니다.

위대한 천자로서의 요임금의 진면목을 확인할 수 있는 성어가 있습니다. 요임금은 자신이 행여 독단의 정치를 하고 있는 것은 아닌지 염려하면서 궁궐 앞에 북을 설치했는데, 여기에서 첫 번째 성어인 감간지고(敢諫之鼓)가 등장합니다. 천자에게 감히(敢) 간언할(諫) 내용이 있다면 언제든 마음껏 칠 수 있게 만든 북(鼓)이라는 뜻입니다. 북을 쳐서 자신의 의견을 주저 없이 표현할 수 있는 의사 표현의 자유를 보장해 준 것인데, 이는 역사상 최초로 언로를 열어 여론을 수렴했다는 점에서 그 의미가 깊습니다. 뿐만 아니라 백성의 고충을 직접 듣고 해결해주는 상담자로서의 면모도 확인할 수 있습니다. 진(晉)나라 때 시작되었다는 등문고와 조선 태종이 설치한 신문고는 바로 이 제도를 모방한 것입니다.

또한 거기에서 그치지 않고 오달(五達)[2]의 거리에 깃발(旌)을 세우고 그 아래에서 정치에 대한 좋은(善) 의견을 마음껏 진언(進言)할 수 있는 제도를 마련했는데, 진선지정(進善之旌)이 여기에서 유래했습니다. 그곳은 건설적인 비판이 허용되는 대화의 장이자 토론의 장이었으며 한편으로는 사교의 장이었다는 점에서 대중적 살롱 문화의 효시였다고 볼 수 있습니다. 아울러 유능한 인재를 공개적으로 검증하고 선발하는 공개 채용의 장이기도 했는데, 이는 유세객 문

---

2 오달 : 길이 동·서·남·북 중앙의 다섯 군데로 통한다는 뜻이다.

화와 제자백가 문화의 뿌리가 되었다고 간주될 뿐만 아니라 폴리스적인 참여 민주정치의 구현이라는 점에서 그 의미가 특별합니다.

요임금 통치 50년 되던 해 요임금은 백성의 목소리를 직접 듣고 자신의 치정을 냉정하게 평가받고 싶었기 때문에 평복을 입고 잠행을 나섰습니다. 떨리는 마음으로 홀로 암행을 하던 중에, 네거리에서 아이들이 부르는 "아무것도 알지 못하지만(不識不知 불식부지), 임금님이 정하신 법을 따라 살아간다네(順帝之則 순제지칙)"라는 노래를 들었습니다. 그제야 요임금의 입가에 환한 미소가 번졌습니다. 당시 청소년들이 즐겨 부르던 대중가요가 요임금에 대한 찬가였다는 것은 굉장히 이색적으로 다가옵니다. 요임금의 행적이 젊은 층의 이슈가 되었고 노래로 불렸다는 점에서, 그는 분명 그 시대를 대표하는 사표이자 슈퍼스타였다고 해도 무방할 것입니다.

흐뭇한 마음으로 마을을 빠져나오던 요임금은 이번에는 한 노인이 손으로 배를 두드리고 발로 땅을 구르며 흥겹게 노래를 부르는 장면을 목격했습니다. 노래의 내용은 위정자나 정치적인 위세를 몸소 느끼지 않아도 풍요롭고 안정적인 삶을 살 수 있는 현실에 대한 예찬이자 자적이었습니다.

"해가 뜨면 일하고, 해가 지면 쉰다네. 우물을 파서 마시고, 밭을 갈아 먹으니, 제왕의 힘이 어찌 나에게 필요하겠는가?"

이 노래가 지금까지 전해지는 격양가(擊壤歌)[3]인데, 이와 관련한 성어가 고복격양(鼓腹擊壤)입니다. 말 그대로 배(腹)를 두드리고(鼓)[4] 발로 땅(壤)을 구르며(擊) 흥겹게 태평성대를 노래한다는 뜻입니다. 요임금의 이러한 무위지치(無爲之治)[5]는 밤낮없이 수십 년을 선정에만 매달려야 겨우 완성할 수 있던 금자탑이었습니다. 그런데 무위(無爲)의 정치를 역설하는 사상가 중에서는 지나친 정치 개입만 배제하면 무위지치에 저절로 도달할 수 있다고 오해하는 사람들이 나타나기도 했습니다. 하지만 진정한 무위는 그 단계에 이를 때까지 피땀 어린 삶의 투신과 헌신이 바탕이 되어야만 성취할 수 있는 최고의 결실입니다.

---

3 격양가 : 풍년이 들어 농부가 태평한 세월을 즐기는 노래이다. 격양(擊壤)은 나무로 만든 신 모양의 양(壤)을 땅에 세워 놓고 다른 양을 던져서(擊) 맞추는 놀이라고도 하고 흙(壤)으로 만든 악기를 연주(擊)하는 것이라고도 한다.
4 '북 고(鼓)'가 서술어일 때는 두드리다는 뜻이다.
5 무위지치 : 성인의 덕이 커서 아무 일을 하지 않아도 천하가 저절로 잘 다스려지는 것을 뜻한다.

■ 한자와 성어 총정리

- **敢** 감히 감   **諫** 간할 간   **之** 어조사 지   **鼓** 북 고

  敢諫之鼓
  감 간 지 고
  감히(敢) 천자에게 간언할(諫) 수(之) 있도록 설치한 북(鼓). 북을 치고 자신의 의견을 주저 없이 개진할 수 있어 요임금 시대에 의사표현의 자유가 보장되었음을 보여줌

- **進** 나아갈 진   **善** 좋을 선   **之** 어조사 지   **旌** 기 정

  進善之旌
  진 선 지 정
  정치에 대한 좋은(善) 의견을 진언할(進) 수(之) 있도록 만든 깃발(旌)

- **鼓** 두드릴 고   **腹** 배 복   **擊** 칠 격   **壤** 흙 양

  鼓腹擊壤
  고 복 격 양
  배(腹)를 두드리고(鼓) 발로 땅(壤)을 구른다(擊)는 뜻으로, 한 노인이 요임금의 덕을 찬양하며 태평성대를 노래하는 것에서 유래

■ 3급 관련 한자 배우기

又 또 우   **耳** 귀 이   **取** 취할 취   **隹** 새 추   **辶** 쉬엄쉬엄 갈 착

進 나아갈 진   **羊** 양 양   **口** 입 구   **言** 말씀 언   **善** 좋을/착할 선

- 적극적으로 나아가서 일을 이룩하고 성취한다는 뜻의 어휘는 무엇일까요?

→ 정답 271쪽

2강 순임금 시대 _ 선양을 실천하다

선양(禪讓) 불초(不肖) 비방지목(誹謗之木)
고굉지신(股肱之臣)

요임금의 뒤를 이어 천자의 자리
에 오른 순(舜)임금은 요임금과 부자 관계나 혈연 관계가 아니라는
점에 주목할 필요가 있습니다. 그렇다면 요임금은 자신의 아들인
단주(丹朱)에게 왕위를 물려주지 않고 덕성과 효성 그리고 통치 능
력까지 두루 갖춘 순을 후계자로 삼았습니다. 당시는 철저하게 덕
과 능력이 검증된 사람을 천자로 선발했기 때문에 상대적으로 폭
정이나 학정의 발생 빈도가 낮았다고 할 수 있습니다. 이처럼 아
들에게 왕위를 세습하지 않고 천자의 자질을 갖춘 이에게 보위를
물려주는 것을 선양(禪讓)이라고 합니다. 선(禪)은 가장 합당한 군
주를 찾기 위해 혹은 그런 존재를 찾은 후 신께 제사한다는 의미
이고, 양(讓)은 그 후계자에게 왕위를 물려준다는 뜻입니다.

그렇다면 요임금은 왜 아들 단주에게 왕위를 넘기지 않았을까

요? 그것은 단주의 자질에 문제가 있다고 판단했기 때문입니다.

"단주에게 왕위를 넘기지 않으면 천하의 모든 사람이 이익을 얻고 단주만 손해를 보게 되지만, 단주에게 제위가 넘어가면 천하의 모든 사람이 손해를 보고 오직 단주만 이익을 얻게 된다."

요임금의 이 발언을 통해 단주의 인물됨을 예측할 수 있습니다. 그리고 단주를 통해 불초(不肖)라는 성어를 정리할 수 있습니다. 불초란 아버지를 닮지(肖) 않았다(不)는 뜻으로, 단주처럼 아버지의 덕과 재능을 본받지 못한 사람을 이르는 말입니다.

그렇다면 단주와 달리 순은 어떤 이유에서 천자로 천거되어 왕의 자리에 오를 수 있었을까요? 그것을 확인하기 위해 그의 가계부터 살펴보겠습니다. 순의 아버지는 고수(瞽叟)로 불렸는데, 그 이름처럼 앞을 보지 못하는(瞽) 노인(叟)이었습니다. 세상 물정에 어두워 사리 분별을 못했기 때문에 그렇게 불렸을 가능성도 있습니다. 고수는 아내가 사망하자 재혼을 해서 아들 상(象)을 낳았는데, 이때부터 믿을 수 없는 충격적인 이야기가 전개됩니다.

순의 덕이 높아서 신하들이 그를 천자로 천거하자 요임금은 순에게 식량 창고를 지어 주고 소와 양을 넉넉하게 주었으며 아울러 두 딸 아황(娥皇)과 여영(女英)을 시집보내 그의 사람됨을 지켜보았습니다. 이런 과정을 통해 순이 천자가 될 인물인지 평가하겠다는 것인데, 한 마디로 천자 검증 시스템을 작동한 것입니다.

그런데 온 가족이 축하하기는커녕 계모와 이복동생 그리고 친

아버지까지 그것을 질투해서 순을 죽이려는 계획을 세웠습니다. 고수는 순에게 식량 창고의 지붕을 고치라고 한 후, 순이 사다리를 타고 창고에 올라가면 불을 질러 아들을 죽이려고 했습니다. 아버지와 계모는 순의 재산이 탐났고, 이복동생 상은 아리따운 형수를 차지하고 싶어 살해 계획을 모의한 것입니다. 성인으로 추앙받는 순임금은 고관대작의 가문에서 훌륭한 교육을 받으며 자랐을 것 같았지만, 놀랍게도 순임금의 가족은 패륜적인 살인마 집단이었습니다. 이런 상황에서는 어떻게 대처를 해야 옳을까요? 부모 자식 간의 연을 끊고 집을 나올 것 같은데, 순의 반응은 의외로 담담하고 차분했습니다. 순은 총명했기 때문에 가족들의 복심을 꿰뚫어 보는 통찰력이 있어서 오래전에 그들의 살인 모의를 예측하고 있었습니다. 그래서 햇빛을 가리는 데 쓰는 삿갓 두 개를 가지고 지붕을 고치러 올라갔습니다. 삽시간에 아버지가 피운 불길이 걷잡을 수 없이 번지자 의연하게 양손에 삿갓을 하나씩 들고 사뿐히 뛰어내려 목숨을 구할 수 있었습니다.

이 살해 계획이 미수로 그친 이후에도 가족의 엽기적인 만행은 멈추지 않았습니다. 이번에는 더 치밀한 계획을 세웠습니다. 고수는 순을 불러서 우물을 파게 했는데, 순이 우물을 깊게 파서 나오기 힘들 때 흙으로 메워 산 채로 매장하려 했습니다. 이번에도 모든 계획을 눈치챘던 순은 우물을 파내려 가면서 동시에 도망갈 구멍을 따로 팠기 때문에 또 한 번 목숨을 구했습니다. 만일 이 계획이 성공했다면 일명 우물 엽기 매장 사건으로 역사에 기록됐을 것입니다. 순이 아버지보다 더 치밀하고 주도면밀하게 계획하고 대비해서 번번이 목숨을 구한 것은 생에 대한 열망 때문만이 아니었습니다. 자신의 소중한 아버지에게 자식을 죽인 살인자라는 낙인이 찍히게 될 것을 우려해서 그렇게 필사적으로 살고자 했던 것입니다. 순은 살인자와 다를 바 없는 아버지를 변함없이 정성스럽게 섬겼고 이복동생인 상과도 좋은 관계를 유지하려고 애썼습니다. 이 일화를 통해 순의 인물됨을 충분히 알 수 있습니다.

그럼 순의 치세는 어땠을까요? 순은 요임금 밑에서 정치를 배웠는데, 요임금의 감간지고(敢諫之鼓)의 정치에서 한 걸음 더 나아가 자신의 통치에 조금이라도 비방(誹謗)할 거리가 있다면 언제든 나무 기둥에 그 내용을 적을 수 있도록 비방지목(誹謗之木)을 세웠습니다. 이는 비방(誹謗)의(之) 나무(木)라는 뜻인데, 정치적인 흠결이나 하자가 조금이라도 발견된다면 언제든 마음대로 비판할 수 있는 제도였습니다. 요임금의 감간지고와 순임금의 비방지목을 요고순목(堯鼓舜木)이라고도 하는데, 요임금의 감간지고가 바람직한 정치 실현을 위한 탁견과 고견을 수집하는 장치였다면, 순임금의 비방지목은 정치 및 행정 제도의 단점을 찾아내서 그것을 보완한 후, 현실정치에 즉시 반영하여 통치의 내용과 절차에서 완성도를 높이기 위한 것이었습니다.

한편 순임금은 적재적소에 인재를 등용하는 데에도 탁월한 안

목을 드러내는데, 오로지 실력 위주로만 인재를 선발하여 각 분야에서 그들이 자신의 역량을 맘껏 발휘할 수 있도록 전폭적인 지원을 아끼지 않았습니다. 그렇게 자신의 다리(股)와 팔(肱)이 되어 줄 충성스러운 신하(臣)들과의 협력을 통해 태평성대를 이어갈 수 있었습니다. 여기에서 나온 성어가 바로 고굉지신(股肱之臣)입니다. 그가 실제로 대홍수를 다스리기 위해 우(禹)를 기용하여 전권을 위임했는데 우는 순임금의 팔과 다리가 되어 치수(治水)에 성공했고 그 결과 농토가 증대되고 농업 생산량이 증가하여 태평성대의 기초를 닦을 수 있었습니다. 이렇듯 순임금의 태평성대는 충성스럽고 유능한 고굉지신 같은 충신들의 도움으로 완성되었습니다.

그런데 이러한 순임금도 자녀 교육에 관련해서는 완벽한 인물이라고 할 수 없었습니다. 요임금의 아들 단주가 왕의 자질을 갖추지 못했던 것처럼, 순임금의 아들 상균(商均) 역시 불초(不肖)했기 때문입니다. 혹자는 요·순임금이 대외적으로 나라의 정치에만 온 힘을 쏟았기에 자녀 교육에 실패했다고 평하기도 하지만 꼭 그렇게 단정할 수 없음을 다음 강에서 확인할 수 있습니다.

■ 한자와 성어 총정리

- 禪 양위할/제사지낼 **선** 讓 사양할 **양**

  禪讓 임금의 자리를 물려줌(禪讓)
  선 양

- 不 아니 **불** 肖 닮을 **초**

  不肖 아버지를 닮지(肖) 않았다는(不) 뜻으로, 못나고 어리석
  불 초   은 사람을 이르는 말. 아들이 부모를 상대하여 자기를
         낮추어 이르는 일인칭 대명사는 불초자(不肖子)

- 誹 헐뜯을 **비** 謗 헐뜯을 **방** 之 어조사 **지** 木 나무 **목**

  誹謗之木 헐뜯음(誹謗)는(之) 나무(木)라는 뜻으로, 임금에게 고
  비 방 지 목 통을 토로하고 잘못을 지적할 수 있게 한 나무 기
           둥. 요의 감간지고와 순의 비방지목을 합쳐 요고
           순목이라고 함

- 股 넓적다리 **고** 肱 팔뚝 **굉** 之 어조사 **지** 臣 신하 **신**

  股肱之臣 다리(股)와 팔(肱)과 같은(之) 중요한 신하(臣)라는 뜻
  고 굉 지 신 으로, 임금이 가장 신임하는 신하를 이르는 말

■ 3급 관련 한자 배우기

人/亻 사람 **인** 信 믿을 **신** 子 아들 **자** 木 나무 **목**

不 아닐 **불, 부** 否 아닐 **부** 臣 신하 **신** 小 작을 **소**

月 달 **월** 肉 고기 **육** 月 육달 **월** 肖 닮을 **초**, 작을 **소**

- 아들이 부모를 상대하여 자기를 낮추어 이르는 일인칭 대명사는
  무엇일까요?   → 정답 271쪽

3강 하나라 시대 _ 세습 왕조의 시작

> 섭정(攝政) 구정(九鼎)
> 반구저기(反求諸己)

하왕조에 들어가기 전 요순시대의 선양(禪讓)이라는 천자 선발 시스템에 대해 좀 더 면밀히 살펴보겠습니다. 왜냐하면 그 과정에서 섭정(攝政)의 뿌리를 발견할 수 있기 때문입니다. 가장 적합한 후계자를 먼저 선발하여 신에게 아뢰는 것이 선(禪)의 개념이라고 했는데, 그렇게 후계자를 뽑아서 신에게 아뢰는 제사가 끝났다고 해서 바로 왕위를 물려주는(讓) 것은 아니었습니다. 심층 면접을 통해 최종 면접에 합격한 예비 천자가 탁월한 실무 능력을 갖추기까지 혹독하게 특훈을 받아야 하는 것이 당시의 관례였습니다.

요임금은 순을 등용하고도 자신이 직접 20년을 더 다스리면서 다방면에서 순의 능력을 평가했고, 그에 대한 모든 검증이 끝났다고 판단했을 때 통치권을 위임하고 20년 동안 갈고닦은 실력을 발휘할 수 있도록 8년간 순임금 스스로 나라를 다스리게 했습니다. 다시 말하면 순임금은 요임금 밑에서 20년간 왕이 되기 위한 예행 연습을 마친 후에 권한만 위임받아 홀로 8년을 다스리고 요임금이 죽은 후에야 왕이 될 수 있었습니다. 우임금 역시 마찬가지였습니다. 치수(治水)에 성공하여 순임금의 후계자로 발탁된 후 19년이 지나서야 즉위했습니다. 이렇듯 후계자로 선발된 후, 왕을 대신하여 국가를 다스리는 연습 과정이 오늘날 우리가 말하는 섭정의 기원입니다. 곧 왕이 아닌 인물이 왕을 대신해서 정권(政)을 끌어와 다스린다는(攝) 뜻입니다. 순임금과 우임금 모두 섭정을 통해 실무 능력을 키우고 임금으로 등극하였습니다.

이제 우임금이 왕위에 오르는 과정을 자세히 살펴보겠습니다. 고대 중국에서 가장 주목받던 정치·경제·사회적 이슈는 바로 치수 사업이었습니다. 일순간에 백성의 삶을 피폐하게 만드는 대홍수나 황하의 범람을 단번에 해결하여 민생을 구제하는 것이 그 당시의 국가의 리더가 갖추어야 할 가장 중요한 자질이자 능력이었습니다. 우의 아버지 곤(鯀)은 요임금 시절에 천자 후보가 되어 그 자질을 검증받았는데 안타깝게도 치수 사업에 실패한 후 순에 의해 좌천되고 우산으로 추방되어 죽음을 맞이했습니다. 순은 곤의 아들 우를 폐족으로 여기지 않고 또다시 황하의 치수 사업을 우에게 일임했습니다. 우는 이 국가적인 미션을 성공적으로 해결하기 위해 자신의 건강과 가정을 돌보지 않고 분골쇄신의 각오로 치수 사업에만 투신했습니다. 우는 13년을 밖에서 살면서 자기 집 앞을 세 번이나 지나쳤지만 집에 들를 여유가 없었다고 합니다. 그렇기 때문에 자식들을 제대로 가르칠 수도 없었습니다. 잘 먹지도 못하고 험한 노동에 직접 참여했기 때문에 피부는 가뭄에 갈라진 논바닥처럼 트고, 밤낮없이 몸을 혹사시켜 반신불수까지 될 정도였습니다. 짐작하건대 폐족에게 기회를 준 순에게 보답하고자 하는 마음보다는 아버지의 실패를 만회해서 가문의 명예를 회복하려는 강렬한 의지가 앞섰을 것입니다.

결국 치수에 성공하여 왕이 된 우임금은 순임금의 고굉지신(股肱之臣)의 정치를 그대로 이어받아 순임금의 신하였던 고요(皐陶) 등을 등용하여 정치·경제적으로 민생을 돌보는 행보를 적극적으로 이어갔습니다. 아울러 각종 세금을 면제했고, 지방에 도시를 만들었으며, 효율적인 행정 제도를 완비하기 위해 번잡한 제도를 대부분 폐지하여 행정 절차를 간소화했습니다. 요임금의 검약한 생활 태도를 본받아 솔선수범하기도 했습니다. 우임금은 요순 정치의 장점을 흡수하여 태평성대를 이어갔던 성군으로 역사에 기록됐습니다.

한편 우임금은 요순시대의 구주(九州)⁶를 새롭게 재편하여 전국을 아홉 개의 주로 나누어 통치했는데, 구주의 수장들이 우임금의 성덕에 감읍하여 각 주의 진귀한 금속을 모아 바쳤습니다. 이 쇠

---

6 구주 : 고대의 중국 전 국토를 9개의 주로 나누었는데, 이것이 하나라·상나라·주나라의 행정 구역이 되었다.

붙이를 거두어서 만든 아홉 개의 솥이 바로 구정(九鼎)입니다. 여기서 정(鼎)은 두 개의 손잡이와 세 개의 발을 가진 솥을 의미합니다. 후에 구정은 하나라를 거쳐 상나라, 주나라까지 전해지는데, 구정을 가진 자를 천자로 여겼기 때문에 구정은 천자를 상징하는 보물을 의미하게 되었습니다. 우임금 때 만들어져 주나라 왕실까지 전해졌던 구정은 안타깝게도 주나라가 진(秦)나라에 멸망하면서 진나라 군대에 의해 함양으로 옮겨지던 도중 사수(泗水)에 빠져 소실되었습니다. 그래서 진나라는 구정 대신에 옥새를 새롭게 만들어 황제권의 상징으로 삼았습니다. 후에 호사가들은 이를 근거로 진나라가 구정을 안전하게 물려받지 못했기 때문에 15년 만에 멸망했다는 터무니없는 이야기를 만들어내기도 했습니다.

천하를 순시하며 강과 하천의 물길을 트는 소통의 방식을 도입해 치수에 성공했던 우임금은 동이계 익(益)에게 자리를 물려주었습니다. 그런데 문제가 발생했습니다. 온 천하가 익에게 만족하지 못했던 것입니다. 요-순-우를 경험했기에 익의 치세에 흡족하지 못했던 것은 당연한 결과였습니다. 그래서 상대적으로 불초(不肖)하지 않았던 우임금의 아들 계(啓)가 신하들에 의해 추대되면서 왕위에 올랐고 계의 아들 역시 그 뒤를 이으면서, 핏줄에게 왕위를 물려주는 세습 왕조가 탄생했습니다. 이것이 바로 중국 역사상 첫 번째 세습 왕조인 하(夏)나라입니다. 요순시대부터 우임금까지 이어졌던 선양제도가 무너지고 상속제에 의한 세습 왕조가 출현한 것입니다. 만일 계가 불초했다면 하왕조는 역사의 무대에 등장하지 못했을지도 모릅니다. 세습 왕조 출현의 가장 결정적인 역할을 한 계의 인물됨을 잠깐 살펴보겠습니다.

우임금이 하나라를 다스릴 때, 유호씨(有扈氏)[7]가 군사를 일으켜 쳐들어왔습니다. 우임금은 아들 계로 하여금 군대를 이끌고 유호씨를 토벌하도록 했는데 오히려 대패하고 말았습니다. 그의 부하들은 패배를 인정하지 못하여 다시 한 번 싸울 것을 강경하게 건의했습니다. 그러나 계는 자신이 더 많은 병사를 지녔음에도 패한 것은 유호씨보다 지혜와 덕이 부족했기 때문이라며 패배를 인정했습니다. 이후 계는 검소하게 생활하며 날마다 일찍 일어나 민생을 살피는 일에 힘썼는데 그렇게 1년이 지나자 유호씨도 그 소식을 전해 듣고 감복하여 계에게 귀순했습니다. 여기에서 잘못을 도리어(反) 자신(己)에게서(諸) 찾는다(求)라는 뜻인, 반구저기(反求諸己)가 유래했습니다. 어떤 일이 잘못되거나 뜻대로 되지 않았을 때 남을 탓하지 않고 그 원인을 자기 자신에게서 찾아 고쳐 나간다는 의미입니다.

하지만 계의 아들이며 우임금의 손자인 하나라의 3대 왕은 사치와 향락에 빠져 백성과 제후들에게 신망을 잃고 있는데도 정사는 살피지 않고 부하들과 장시간 사냥만 즐기다가 결국 폐위되었습니다. 세습제의 폐해와 부작용으로 인한 불상사가 곧바로 나타난 것

---

7 유호씨 : 하나라 때 사람으로 계의 서형(이복형)이라고도 하지만 확실하지 않다. 계가 감(甘) 지역에서 유호씨를 멸망시켰다는 설도 있다.

입니다. 우임금은 반신불수가 되면서까지 민생을 돌봤던 헌신적인 천자의 모습을 보여주었지만 그의 손자는 물려받은 천자의 권한을 특권으로만 여기다가 권력 맛에 취해 나락으로 빠져든 것입니다. 그가 바로 〈용비어천가〉 125장에 등장하는 태강왕입니다. 이 노래에서는 태강왕을 반면교사(反面敎師)로 삼아 군주가 걸어가야 할 삶의 방향에 대해 권계하고 있습니다. 이처럼 선조들은 경우에 따라서 중국의 역사와 문학을 인용하거나 참조하여 역사를 기술하고 문학을 창작했습니다. 그러므로 우리의 역사와 문학을 올바르게 이해하기 위해서는 중국의 역사 및 문학을 심도 있게 배워야 합니다. 중국에서 가장 오래된 시집인 《시경(詩經)》이나 초나라 굴원의 글과 그의 제자 및 후인들의 글을 엮은 《초사(楚辭)》를 모르고서는 이를 바탕으로 창작된 우리의 고전문학을 깊이 있게 이해하는 것은 사실상 불가능하기 때문에 우리의 것을 제대로 알기 위해서 중국의 역사와 문학에 대한 연구가 수반돼야 합니다.

태강왕 같은 불초자(不肖子)로 인해 국운이 위태로울 때도 있었지만, 기원전 2070년에 시작된 우임금의 하나라는 기원전 1600년까지 지속되었습니다. 하지만 영원할 것 같았던 하나라는 17대 걸왕 때에 이르러 폐망하게 됩니다.

■ 한자와 성어 총정리

- 攝 당길/다스릴 섭 政 정사 정

  攝政
  섭 정
  군주가 직접 통치할 수 없을 때에 군주를 대신하여 나라를 다스린다는(攝政) 의미

- 九 아홉 구 鼎 솥 정

  九鼎
  구 정
  하나라의 우왕 때에, 전국 아홉 주에서 쇠붙이를 거두어서 만들었다는 아홉(九) 개의 솥(鼎). 주나라 때까지 대대로 천자에게 전해진 보물

- 反 돌이킬/오히려 반 求 구할 구 諸 어조사 저, 모두 제 己 몸 기

  反求諸己
  반 구 저 기
  잘못을 오히려(反) 자신(己)에게서(諸) 찾는다는(求) 의미

■ 3급 관련 한자 배우기

止 발/그칠 지 足 발 족 正 바를 정 征 칠 정 攵 칠 복

夂 뒤져서 올 치 政 정사 정 厂 언덕 엄 反 되돌릴 반

行 다닐/행할 행 者 사람 자 諸 모두 제, 어조사 저

- 정치나 시무를 행하는 것 또는 국가 통치 작용 가운데 입법 작용과 사법 작용을 제외한 국가 작용은 무엇일까요?

→ 정답 271쪽

4강

상나라 시대 _ 성군 탕의 등장

주지육림(酒池肉林) 역성혁명(易姓革命)
식언(食言) 도탄(塗炭)

하나라의 멸망 징후는 14대 왕인 공갑(孔甲)부터 시작되었습니다. 공갑은 성격이 음란하고 귀신 흉내 내기를 좋아해서 이로부터 우임금이 이룬 덕이 쇠퇴하였습니다. 제후들이 배반하기 시작했고 민심 역시 서서히 하왕조로부터 멀어졌습니다.

그러다 17대 걸왕(桀王) 때 폐망의 절정에 이르렀습니다. 결정적인 원인은 절세미녀 말희(末喜)[8] 왕비가 제공했습니다. 정복 군주였던 걸왕이 산동성 유시(有施) 지역을 약탈하고 많은 사람들을 죽이자, 유시씨는 걸왕의 환심을 사기 위해 경국지색인 딸을 바치는데 그녀가 바로 말희입니다. 그녀는 조국의 복수를 위해 걸왕의 사치와 향락을 부추기면서 하왕조를 망국의 길로 이끌고자 고군분투했

---

8 매희(妹喜)라고도 한다.

던 집념의 여성이 되었습니다. 말희는 걸왕이 자신에게 반해서 원하는 모든 것을 들어줄 것을 알고 일부러 비단 찢는 소리를 즐기는 척했습니다. 예상대로 걸왕은 그녀의 환심을 사고자 고가의 비단을 모아 지속적으로 찢도록 했습니다. 그로 인해 국고가 서서히 바닥났습니다. 또한 경궁(傾宮)이라는 거대한 궁전을 세워 연회를 개최하면서 전국에서 잡아들인 소녀들과 술판을 즐기기 위해 주지육림(酒池肉林)을 만들 것을 건의했습니다. 바로바로 술을 마실 수 있도록 술(酒)로 연못(池)을 만들고 안주도 즉시 먹을 수 있도록 고기(肉)를 숲(林)에 매달아 두었습니다. 말희는 주지육림의 향락에서 그치지 않고 걸왕이 주색에만 빠지도록 3,000명의 궁녀를 모아 타락의 수렁으로 밀어넣었습니다. 걸왕의 폭정과 전횡 그리고 말희의 이러한 사치 향락까지 더해지자 백성들과 여러 소국은 하나라로부터 등을 돌렸습니다. 이후 한때 걸왕에게 충언을 아끼지 않다가 하대(夏臺)[9]에 감금되었던 상족 출신의 제후 탕(湯)에 의해 마침내 걸왕은 폐위되고 하나라는 멸망하게 됩니다.

이것으로 탕을 시조로 하는 자씨(子氏)[10] 왕조가 출현하는데, 왕조가 바뀌는 것을 왕의 성(姓)이 바뀐다는 의미에서 역성혁명(易姓革命)이라고 부르게 되었습니다. 그럼 탕의 역성혁명 과정을 좀 더 구체적으로 살펴보겠습니다. 공갑 이래 제후들이 하나둘 하나라를 배

---

9 하대 : 감옥을 뜻한다.
10 자씨 : 탕의 시조인 설은 유융씨의 딸이자 제곡 차비인 간적이 제비의 알을 먹었기 때문에 낳은 아이로 되어 있다. 설은 순 때에 우의 치수를 도와 순에 의해 상에 봉해져 자씨 성(子姓)을 받게 되었다.

반하기 시작했음에도 걸왕은 여전히 선정을 베푸는 일은 등한시했기 때문에, 제후들은 덕을 갖춘 탕에게 귀의[11]하였고, 폭군 걸왕을 정벌할 것을 건의하였습니다. 그러나 탕은 하나라 정벌에 적극적이지 않았고 오히려 주저했습니다. 왜냐하면 자신이 천자를 폐위한 역륜의 주동자로 낙인 찍혀 역사에 기록될 것을 우려했기 때문입니다. 아울러 무력 반란 쿠데타의 선례를 남겨 자칫하면 자신 역시 또 다른 쿠데타의 희생양이 될 뿐만 아니라 역사적으로 하극상이 끊임없이 되풀이될 것을 염려했기 때문입니다.

탕은 하나라 정복의 정당성을 확보하기 위해 두 가지 논증을 펼치게 됩니다. 첫째는 하나라를 멸하는 것은 하늘의 명령, 곧 천명이기 때문에 그것은 하늘의 뜻을 받드는 것이라는 변론이었습니다. 둘째는 걸왕이 군주의 도를 저버렸으므로 자신 역시 더 이상 신하의 도리를 지킬 이유가 없다는 것이었습니다. 이 두 가지를 종합하여 하나라 정벌은 신하가 왕을 멸하는 하극상이 아니라는 논리를 완성했습니다.

마침내 그는 거병을 결심하고 박(亳) 땅에서 "자신과 뜻을 함께 하여 공을 세운 자에게는 큰 상을 내릴 것이고 거역한 자는 가차 없이 엄벌에 처하겠다"라고 선언합니다. 백성들과 제후들을 모아

---

11 탕의 인물됨은 망개삼면(網開三面) 성어를 통해 확인할 수 있다. 탕이 왕이 되기 전 사방에 그물을 치고 천하의 모든 새는 자신의 그물로 들어오라고 기원하는 사람을 만났는데, 탕은 그 사람을 질책하면서 그물(網)의 삼면(三面)을 열어 두게 하고(開) 왼쪽으로 가고 싶으면 왼쪽으로 가고 오른쪽으로 가고 싶으면 오른쪽으로 가되 이 명령에 따르지 않은 새들만 들어올 것을 기원하라고 명했다. 이렇듯 금수에게도 탕의 덕이 지극하다는 것이 전하자 여러 제후들이 탕에게 귀의하였다.

놓고 한번 뱉은 말(言)을 다시 삼키지(食) 않는다고 약속한 것입니다. 이것이 바로 식언(食言)의 유래입니다. 대개 자기가 말해 놓고 언제 그랬냐고 시치미를 뚝 떼거나, 자기가 한 말을 꿀꺽 먹어치우는 사람들을 두고 거짓말을 한다는 표현 대신 식언을 일삼는다고 합니다. 곧 말(言)을 먹는다(食)라는 뜻의 식언은 약속을 지키지 않는다라는 의미입니다. 이 역사적인 박 땅에서의 연설을 끝내고 탕은 즉각 군대를 이끌고 하나라를 정벌하러 나서는데, 걸왕은 허둥지둥 명조(鳴條)로 달아났다가 결국 추방되어 죽게 됩니다. 걸왕은 죽을 때에도 일말의 뉘우침 없이, 탕을 하대에 감금했을 때 바로 죽이지 않고 뇌물을 받고 풀어준 것을 깊이 탄식하다가 생을 마감했다고 전합니다.

한편 덕과 무력으로 역성혁명에 성공한 탕은 여전히 하극상으로 천자를 멸한 것에 대해서 양심의 가책을 느꼈습니다. 그러자 그의 정치적 멘토이자 대신이었던 중훼는 그런 탕의 모습을 보고 하나라가 덕이 부족하여 백성들이 늪 같은 진흙(塗) 웅덩이에 빠진 것처럼 고생하고 숯불(炭)에 타는 것 같은 학정에 시달렸기 때문에 하늘이 유덕한 탕으로 하여금 하나라 우임금 때의 덕정을 회복케 한 것이라고 위로했습니다. 이는 곧 하늘이 탕을 도구로 삼아 도탄(塗炭)에 빠진 백성을 구원했다는 천명사상을 설파한 것입니다. 오늘날에도 자주 사용되는 도탄의 개념은 이렇듯 역성혁명의 정당성을 역설할 때 등장한 표현입니다. 곧 권력에 대한 야망이나 탐심이 아닌 오직 도탄에 빠진 백성을 구하는 것이 역성혁명의 주된 목적이라면 그것은 결코 도리에 어긋난 하극상이 아니라는 논리입니다. 중훼의 이러한 조언으로 인해 탕왕은 비로소 선정에만 집중할 수 있었고, 우임금이 요순의 통치 원리와 철학 사상을 집대성하여 완성한 홍범구주(洪範九疇)[12]의 정치이념을 실천하기 위해 노력할 수 있었습니다.

이렇듯 상나라에는 군왕이 선정에만 집중할 수 있도록 보필했던 중훼와 같은 현명한 대신이 많았습니다. 그중 단연 으뜸으로 꼽히는 인물이 이윤(伊尹)입니다. 소싯적에 유신국의 노예로 팔려 갔던 이윤은 우연히 중훼의 음식 시중을 들다가 탕에게 천거되었습니다. 이윤은 자신의 특기인 요리로 탕왕을 기쁘게 하면서 친분을 쌓았고 그 재능을 인정받아 아형(阿衡)의 자리까지 중용된 특이한 이력을 지니고 있습니다. 상나라 때 아형이라는 벼슬은 임금이 의지하고(阿) 표준(衡)으로 삼을 수 있는 스승 같은 재상이라는 의미이니, 탕왕이 이윤을 얼마나 공경하고 중히 여겼는지 알 수 있습니다. 실제로 이윤은 탕, 외병, 중임, 태갑에 이르기까지 상나라의 천자를 보좌하면서 나라의 기틀을 굳건히 다지는 데 일조했는데, 때론 엄한 스승의 모습으로 왕을 호되게 책망하고 훈계도 서슴지 않았습니다. 탕왕의 손자인 태갑이 포악무도하여 술과 여자

---

12 홍범구주 : 하나라 우임금이 남긴 정치 도덕의 아홉 가지 기본 법칙인데, 홍범이란 큰(洪) 법(範)을 말하는 것이고, 구주는 그 법의 아홉(九) 조항(疇)을 의미한다. 후에 기자가 이 홍범구주를 주나라 무왕에게 가르쳤다고도 전한다.

에 빠져 방탕한 삶으로 국정을 어지럽히자 동궁(桐宮)으로 추방하고 3년 동안 섭정을 했을 정도로 단호하고 대범한 성격이었습니다. 3년 후 태갑이 회개한 것을 확인한 후에 다시 그를 왕으로 맞이하고 스스로는 신하로 되돌아갔는데, 일설에는 섭정을 지속하다가 7년 만에 태갑에게 살해됐다고 전하기도 합니다. 확실한 것은 이윤이 상나라를 건국하는 데 큰 공을 세우고 상나라의 굳건한 토대를 다진 위대한 재상이라는 것입니다. 이런 고굉지신(股肱之臣)의 충신들이 성군과 뜻을 함께할 때 태평성대가 시작되고 완성될 수 있다는 사실을 역사는 보증하고 있습니다.

상고시대를 대표하는 성군으로 손꼽히는 요임금과 순임금 그리고 하나라의 우왕과 상나라의 탕왕을 합쳐 요순우탕(堯舜禹湯)이라고 하는데, 이들은 지금까지도 성군의 대명사로 불리고 있습니다.

■ 한자와 성어 총정리

• 酒 술 주   池 연못 지   肉 고기 육   林 수풀 림

酒池肉林
주 지 육 림
　　술(酒)로 연못(池)을 이루고 고기(肉)로 숲(林)을 이룬
　　다는 뜻으로, 호사스러운 술잔치를 이르는 말

• 易 바꿀 역   姓 성 성   革 가죽/고칠 혁   命 목숨/명령 명

易姓革命
역 성 혁 명
　　제왕이 부덕하여 민심을 잃으면, 덕이 있는 다른
　　사람이 천명(命)을 받아 왕조를 바꾸고(易) 새로운
　　왕조를 세워도(革) 좋다는 유가의 정치사상의 하나

• 食 먹을 식   言 말씀 언

食言
식 언
　　한번 입 밖에 낸 말(言)을 도로 입 속에 넣는다는(食) 뜻
　　으로, 약속한 말대로 지키지 아니함을 이르는 말

• 塗 진흙 도   炭 숯 탄

塗炭
도 탄
　　진구렁(塗)에 빠지고 숯불(炭)에 탄다는 뜻으로, 몹시 곤
　　궁하여 고통스러운 지경을 이르는 말

■ 3급 관련 한자 배우기

酒 술 주   令 명령 령   命 목숨 명   土 흙 토   地 땅 지
水/氵 물 수   池 못 지   革 가죽/고칠 혁

• 헌법의 범위를 벗어나 국가 기초, 사회 제도, 경제 제도, 조직 따
위를 근본적으로 고치는 일을 무엇이라고 하면 좋을까요?

상나라 시대 _ 폭군 주왕과 달기

걸주(桀紂) 복수불반(覆水不返)
만이융적(蠻夷戎狄)

　　　　　　　　　　　탕왕을 시조로 기원전 1600년부터 기원전 1046년까지 지속되었던 상나라는 30대 왕인 주왕(紂王) 때 멸망합니다. 여기서 먼저 짚고 넘어가야 할 것이 국호인 상(商)과 은(殷)에 관한 내용입니다. 많은 사람들이 상은 생경하게 여겨도 은이라는 국호에는 익숙한 편입니다. 탕왕이 건국한 상나라는 여러 차례 수도를 옮겼는데, 상나라의 20대 군주 반경(盤庚)이 탕왕 때의 선정을 부활시키기 위해 선택한 마지막 수도가 은(殷)이었습니다. 그런데 상왕조가 멸망한 뒤 주나라에서 상나라의 백성들을 폄하하려는 의도로 은나라 백성이라고 부르기 시작했습니다. 이것은 마치 대한민국을 특정 지역의 이름으로 한정 지어 부르는 것과 같습니다. 그렇기 때문에 상나라라고 부르는 것이 더 바람직해 보입니다.

하나라 걸왕 때 말희가 멸망의 단초가 되었던 것처럼, 주왕 때도 악녀의 대명사로 꼽히는 달기(妲己)가 등장합니다. 걸왕이 유시씨를 토벌하고 말희를 얻은 것처럼, 주왕 역시 하남성 남부 호족인 유소씨를 정벌하고 유소 가문의 딸인 달기를 받았습니다. 달기는 사치를 일삼던 하나라 말희의 업그레이드 버전이라고 볼 수 있습니다. 왜냐하면 달기는 말희의 주지육림(酒池肉林)을 그대로 재현했을 뿐만 아니라, 거기에서 한발 더 나아가 남녀의 옷을 다 벗기고 서로 뒤쫓게 하며 음란한 생활까지 권장했기 때문입니다.

이미 악사 사연(師延)의 음란하고 사치스러운 음악에 도취되어 있던 주왕은 달기가 설계한 음탕함과 향락에 깊이 빠져들었습니다. 이렇게 주왕을 암주로 만들기 위해 혼신의 힘을 다했던 달기는 그 잔인함과 포악스러움에서도 타의 추종을 불허했습니다. 강 왕후를 제거하고 그 자리를 차지하기 위해, 자객을 사주해서 자작극을 꾸민 후 모든 것이 강 왕후의 소행이라고 모함했습니다. 직접 강 왕후를 고문하며 눈까지 도려내는 만행도 저질렀습니다. 게다가 숯불 위에 기름을 바른 구리 기둥을 올리고 충신들을 맨발로 걷게 했는데 대부분은 미끄러운 기둥에서 추락해 산 채로 불에 타 죽었습니다.

무고한 강 왕후의 눈을 파내고 충신들을 통째로 구워(炮) 지지는 (烙) 잔인한 포락형(炮烙刑)을 웃으며 즐겼던 달기의 악독함은 여기에서 그치지 않았습니다. 주왕의 숙부이기도 했던 충신 비간이 간언과 충언을 지속하자 이를 눈엣가시로 여겼습니다. 달기는 성인의 심장에는 일곱 개의 구멍이 있다고 들었는데 비간이 진정한 충신이자 성인인지 심장을 도려내 확인하자고 주왕을 충동질했습니다. 이때 비간은 자신의 가슴을 직접 절개해서 심장을 꺼내어 주왕의 눈앞에 내밀었다고도 전합니다.[13]

　이렇듯 달기가 싫어하는 사람은 주왕에게 죽임을 당하고, 달기에게 아첨하는 자만이 등용되는 것이 당시의 현실이었기 때문에 국정은 어지러워지고 나라는 혼란스러워질 수밖에 없었습니다. 특히 달기와 주왕의 사치와 향락을 유지하기 위해 매년 과중한 세금을 부과했기 때문에 백성들의 원성은 높아만 갔고, 제후들 역시 반기를 들었습니다.

　이 모든 양상은 하나라 말기의 모습과 매우 흡사합니다. 이제 어떤 일이 벌어질까요? 상나라 말에 도탄(塗炭)에 빠진 백성들을 구했던 탕왕 같은 영웅이 나와야 하는 것이 역사적인 수순일 것입니다. 그 영웅이 바로 서백창(西伯昌)이라고도 불리는 희창(姬昌)입니다. 그의 아들 희발(姬發)이 주나라를 세운 무왕(武王)이기에 희창은 나중에 문왕이란 시호를 얻게 됩니다.[14]

　문왕은 탕왕처럼 참된 군자였는데 풍읍을 도읍으로 삼고 어린아이를 아끼고 노인을 공경하며 백성을 위해 선정을 베풀었습니다.

13　수백 년 뒤 공자가 직접 충신 비간의 묘를 찾아 비석을 세웠다는 일화가 전한다.
14　특별한 이유가 없는 한 다른 왕들이나 제후들 역시 시호를 호칭으로 사용한다.

때로는 상왕조를 대신해서 제후국의 분쟁까지도 해결했던 난세의 영웅이었습니다. 그런데 문왕은 그 덕성에 걸맞은 영예로운 삶을 살지 못하고, 주왕의 견제로 인해 모질고 가혹한 정치적인 시련과 아픔을 겪어야 했습니다. 폭군 주왕이 한때 문왕을 유리(羑里)[15]에 감금하고 그의 큰아들 희읍고(姬邑考)까지 잡아와서 자신의 마차를 끌게 했는데, 희읍고가 달기의 유혹을 받게 되면서 참극은 시작됩니다. 준수한 외모의 소유자였던 희읍고가 자신의 뜻대로 되지 않자 애증으로 불타오른 달기는 희읍고가 자신을 겁탈하려고 했다고 모함했습니다. 질투에 눈이 멀었던 주왕에 의해 희읍고는 곰탕으로 삶아지게 되었습니다.[16]

주왕은 거기서 멈추지 않고 기상천외하고 엽기적인 만행으로 이 사건을 마무리했습니다. 그 곰탕을 희읍고의 아버지인 문왕에게 먹인 것입니다. 곰탕을 먹은 후에 그 사실을 알게 된 문왕이 먹은 것을 다 토해 내어 아들의 무덤을 만들었다는 이야기가 전해집니다. 이러한 잔인한 악행들을 저지른 주왕과 하나라의 걸왕을 합쳐 폭군의 대명사를 걸주(桀紂)라고 부릅니다.

한때 하대에 감금되었다가 뇌물로 풀려난 탕왕처럼, 유리에 갇혀 있던 문왕 역시 각종 보물을 바치고 자유의 몸이 되었습니다. 문왕은 그때부터 유능한 인재를 모아 상나라와의 전면전을 준비했

---

15 유리 : 상나라 때의 감옥이다.
16 희읍고의 시신은 육병(肉餠)으로 만들어져 문왕이 먹게 되었고 문왕이 그걸 다 토해내자 토끼로 변했다는 전설도 전한다.

습니다. 이것은 큰아들 희읍고를 위한 복수전이기도 했습니다. 이 때 만나게 된 인재가 세월을 낚는다는 일화의 주인공으로 더 유명한 강상[17]입니다. 문왕의 아버지인 태공은 만일 성인이 자신을 찾아온다면 주나라가 반드시 크게 성할 것이라는 믿음을 가지고 있었는데, 자나 깨나 그 성인만을 간절히 바라다가 죽었습니다. 그 후에 아들 문왕은 강상을 보고 아버지 태공(太公)이 바라던(望) 인물임을 확신하여 그를 태공망(太公望) 혹은 강태공(姜太公)이라고 불렀습니다.

강상은 139년을 살면서 주나라 문왕, 무왕, 성왕, 강왕에 이르기까지 4대에 걸쳐 태사(太師)를 지냈기 때문에 상나라의 이윤과도 대응되는 인재였습니다. 더 나아가 강상의 딸이 무왕의 왕후가 되었기 때문에 왕의 장인이기도 했고, 그가 받은 봉토는 춘추오패와 전국칠웅에 속하는 제나라였기에 사후에도 온 천하에 이름을 떨치게 되었습니다.

문왕에게 등용되기 전 강상은 문왕이 자신을 중용해줄 것을 기대하며 나이 팔순에 위수(渭水)의 지류인 반계에서 10여 년간 곧게 편 낚싯바늘[18]을 드리우고 때를 기다렸습니다.[19] 본디 궁색한 형편이었는데, 10여 년간 생계는 뒷전이어서 아내 마씨는 끝내 가난을 견디

---

17 강상 : 성은 강(姜)이고 씨는 여(呂)이다. 선조가 우를 도와 치수에 성공한 공로를 인정받아 여와 신 땅의 제후가 됐고, 봉지인 여 땅에서 성을 취해 여상이라고도 부른다. 여상 때에 이르러 매우 곤궁한 삶을 살게 된다.

18 일설에는 낚싯바늘이 없었다고 전한다.

19 상나라의 주왕을 섬겼으나 그가 폭군으로 변해 버리자 주왕을 멸할 제후를 찾아다니며 유세했다. 하지만 뜻을 이루지 못했고 마지막으로 덕이 높은 문왕에게 접근했다는 설이 유력하다. 강상은 유세객의 비조라고 할 수 있다.

지 못하고 친정으로 도망가 버렸습니다. 후에 강상의 아내는 남편이 주나라의 개국공신으로 제나라의 시조이자 제후까지 됐다는 소식을 듣고는 다시 찾아와 용서를 빌었습니다. 강상은 그릇에 담긴 물을 마당에 부으며 만약 그 물을 다시 그릇에 담을 수 있다면 받아주겠다고 했습니다. 마씨는 당황해하며 허둥지둥 바닥에 고인 물을 담으려고 애썼지만 쏟아진 물은 이미 땅속으로 스며들어갔습니다. 여기에서 나온 성어가 바로 복수불반(覆水不返), 곧 엎지른 (覆) 물(水)은 돌이켜(返) 담을 수 없다(不)입니다. 한 번 저지른 일은 되돌릴 수 없다는 것을 뜻합니다.

한편 주왕의 폭정으로 도탄에 빠진 백성을 구하고 아들의 복수를 준비하던 문왕은 정신적·육체적으로 감당하기 어려운 고초를 너무나도 많이 겪었기 때문에 안타깝게도 대업을 완수하지 못하고 병을 얻어 죽었습니다. 그는 죽기 전 둘째 아들인 희발에게 세 가지를 당부하였습니다. "좋은 일을 보면 게으름 부리지 말고 바로 달려가고, 시기가 오면 머뭇거리지 말고 바로 잡도록 하며, 나쁜 일을 보면 빨리 그 자리를 피하라"는 유언이었습니다.

희발 즉 무왕은 아버지의 유지를 받들기 위해 수도를 호경(鎬京)으로 옮기고 본격적으로 상나라를 멸망시킬 준비에 착수했습니다. 전국 각지에서 현명한 관료를 등용하여 대업을 준비하는데, 특히 아버지의 스승이기도 했던 강상을 재상으로 기용하여 4만 5천이 조금 넘는 군사로 72만의 상나라 군을 제압하는 데 성공하며 아버지와 큰형의 한을 풀었습니다. 무왕 역시 탕왕처럼 혁명의 정당성을 확보하기 위해 온 세상이 자신을 하늘의 대리인이라고 믿게 하고자 자신을 천자(天子)라고 부르게 했으며, 천자와 그의 백성은 천하의 중심에 있어야 한다는 세계관을 확립하기 위해, 중원 이외의 지역에 살고 있는 사람들을 사예(四裔)로 규정하고 그들을 만이융적(蠻夷戎狄)으로 불렀습니다. 남만(南蠻)·동이(東夷)·서융(西戎)·북적(北狄)의 개념이 이때부터 생겨난 것입니다.

■ 한자와 성어 총정리

• 桀 하왕 이름 걸 紂 주임금 주

桀紂
걸 주

중국 하나라의 걸왕(桀)과 상나라의 주왕(紂)을 아울러 이르는 걸주는 천하의 폭군을 비유적으로 이르는 말. 걸왕과 주왕은 악녀의 대명사 말희와 달기에 빠져 잔인한 악행을 저질렀다.

• 覆 뒤집힐 복 水 물 수 不 아닐 불 返 돌이킬 반

覆水不返
복 수 불 반

엎지른(覆) 물(水)은 도로(返) 담을 수 없다는(不) 뜻으로, 한 번 저지른 일은 돌이킬 수 없다는 의미

• 蠻 오랑캐 만 夷 오랑캐 이 戎 오랑캐 융 狄 오랑캐 적

蠻夷戎狄
만 이 융 적

한족을 중심으로 사방의 오랑캐를 이르는 말. 곧 남만(蠻), 동이(夷), 서융(戎), 북적(狄)을 의미

■ 3급 관련 한자 배우기

身 몸 신 大 큰 대 弓 활 궁 夷 오랑캐 이
亡 망할 망

• 말이나 행동을 잘못하여 자기의 지위, 명예, 체면 따위를 손상한다라는 의미의 어휘는 무엇일까요?

→ 정답 271쪽

6강

상나라 시대 _ 무왕과 주왕의 격전

상감불원(商鑑不遠)　은유삼인(殷有三仁)
상저옥배(象箸玉杯)　빈계지신(牝鷄之晨)

　　　　　　　　　　하나라 걸왕은 말희의 환심을 사기 위해 사치와 환락을 일삼아 국정을 파탄의 지경에 이르게 하여 결국 400년이나 유지되었던 하왕조가 탕왕에 의해서 멸망합니다. 600여 년이나 지속된 상왕조 역시 30대 주왕에 이르러 달기와 주지육림(酒池肉林)의 향락을 즐기고, 충신들을 포락형에 처하며 국정을 어지럽혔기 때문에 하왕조와 같은 운명의 길을 걸었습니다. 그런데 일부 학자들은 하나라가 상나라를 토대로 설계된 가상의 나라라고 보기도 합니다.

　하나라가 역사적 실체인지 아니면 가공의 허상인지에 관한 논쟁에서 벗어나 현실의 나아갈 방향을 역사에서 찾고 배워야 한다는 맥락에서 은감불원(殷鑑不遠) 혹은 상감불원(商鑑不遠)에 대해 알아보겠습니다. 이는 은(殷)나라, 곧 상(商)나라의 거울(鑑)은 먼(遠)

데 있지 않다(不)는 뜻인데, 겸허하게 남의 실패를 본보기로 삼아야 한다는 의미입니다. 상나라와 모든 면에서 동일한 궤적을 밟았던 하나라가 역사의 뒤안길로 사라졌기 때문에 상나라는 그런 하나라를 거울삼아서 정치적 노선과 행보를 달리해야 했습니다.

일찍이 그러한 내용을 간파한 문왕은 상나라의 거울은 먼 곳에 있는 것이 아니니 하나라 걸왕 때를 거울로 삼아서 더 주의하고 삼가야 한다는 상감불원의 내용을 주왕에게 간언했다가 유리에 유폐되고 가혹한 정치적 시련을 겪었습니다. 비간 또한 마찬가지였습니다. 이처럼 상나라의 존속을 위해 목숨을 아끼지 않고 충언을 지속했던 많은 현자들이 상나라 말기에 활동했습니다. 공자는 그중에서도 비간과 기자 그리고 미자를 은유삼인(殷有三仁)이라고 칭했습니다. 은(殷)나라에 세(三) 명의 인자(仁)가 있었다(有)는 의미입니다.

미자는 상나라의 제30대 임금 제을(帝乙)의 맏아들이라고 전해집니다. 이름은 계(啓)이고, 미(微)에 봉(封)해져 미자(微子)로 불립니다. 똑똑하고 성품이 곧은 미자가 왕위에 오르면 모든 국사를 원칙대로 처리할 것이고, 그럴 경우 자신들의 세력이 약화될 것을 걱정한 간신들은 미자의 이복동생인 셋째 주왕을 왕으로 옹립했습니다.

주왕의 폭정이 지속되자 미자는 그의 마음을 돌이키기 위해 자결하려고 했는데 목숨을 끊어도 상나라가 잘 다스려진다는 보장이 없다는 비간과 기자의 설득으로 자신의 봉지인 미로 망명했습니다. 그 후 미자는 고통받는 백성을 위해 상나라를 멸하는 전쟁에 자진

해서 참여해 큰 공을 세우고, 후에 송(宋)나라의 군공으로 봉해져 상나라의 제사가 끊이지 않도록 했습니다.

비간의 동생인 기자 역시 주왕에게 거듭 간언하면서 상나라의 정치를 바로잡고자 노력했습니다. 기자는 주왕이 상아 젓가락을 만들게 하자 상아 젓가락으로 식사를 하게 되면 그때까지 사용하던 질그릇이 성에 차지 않아 옥그릇을 만들게 되고, 옥그릇을 쓰면 요리가 성에 차지 않아 진귀한 음식만을 만들어 먹게 되고, 다음에는 화려한 복장과 호화로운 궁궐까지 만들게 된다고 간언했습니다. 여기에서 하찮은 낭비가 망국의 사치로 이어진다는 상저옥배(象箸玉杯)라는 말이 유래했습니다. 상저(象箸)는 상아(象牙)로 만든 젓가락(箸)이고, 옥배(玉杯)는 옥(玉)으로 만든 술잔(杯)을 뜻합니다.

이렇게 비간·기자·미자라는 은유삼인이 목숨을 아끼지 않고 망국으로 치닫는 상나라를 구원하고자 노력했지만 역사의 수레바퀴는 되돌릴 수 없었습니다. 결국 문왕의 아들 무왕이 서쪽의 제후들을 규합해 5만에 이르는 군사를 모아서 목야까지 파죽지세로 진군하여 상나라 군과 건곤일척의 승부를 벌이게 되었습니다.

그런데 목야전투가 벌어지기 전에 은유삼인만큼 유명한 두 충신이 등장하여 출정하려던 무왕의 앞길을 가로막았습니다. 그들은 바로 고죽국의 왕자 백이(伯夷)와 숙제(叔齊)였습니다. 형제가 서로 고죽국의 왕위를 사양한 후, 주나라 문왕이 노인을 공경한다는 소문을 듣고 몸을 의탁하러 가는 길이었는데 문왕이 죽고 무왕이 상나라를 치려고 하자 천자를 치는 일은 대역무도한 패륜이며 인의에 위배된다고 질책하며 말렸던 것입니다. 하지만 뜻이 받아들여지지 않자 그들은 수양산에 들어가 고사리를 캐먹으며 생활하다가 삶을 마감했습니다.

한편 역사적인 목야전투를 앞두고 무왕은 병사들의 사기를 고취시키기 위한 연설을 했습니다. 그때 빈계지신(牝鷄之晨)이 언급되었습니다. 빈계지신이란 암(牝)닭(鷄)의(之) 새벽(晨)이라는 뜻입니다. 대개 새벽에 우는 닭은 장닭입니다. 상나라에는 알 낳는 일에 전념해야 하는 암탉이 새벽에 울면 기이한 일이 발생하고 심지어는 집안까지 망한다는 속신이 있었습니다. 이는 당시 암탉이 울어서 나라가 망할 수밖에 없다는 은유인데, 여기에서 무왕이 지목한 암탉이 바로 달기였습니다.

빈계지신의 경계는 하나라 말 걸왕의 암탉 말희를 통해 역사적으로도 증명된 사실이었기 때문에 천자를 폐위하는 명백한 대의명분으로 작용했습니다. 실제로 무왕은 주왕을 정벌하면서 가장 먼저 달기의 머리를 베어 소백기에 매달았는데, 달기로 인해 상나라가 망하게 되었다는 것을 천하에 확인시키려는 의도였습니다.

그런데 무왕은 어떻게 군사 5만으로 70만을 상대할 수 있었을까요? 무왕이 상나라를 멸하기 위해 진군한다는 보고를 받고 주왕은 황급히 직접 군사 70만을 거느리고 목야로 달려갔습니다. 주왕은 무왕의 5만 군사를 물리치는 것은 식은 죽 먹기라고 기고만장했습니다. 그러나 상나라 군사의 대부분은 노예이거나 동이에서 잡혀 온 포로들이었기 때문에 이미 오래전부터 주왕의 학정에 대해 원한과 불만을 품고 있었습니다. 그래서 무왕의 군대가 진격해 오자 인덕을 갖춘 무왕을 돕는 마음으로 창끝을 돌려 오히려 상나라 군대를 공격했던 것입니다. 사실상 무왕에게 있어서는 무혈입성에 가까운 승리였습니다.

■ 한자와 성어 총정리

- **商** 장사 **상** **鑑** 거울 **감** **不** 아닐 **불** **遠** 멀 **원**

商鑑不遠
상 감 불 원
상나라(商)의 거울(鑑)은 멀리(遠) 있지 않다(不)는 의미로, 거울삼아 경계해야 할 전례는 가까이 있다는 뜻. 곧 다른 사람의 실패를 자신의 거울로 삼으라는 말

- **殷** 성할 **은** **有** 있을 **유** **三** 석 **삼** **仁** 어질 **인**

殷有三仁
은 유 삼 인
은나라(殷)에는 세(三) 명의 의인(仁)이 있다(有)는 의미로, 비간·기자·미자를 의미

- **象** 코끼리 **상** **箸** 젓가락 **저** **玉** 옥 **옥** **杯** 잔 **배**

象箸玉杯
상 저 옥 배
상아(象)로 만든 젓가락(箸)과 옥(玉)으로 만든 잔(杯)이라는 의미로, 하찮은 낭비가 나라를 망치는 사치로 이어질 수 있으니 경계하라는 뜻

- **牝** 암컷 **빈** **鷄** 닭 **계** **之** 어조사 **지** **晨** 새벽 **신**

牝鷄之晨
빈 계 지 신
암(牝)탉(鷄)의(之) 새벽(晨)이라는 뜻으로, 암탉이 울면 집안이 망한다는 말

■ 3급 관련 한자 배우기

有 있을 **유** **一** 한 **일** **二** 두 **이** **三** 석 **삼** **彡** 터럭 **삼**
仁 어질 **인** **象** 코끼리/모양 **상**

- 이전에 경험한 것이 마음속에서 시각적으로 나타나는 상이라는 의미로, 감각에 의하여 획득한 현상이 마음속에서 재생된 것을 무엇이라고 할까요?

→ 정답 271쪽

상나라 시대 _ 성군 무왕의 시대

맥수지탄(麥秀之歎)　행상(行商)
상인(商人)　갑골문(甲骨文)

요순우탕(堯舜禹湯)의 계보를 잇는 성군인 무왕의 시대가 열렸지만 모든 사람이 그 기쁨을 만끽했던 것은 아니었습니다. 자그마치 550여 년간 지속되던 상나라가 하루 아침에 우주의 먼지처럼 흩어져 버린 것을 목도하게 된 상나라의 충신들과 귀족들은 끈 떨어진 뒤웅박, 어미 잃은 황새 같은 신세가 되고 말았기 때문입니다. 은유삼인 중 한 명인 기자를 통해 그 마음을 헤아려보겠습니다.

조카인 주왕에 의해 유폐되어 있다가 상나라가 멸망하면서 풀려나게 된 기자는 무왕을 만나러 가는 길에 상나라의 옛 도읍지를 지나게 되었습니다. 폐망한 상나라와는 대조적으로 강렬한 생명력을 뿜내며 무성하게(秀) 자라고 있는 보리(麥)를 보면서 맥수지시(麥秀之詩)를 지어 탄식하는데(歎), 여기서 맥수지탄(麥秀之歎)이 유래했습니다. 맥수지시의 내용 중 일부만 살펴보겠습니다.

彼狡童兮, 不與我好兮
피 교 동 혜   불 여 아 호 혜
저 교활했던 철부지, 나와 더불어 사이가 좋지 않았기에

기자는 자신이 섬겼던 주왕을 교활했던 철부지로 표현했는데 이는 자신의 말을 따랐더라면 상나라가 망하는 일은 없었을 것이라는 깊은 탄식과 회한이 담겨 있습니다.

일상에서 자주 사용하는 행상이나 상인이라는 말의 어원도 주나라에 의해 멸망한 상나라 백성에서 유래했습니다. 상나라 백성들은 나라의 중심이 동쪽 낙양 지방에서 서쪽 호경(西安) 지방으로 옮겨가자 삶의 근거지를 잃게 되는데, 그 여파로 길을 떠돌아다니며(行) 날품팔이를(商) 해야 했습니다. 이렇게 유랑하며 살아야 했던 상나라 유민들을 가리켜 행상(行商)이라고 불렀고, 지금까지 물건을 사고팔며 생계를 이어가는 사람들을 상인(商人)이라고 부르고 있는 것입니다.

상나라의 역사와 성어를 정리하면서 마지막으로 살필 내용은 문자에 관한 것입니다. 상나라 사람들은 열 개의 태양이 땅 속에 있다가 매일 하나씩 교대로 천상으로 떠오른다고 믿었기 때문에, 열흘 간격으로 첫 번째 태양이 떠오르는 밤에 점을 쳤습니다. 이 열 개 태양은 갑을병정무기경신임계, 즉 십간(十干)입니다. 상나라

사람들은 제사·전쟁·농업·질병 등의 주요 국사를 신의 뜻으로 결정하기 위해 점을 쳤는데, 점을 친 후에는 점친 날짜와 점관의 이름 그리고 점친 내용과 결과 등을 귀갑수골(龜甲獸骨), 곧 거북(龜) 배딱지(甲)와 소나 짐승(獸)의 뼈(骨)에 기록했습니다. 이것이 한자의 원형이라고 할 수 있습니다.

상나라가 멸망하면서 수천 년 동안 땅속에 묻혀 있던 이 문자는 1899년 왕의영(王懿榮)이 학질을 치료하기 위해 약재로 사들인 짐승의 뼈와 거북의 껍질에서 발견되었습니다. 이후 왕의영은 유악(劉鶚)과 함께 연구를 시작해 그것이 중국의 고대 문자임을 밝혀냈습니다. 본격적으로 연구에 뛰어들고자 했으나, 1900년 서구 열강이 북경을 점령하자 애국지사였던 왕의영은 우물에 투신자살하고 유악이 그와 탐구했던 연구 성과를 세상에 알렸습니다. 그 후 1921년에 중국의 역사학자 육무덕(陸懋德)이 발표한 논문에서 처음으로 이 문자를 갑골문(甲骨文)이라고 명명했고, 이때부터 갑골문자(甲骨文字)라는 명칭이 일반적으로 쓰이게 되었습니다.

이후 수많은 학자들이 갑골의 수집과 갑골문자의 연구에 참여하면서, 1928년에는 정부 차원에서 동작빈(童作賓)의 주도하에 갑골문 발굴 작업이 시작되었습니다. 이 과정에서 상나라의 도읍지인 은의 유적지와 유물들이 발견되었습니다. 그 전까지는 전설 속의 왕조로만 여겨졌던 상나라가 역사의 무대로 당당하게 등장한 순간입니다. 하나라 역시 지금은 전설의 왕조로 여겨지지만 언젠

가는 역사의 조명 아래 등장할 날이 올 수도 있습니다.

한편 주나라 무왕은 상나라를 멸한 주나라의 개국 공신에 대해 스승인 강태공에게는 제나라를, 그의 동생 주공(周公) 단(旦)과 소공(召公) 석(奭)에게는 각각 노나라와 연나라를, 그리고 여러 개국 공신들에게 땅을 하사하고 주 왕실을 호위하도록 했습니다. 이렇게 혈족이나 공신에게 토지를 하사하여 제후로 봉한(封) 후 나라를 굳건하게 세우는(建) 제도, 즉 주요 요충지에 왕족과 공신들을 제후로 봉하여 주나라 왕실을 굳건히 지키게 하는 정치 제도인 봉건제(封建制)가 시작되었습니다. 물론 이미 상나라 때 많은 읍과 성을 왕실의 여러 아들에게 봉지로 내주고, 이들로부터 공물과 역을 제공받았기 때문에 봉건제의 시원을 상나라로 보는 학자들도 있지만, 본격적인 봉건제의 시작은 주나라 때로 보는 것이 더 일반적입니다.

■ 한자와 성어 총정리

- 麥 보리 맥 秀 빼어날 수 之 어조사 지 歎 탄식할 탄

  麥秀之歎
  맥 수 지 탄
  고국의 멸망을 한탄함을 이르는 말. 기자가 상나라가 망한 뒤에도 보리(麥)만은 빼어나게(秀) 잘 자라는 것을 보고 한탄하였다는(歎) 데서 유래

- 行 다닐 행 商 장사 상

  行商
  행 상
  이리저리 돌아다니며(行) 물건을 파는(商) 일. 또는 그런 사람

- 商 장사 상 人 사람 인

  商人
  상 인
  장사(商)를 업으로 하는 사람(人)

- 甲 갑옷 갑 骨 뼈 골 文 글월 문

  甲骨文
  갑 골 문
  고대 중국에서, 거북(甲)의 배딱지나 짐승의 뼈(骨)에 새긴 상형 문자(文)

■ 3급 관련 한자 배우기

來 올 래 麥 보리 맥 甲 갑옷/첫째 천간 갑 骨 뼈 골

文 글월 문

- 고대 중국에서, 거북의 배딱지나 짐승의 뼈에 새긴 상형 문자는 무엇일까요?

→ 정답 271쪽

8강

서주 시대 _ 주나라의 태평성대

토포악발(吐哺握髮)　주공삼태(周公三笞)
감당지애(甘棠之愛)　공휴일궤(功虧一簣)

　　　　　　　　　　주나라 무왕은 아버지의 뜻을 이
어받아 대업을 완성했지만 애석하게도 3년을 넘기지 못하고 죽고
맙니다. 뒤를 이어 무왕의 아들 희송(姬誦)이 열세 살에 왕위에 오
르게 되는데 그가 바로 성왕(成王)입니다. 어린 성왕이 즉위하자 무
왕의 동생이자 문왕의 넷째 아들인 주공 단이 섭정을 하게 되었습
니다. 그런데 주공의 전횡을 우려하며 평소 불만을 품고 있던 주
공의 형과 동생들, 곧 문왕의 셋째, 다섯째, 여덟째 아들인 관숙(管
叔) 희선(姬鮮), 채숙(蔡叔) 희탁(姬度)[20], 곽숙(霍叔) 희처(姬處)는 무경
(武庚)과 결탁하여 반란을 일으켰습니다. 무경은 은(殷) 지역에서
상나라의 유민들을 다스리던 폭군 주왕의 아들입니다. 관숙 · 채
숙 · 곽숙 형제는 상나라 유민들과 무경을 감시하는 일을 맡았던

20　희도라고도 한다.

삼감(三監)이었기 때문에 이 반란을 삼감의 난이라고 부릅니다. 이 반란에 가담했던 상나라 유민들의 저항은 예상보다 매우 거셌기 때문에 삼감의 난을 진압하는 것은 쉽지 않았습니다. 약 3년간의 격전 끝에 주공은 반란군을 겨우 제압했습니다. 무경은 처형당하고 관숙과 곽숙은 평민으로 강등되었으며 채숙은 국외로 추방되었습니다. 여기서 주공을 보좌하며 반란군을 제압하도록 지원했던 대표적인 인물이 주공의 동생 소공 석과 주왕의 이복형인 미자입니다. 주공은 삼감의 난을 평정하고 무경 대신에 미자를 송나라의 제후로 봉하고 상나라 제사를 잇도록 했습니다.

주공이 어린 성왕을 보좌하며 주나라를 굳건히 세우기 위해 가장 크게 신경 썼던 것은 유능한 인재를 중용하는 일이었습니다. 그래서 어진 선비를 환영하고 우대했는데 밥을 먹다가도 그런 인재가 방문했다는 말을 들으면 먹던(哺) 것을 뱉어(吐) 내고 내객을 맞이했으며, 머리를 감다가도 그런 보고가 올라오면 감고 있던 머리(髮)를 거머쥐고(握) 공손히 손님을 대접했을 정도로 인재를 극진하게 대우했습니다. 여기에서 나온 성어가 토포악발(吐哺握髮)입니다.

주공의 아들 백금(伯禽)과 관련한 주공삼태(周公三笞)라는 성어도 전합니다. 이는 주공(周公)의 세(三) 차례의 매질(笞)이라는 뜻입니다. 백금이 성왕을 알현하고 주공을 방문했는데 그 때마다 백금은 아버지 주공에게 매질을 당했습니다. 그 까닭을 알 수 없었던 백금은 상자(商子)라는 현자를 찾아가서 그 답을 물었습니다. 상자는 백금에게 남산의 남쪽에 높이 솟은 교(橋)라는 나무와 그와 반대로 아래로 낮게 향해 있는 남산 북쪽의 재(梓)라는 나무를 보고 오라고 했습니다. 그리고 교(橋)는 높은 곳에 위치한 하늘 같은 아버지를 상징하고, 재(梓)는 낮은 곳에서 아버지를 섬겨야 하는 자식을 나타낸다고 가르쳐주며 자식으로서 아버지를 향한 예와 도리를 다해야 함을 일깨워주었습니다. 백금은 다음 날 아버지를 찾아가서 문에 들어서며 몸가짐을 바르게 하고 소폭으로 주의해서 걸었고 마루에 올라서는 무릎을 꿇었습니다. 그제야 주공이 백금의 머리를 자상하게 쓰다듬으면서 음식을 주었다고 전합니다.

이렇듯 국정과 자녀 교육에 정성을 쏟았던 주공은 섭정 기간이 길어질수록 대신들의 신망을 얻었고 백성들에게도 칭송받았습니다. 이처럼 대신과 백성들의 존경을 받게 되면 누구라도 자연스럽게 군주가 되고 싶은 마음이 생길 것입니다. 그러나 주공은 노나라의 곡부에 봉해져 제후가 된 것에 만족하면서 7년의 섭정을 끝내고 성왕이 스무 살이 되던 해 모든 정권을 돌려주었습니다. 마음만 먹었다면 어린 조카를 왕위에서 쫓아내고 주나라의 주인이 될 수도 있었지만 주공은 주나라의 기틀을 닦는 데 전념하고 마지막까지 신하된 자의 도리를 저버리지 않았습니다.

고대 중국의 이상적인 통치자들의 계보를 정리해 보면, 요임금·순임금·우임금·탕왕·문왕·무왕·주공을 합쳐서 요순우탕문무주공(堯舜禹湯文武周公)으로 나열할 수 있습니다. 이는 고대 중국의 성인이나 성군의 총체를 의미합니다.

　강상 및 주공 단과 더불어 주나라를 개국한 3대 공신인 소공 석은 비록 이 반열에 들지는 못하지만 그들에 버금가는 정치가였습니다. 소공과 주공은 섭정 과정에서 주나라를 동서로 나누어 다스렸는데, 주공은 낙읍에 머물면서 동쪽 지역을 관장하였고, 소공은 서쪽 지역을 다스렸습니다.[21] 소공은 탁월한 정치적 역량을 발휘해서 모범적인 치세를 보여줬다고 전합니다. 그는 곳곳을 순시하며 백성들의 어려움을 살폈는데, 특히 감당(甘棠) 나무 아래에서 백성의 송사를 듣고 직접 공정하게 처리했습니다. 백성들은 그런 소공을 흠모했습니다. 후대에도 사람들은 그 감당나무를 보며 소공 같은 선정가가 나타나길 기대하면서 감당(甘棠)이라는 노래를 읊조렸습니다. 《시경》에 실린 노래의 일부를 살펴보겠습니다.

　우거진 저 감당나무 자르지도 말고 꺾지도 마십시오. 소백께서 쉬셨던 곳입니다. 우거진 저 감당나무 자르지도 말고 휘지도 마십시오. 소백께서 즐기셨던 곳입니다.

　소공 석에 대한 존경심과 애정이 얼마나 깊었는지를 느낄 수 있는데, 여기에서 감당지애(甘棠之愛)라는 성어가 비롯되었습니다. 이는 감당나무(甘棠)를(之) 사랑한다(愛) 혹은 감당나무(甘棠)에 대한

21　주공이 삼감의 난을 진압해 더 이상의 견제 세력이 없었을 때도 소공 석을 의식해서 왕이 되겠다는 용단을 내리지 못했다고 보는 학자들도 있다.

㈜ 사랑(愛)이라는 뜻으로, 정치를 잘하는 목민관을 사모하는 정㈜(情)이라고 정리할 수 있습니다.

소공 석이 정사에 임했던 성실한 자세는 공휴일궤(功虧一簣)라는 성어를 통해서도 확인할 수 있습니다. 주나라 무왕이 상나라를 멸하자 변방의 여러 나라에서 공물을 헌상하며 친교를 맺으려 했습니다. 그중 여(旅)나라는 무왕의 환심을 사고자 오(獒)라는 개를 바쳤습니다. 이 개는 키가 넉 자나 되고 사람의 말을 잘 알아듣는 영물이었습니다. 게다가 맹수를 두려워하지 않고 맞섰기 때문에 무왕은 오를 몹시 소중히 여겼습니다. 그러자 무왕의 동생 소공은 무왕이 그런 진기한 물건에 마음이 뺏겨 정사를 돌보는 일을 등한시 할까 심히 염려했습니다. 그래서 무왕을 찾아가 간언했습니다. 아홉 길이나 되는 언덕이나 동산을 만들 때 삼태기(簣) 하나에 들어갈 적은 양의 흙이 부족하게 되면 언덕이 완성되지 못하고 그 공이 이지러지는(虧) 것처럼, 천하를 다스리는 일 역시 조금의 빈틈이 있다면 온전하게 성공할 수 없다고 했습니다. 조금만 더 노력하면 일을 완성할 수 있는데 잠깐이라도 한눈을 팔아 소홀하면 한순간에 모든 공로가 물거품이 될 수 있다는 공휴일궤가 여기에서 유래했습니다. 이렇듯 성군 무왕과 그를 보좌하는 주공, 소공 같은 충성스러운 신하들이 선정이라는 목표를 품고 그것을 실현하고자 힘썼기에 주나라의 태평성대가 열렸던 것입니다.

■ 한자와 성어 총정리

• 吐 토할 **토** 哺 먹을 **포** 握 쥘 **악** 髮 터럭 **발**

吐哺握髮 주공이 식사 때나 목욕할 때 내객이 있으면 먹던
토 포 악 발 (哺) 것을 뱉고(吐), 감고 있던 머리(髮)를 거머쥐고
(握) 영접하였다는 데서 유래

• 周 두루 **주** 公 공평할 **공** 三 석 **삼** 笞 매질할 **태**

周公三笞 주공(周公)의 세(三) 차례의 매질(笞)이라는 뜻으로,
주 공 삼 태 자식 교육의 엄함을 비유하는 말

• 甘 달 **감** 棠 팥배나무 **당** 之 어조사 **지** 愛 사랑 **애**

甘棠之愛 감당나무(甘棠)를(之) 사랑함(愛). 소공 석 같은 훌륭
감 당 지 애 한 정치가를 사모함이 애절함을 의미

• 功 공 **공** 虧 이지러질 **휴** 一 한 **일** 簣 삼태기 **궤**

功虧一簣 산을 쌓아 올리는데 한(一) 삼태기(簣)의 흙이 부족
공 휴 일 궤 해 공(功)이 이지러져(虧) 완성하지 못한다는 뜻으
로, 거의 이루어진 일을 중지하여 오랜 노력이 아
무 보람도 없게 됨을 비유적으로 이르는 말

■ 3급 관련 한자 배우기

吐 토할 **토** 甘 달 **감** 受 받을 **수** 授 줄 **수** 愛 사랑 **애**

• 신분이 높은 사람이 방문객을 친절히 맞이함을 이르는 말로, 주나
라 주공이 식사를 하는 중에 먹던 음식을 세 번 토했다는 데서 유
래한 어휘는 무엇일까요?

→ 정답 271쪽

춘추시대 _ 주 왕실의 쇠락

> 존왕양이(尊王攘夷) 제자백가(諸子百家)
> 백가쟁명(百家爭鳴)

주족 희씨 가문이 세운 주나라는 기원전 1046년에서 기원전 256년까지 지속되어 중국 역사상 가장 오래된 왕조라고 할 수 있습니다. 그런데 기원전 771년 12대 유왕 때 예기치 못한 사건이 발생합니다. 말희와 달기가 하나라와 상나라 멸망의 원흉이었듯이 주나라 역시 포사(褒姒)라는 여인으로 인해 역사의 지축이 뒤흔들리게 됩니다. 정복 군주인 걸주가 유시씨와 유소씨를 멸하고 각각 말희와 달기를 얻었던 것처럼, 주나라 유왕 역시 기원전 779년 포국(褒国)을 함락시키고 포사를 얻었습니다.[22]

포사에게는 신비로운 탄생 비화가 있습니다. 하나라 14대 왕 공갑 때에 용이 나타났는데 그 용을 죽이고 타액은 상자에 보관해 두었습니다. 주나라까지 전해 내려오던 용의 타액이 실수로 바닥에

---

22 구금된 충신 포향을 석방하기 위해 포사가 바쳐진 것이다.

떨어져서 검은 도마뱀이 되었고 그 도마뱀과 마주친 한 소녀가 40년 후에 낳은 아이가 바로 포사라는 이야기입니다. 포사 역시 절세 미녀였는데, 말희나 달기와는 달리 포악하거나 잔인하지 않았습니다. 다만 쉽게 웃지 않았을 뿐입니다. 유왕은 그런 포사를 지극히 사랑하여 왕비 신후(申后)의 아들 의구(宜臼)를 태자에서 폐하고 포사의 아들 백복(白樸)을 태자로 삼았습니다. 그런데도 포사는 기뻐하거나 웃지 않았습니다. 유왕은 포사를 웃게 하려는 온갖 시도가 수포로 돌아가자 포사를 웃게 하는 자에게 1천 냥 상금까지 내걸었습니다. 천금(千金)으로 웃음(笑)을 산다(買)는 천금매소(千金買笑)가 여기서 유래했습니다.

상금을 얻고 싶었던 간신 괵석부(虢石父)는 이민족의 침입을 알리는 봉화를 올리기까지 했습니다. 적이 침입한 줄 알고 군대를 이끌고 황급히 달려왔다가 장난이라는 말을 듣고 망연자실해 하는 제후들의 표정을 보고 포사는 드디어 웃음을 터트렸습니다. 유왕은 환하게 웃는 포사의 미소를 더 보기 위해 양치기 소년처럼 거짓으로 봉화를 두 번이나 더 올리게 했습니다.

문제는 여기서 시작됩니다. 유왕의 장인인 신후(申侯)가 손자가 폐위된 일로 앙심을 품고 견융(犬戎)[23]족과 결탁하여 유왕이 있는 주나라의 수도 호경으로 진군했습니다. 주 왕실에서는 국운이 걸린 풍전등화의 위태로운 상황에서 다급하게 봉화를 올렸지만 제후

---

23 견융 : 서융의 일족으로 《시경》이나 《서경》 또는 금문(金文)에 나오는 염윤·험윤·훈국과 동일한 부족이며, 견이(犬夷)·견융(畎戎)·곤이(昆夷)라고도 하고 흉노의 조상이라는 설도 있다.

들은 이번에도 거짓인 줄 알고 아무도 오지 않았습니다. 견융족 병사에 의해 주나라 유왕과 포사의 아들은 결국 살해되고 포사 역시 끌려가 견융족의 여자가 되었습니다. 뒤늦게 전란을 수습하는 과정에서 제후들은 원래 태자였던 의구를 평왕으로 옹립하여 유왕의 뒤를 잇게 했는데, 계속되는 견융의 침략으로 인해 기원전 770년 주나라는 도읍을 호경에서 동쪽의 낙양으로 옮기게 됩니다. 그래서 기원전 771년까지 서쪽 호경에 존재했던 주나라를 서주라고 하고, 기원전 770년부터 256년까지 동쪽 낙양에 존재했던 주나라는 동주라고 부릅니다. 이 천도 과정에서 서쪽의 오랑캐와 별 차이 없이 대우받던 진(秦)나라는 주나라 평왕을 호위하면서 제후로 봉해지는데, 주나라가 동쪽으로 도읍을 옮긴 일의 최대 수혜자는 후에 중국을 통일한 진나라입니다.

　평왕부터 시작된 동주 시대의 전반기와 후반기는 각각 춘추시대, 전국시대라고 부릅니다. 기원전 770년부터 기원전 221년까지의 시기가 노나라 공자가 편수한 역사서 《춘추(春秋)》와 한나라 유향이 편찬한 《전국책(戰國策)》에서 다루는 시기와 대략적으로 일치하기 때문에 책명을 따서 동주 초기를 춘추시대라고 하고 동주 후기를 전국시대라고 합니다. 춘추시대 평왕의 즉위가 신(申)·진(晉)·정(鄭)나라 등 제후국의 도움으로 이루어졌기에 이들 제후들은 매우 교만하였고 주 왕실의 권위는 끝을 모르고 추락하게 됩니다. 중요한 것은 동주 초기인 춘추시대에는 주나라 왕실의 권위를 존중하여 패자를 중심으로 명목상이라 해도 왕실을 보호하는 양상이었고, 동주 후반기인 전국시대에는 제후들이 각각 왕을 자칭하고 주나라 왕실과 동등한 독립국으로 행세하기에 이르렀다는 사실입니다.

주나라 왕실은 힘이 쇠약해지면서 제후국 간의 분쟁과 갈등을 조율하고 질서를 바로잡는 역할을 할 수 없게 되었습니다. 그래서 춘추시대는 약소국들이 언제든 주변 강국에 의해 침공당하는 위협이 도처에 도사리고 있었습니다. 이러한 춘추시대를 이해하는 핵심적인 키워드는 춘추오패(春秋五霸)입니다. 춘추시대 5인의 패자를 일컫는 말인데, 이들은 회맹(會盟)[24]에서 맹주로 인정받아 제후국을 제압하고 통치하는 존재이며 주나라를 대신하여 제후국을 다스리며 왕의 역할을 수행하는 참된 실세였습니다. 곧 춘추시대의 패자는 전국시대와는 달리 자신들의 지도력을 봉건제 질서 안에서 정당화시키기 위해 존왕양이(尊王攘夷)라는 대의명분을 내세우게 되는데, 이는 천자인 주나라 왕(王)을 높이고(尊) 이민족들을(夷) 물리쳐(攘) 중원의 평화와 질서를 수호하고자 한 것입니다. 이는 춘추시대의 핵심적인 치세 원리이자 시대정신이라 할 수 있습니다.

각 나라의 제후들은 패자가 되기 위해 피비린내 나는 전쟁을 치렀는데 춘추시대 초기에는 110~140여 개의 제후국들이 춘추시대의 패자가 되기 위해 치열한 각축전을 벌였습니다. 기원전 722년

---

24 회맹 : 춘추시대 제후국들 간에 국가 명운을 좌우할 만한 중대 현안과 관련되어 체결된 맹약. 회맹이 체결되면 대상 국가들은 회맹의 효력이 지속될 동안은 군사·정치·경제 모든 면에서 공동 운명체가 되어 서로 협력했다. 중원의 패자들은 회맹 국가들 간의 협력을 더욱 돈독히 하고 회맹의 의미와 엄숙성을 높이기 위해 존왕양이(尊王攘夷)나 계절존망(繼絶存亡) 등의 대의명분을 추구했다.

부터 기원전 481년 동안의 사적을 기록한 《춘추》의 기록에 따르면 242년 동안 무려 483차례의 전쟁이 있었으며, 빈번한 전쟁 속에서 우수한 무기를 만들기 위해 과학기술은 더욱 발전했고 부국강병의 비책을 역설하는 훌륭한 인재와 사상가들이 출현했습니다. 그래서 춘추시대는 전국시대와 더불어 중국 사상의 황금기로 꼽히며 공자의 탄생 즈음인 기원전 550년경부터 기원전 110년경까지를 제자백가(諸子百家) 혹은 백가쟁명(百家爭鳴)의 시대로 부르기도 합니다. 여기서 자(子)는 선생이나 스승을 존대하여 부르는 것이고, 가(家)는 사상의 한 흐름을 이룬 학파를 일컫습니다. 그러므로 제자백가에서 제자(諸子)란 노자, 공자, 묵자, 맹자, 장자, 순자 등 기원전 8세기부터 기원전 3세기까지 활동했던 여러(諸) 학자(子)를 뜻하고, 백가(百家)란 도가, 유가, 묵가, 법가 등의 수많은(百) 학파(家)를 의미합니다. 그들이 사상을 다투어(爭) 주장하던(鳴) 시기가 백가쟁명의 시대입니다. 그들이 추구하는 실천방법은 각기 달랐으나 이상정치의 실현이라는 점에서 목표와 지향성은 같다고 할 수 있습니다. 결국 패자는 유능한 제자백가의 인재를 등용해서 패업을 달성하는 꿈을 이룬 인물을 말합니다. 《순자(荀子)》에 의하면 춘추오패는 제(齊)나라의 군주인 환공(桓公), 진(晉)나라의 문공(文公), 초(楚)나라의 장왕(莊王), 오(吳)나라의 합려(闔閭), 월(越)나라의 구천(勾踐)을 가리키는데, 기록에 따라 차이가 있어서 진(秦)나라 목공(穆公)이나 송(宋)나라의 양공(襄公) 그리고 오(吳)나라 부차(夫差) 등이 언급되기도 합니다.

■ 한자와 성어 총정리

• 尊 높을 존 王 왕 왕 攘 물리칠 양 夷 오랑캐 이

尊王攘夷
존 왕 양 이
천자의 왕(王)실을 높이고(尊) 오랑캐(夷)를 물리침(攘).
천자는 주나라 왕이고 오랑캐는 동이, 서융, 남만,
북적을 의미

• 諸 여러 제 子 아들/스승 자 百 일백/온갖 백 家 집/전문가 가

諸子百家
제 자 백 가
춘추전국시대의 여러(諸) 학자들이(子) 이끌었던 많
은(百) 학파(家). 공자, 노자, 묵자, 장자 등의 유가,
도가, 묵가, 법가 등을 통틀어 이르는 말

• 百 일백 백 家 전문가 가 爭 다툴 쟁 鳴 울 명

百家爭鳴
백 가 쟁 명
많은(百) 학파들이(家) 자기의 학설이나 주장을 자
유롭게 발표하여, 다투어(爭) 논쟁하고(鳴) 토론하
는 일을 이르는 말

■ 3급 관련 한자 배우기

共 함께 공 豕 돼지 시 家 집 가 爭 다툴 쟁

鳥 새 조 鳴 울 명

• 함께 운다는 의미로, 남의 사상이나 감정, 행동 따위에 공감하여
자기도 그와 같이 따르려 한다는 뜻의 어휘는 무엇일까요?

➜ 정답 271쪽

춘추오패 _ 제나라 환공

> 관포지교(管鮑之交) 노마지지(老馬之智)
> 삼총(三寵)

　　　　　　　　기원전 770년부터 기원전 403년
까지 지속된 춘추시대의 첫 번째 패자는 춘추시대를 넘어 전국시
대까지 강대국으로 건재했던 강태공의 제나라입니다.

　제나라에는 세상에 널리 알려진 관중과 포숙아라는 인물이 있
었는데 두 사람은 둘도 없는 친구였습니다. 그런데 관중은 제나라
제후인 희공의 아들 공자 규의 보좌관이 되었고, 포숙아는 공자
규의 이복동생인 소백을 섬기게 되었습니다. 그런데 규와 소백의
형 양공이 제후로 즉위하자 양공의 위협을 피하기 위해 공자 규는
관중의 도움을 받아 노나라로 달아났고, 공자 소백은 포숙아와 함
께 상대적으로 가까운 거나라로 망명했습니다. 양공의 폭정과 기
행이 지속되자 연칭(連稱)과 관지보(管至父)는 참다 못해 양공을 시
해했고 그의 사촌동생 공손무지(公孫無知)가 즉위했습니다. 이듬해

공손무지 역시 살해됨으로써 규와 소백은 왕권을 놓고 경쟁하는 사이가 되었고 관중과 포숙아 역시 본의 아니게 정적이 되고 말았습니다. 거리상으로 제나라 입성에 더 불리했던 규는 관중을 보내 소백을 암살하려고 했습니다. 그러나 관중이 매복해서 발사한 화살이 간발의 차로 소백의 허리띠 쇠고리에 꽂혔습니다. 기적적으로 목숨을 건진 소백은 포숙아와 함께 무사히 귀국하여 제나라 제후 자리에 올랐습니다.

한편 소백이 화살에 맞아 죽은 것으로 착각한 관중은 기뻐하며 규에게 소백의 사망 소식을 보고했습니다. 규는 느긋하게 무혈입성을 준비하며 제나라로 향했는데, 그를 기다리고 있던 소백의 공격을 받고 황급히 노나라로 도망쳤습니다. 소백은 규를 죽이고 관중을 압송하라고 노나라에 요구했습니다. 소백은 자신을 죽이려고 했던 관중을 괘씸하게 여기고 그의 목을 치라고 명했습니다. 그때 관중의 친구인 포숙아가 엎드려 소백에게 다음과 같이 간언했습니다.

"한 나라의 주인으로 만족하신다면 신의 보필만으로 충분합니다. 그러나 천하의 주인이 되고자 하신다면 관중을 중용하셔야 합니다."

소백은 잠시 갈등했으나 포숙아의 충간에 따라 관중에게 대부 벼슬을 주어 정사를 맡겼습니다. 이 소백이 바로 춘추오패의 선두 주자인 제나라 환공입니다. 환공의 아량에 감읍한 관중은 실리주의적 정치 철학을 표방하며 선정을 베풀고 국력을 키워 여러 제후를 굴복시켰는데, 특히 성왕의 초나라를 제압하여 환공이 춘추시대 최초의 패업을 이룰 수 있도록 보좌했습니다. 포숙아는 관중의 이러한 성공을 진심으로 기뻐하면서 변함없는 지지와 격려를 아끼지 않았습니다. 이 고사에서 관중(管仲)과 포숙아(鮑叔牙)의(之) 사귐(交)이라는 관포지교(管鮑之交)가 유래했습니다.

"나를 낳아 주신 분은 부모님이고, 나를 알아 준 사람은 포숙아이다"라는 관중의 고백에서 알 수 있듯이, 형편이나 이해관계에 상관없이 영원히 변치 않는 참된 우정이 바로 관포지교입니다. 결국 환공은 관포지교의 주인공들 덕분에 실권을 잃어버린 동주 왕실을 대신해 기원전 651년부터 총 아홉 번의 회맹을 거행하며 춘추시대 첫 번째 패자로서 위엄을 만방에 떨치게 됩니다.

한번은 환공이 고죽국[25] 정벌에 나섰다가 전쟁이 장기전 양상을 띄게 되자 한겨울 혹한 속에서 후퇴를 결정했습니다. 퇴각하던 중 사방이 흰 눈으로 뒤덮인 산속에서 갈 길을 모르고 있을 때 재상 관중이 늙은 말의 지혜를 빌릴 것을 건의했습니다. 늙은 말을 풀어 놓고 그 뒤를 따르도록 한 것입니다. 수많은 길을 다녀본 늙은 말이 마침내 큰 길을 찾아내 환공과 그의 군사는 목숨을 건질 수 있게 됩니다. 이것이 바로 늙은(老) 말(馬)의(之) 지혜(智)인 노마지지(老馬之智)입니다. 곧 아무리 하찮은 존재일지라도 저마다 장기나

25　고죽국 : 연(燕)·제(齊)·노(魯) 3국 사이에 위치한 이민족 부락 연맹. 중국 변경의 사방(四方) 이민족들 중 북적(北狄)의 일파라 할 수 있다. 궁벽하고 험한 지대에 칩거하면서 서주 왕실의 봉건예제(封建禮制)에 귀속되지 않는 별도의 세계를 이룩하면서 중원을 계속 위협했다. 존왕양이와 계절존망을 추구하던 패자 환공에게 산융의 대표적인 두 나라인 영지(令支)와 고죽(孤竹)이 정벌당하면서 세력이 급격히 쇠퇴했다.

장점을 지니고 있다는 의미인데, 배울 점이 있으면 그 대상이 누구일지라도 겸허히 배워야 한다는 뜻을 담고 있습니다. 요즘은 경험을 쌓은 노련한 사람이 갖춘 지혜라는 뜻으로도 사용됩니다.

한편 환공과 관련한 성어로 삼총(三寵)이 있습니다. 삼총이란 환공의 총애(寵)를 받았던 세 명(三)의 인물을 이르는데, 첫 번째는 입맛이 없는 환공을 위해 어린 자식까지 삶아 바친 요리사 역아(易牙)이고, 두 번째는 스스로 거세하여 환관이 되면서까지 환공을 섬겼던 수도(竪刀)[26]입니다. 마지막으로 위(衛)나라의 왕위 계승권을 포기하고 환공의 신하를 자청한 공자 개방(開方)인데, 그는 환공을 보좌하기 위해 부모가 죽었을 때도 위나라로 돌아가지 않았습니다. 이들은 가장 소중한 것을 버리면서까지 충심을 보였기 때문에 환공은 삼총을 기특하게 여겨 이들 중 한 명을 관중을 뒤를 이을 재상으로 등용하려고 했습니다. 현명한 관중은 임금에게 영합하기 위해 제 자식을 죽이고, 본인의 생식기를 자르고, 부모를 배반한 이들은 모두 인정에 어긋난 인물이라고 평하면서 환공에게 삼총을 멀리할 것을 유언으로 남기고 세상을 떠났습니다.

그런데 관중의 말을 따랐던 환공은 2년 정도 지나자 관중의 유언을 저버리고 세 사람을 다시 중용했습니다. 관중의 예측대로 이들은 환공이 계승자로 지목한 공자 소(昭) 대신에 자신들이 지지하는 공자들을 제후로 만들어 정권을 장악하기 위해 이전투구를 시

---

26 수조 또는 수초라고도 한다.

작했습니다. 그 와중에 환공을 굶겨 죽이기까지 했습니다. 환공의 시체는 67일이 지나도 장례를 치르지 못해 구더기가 나올 정도였다고 전합니다.

　자신의 소중한 것을 아끼지 않고 바치며 아첨하는 이들은 흉중에 잔인함과 냉정함 그리고 탐욕스러움을 숨기고 있다고 간파했던 관중과는 달리 환공에게는 그런 통찰력이 없었던 것입니다. 삼총의 권력투쟁으로 제나라는 극심한 대혼란의 소용돌이에 휘말리게 됩니다. 관중 사후 백여 년이 지나서야 관중에 버금가는 위대한 재상이 등장해 다시 제나라의 부흥을 꾀하게 됩니다.

■ 한자와 성어 총정리

- 管피리 관 鮑절인 어물 포 之어조사 지 交사귈 교

  管鮑之交 관중(管)과 포숙(鮑)의(之) 사귐(交)이라는 뜻으로, 우
  관 포 지 교   정이 아주 돈독한 친구 관계를 이르는 말

- 老늙을 로 馬말 마 之어조사 지 智지혜 지

  老馬之智 늙은(老) 말(馬)의(之) 지혜(智)라는 뜻으로, 연륜이 깊
  노 마 지 지   으면 나름의 장점과 특기가 있다는 의미

- 三석 삼 寵사랑 총

  三寵 환공의 총애(寵)를 받았던 세 명(三)의 인물. 입맛이 없는
  삼 총   환공을 위해 어린 자식까지 삶아 바친 요리사 역아와 스
      스로 거세하여 환관이 되면서까지 환공을 섬겼던 수도
      그리고 위나라의 왕위 계승권을 포기하고 환공의 신하를
      자청한 공자 개방을 가리킴

■ 3급 관련 한자 배우기

立설 립 音소리 음 交사귈 교 矢화살 시 知알 지
智지혜 지

- 소리를 알아듣는다는 뜻으로, 자기의 속마음을 알아주는 친구를
  이르는 말은 무엇일까요?

→ 정답 271쪽

춘추오패 _ 제나라의 명재상 안영

추기급인(推己及人) 귤화위지(橘化爲枳)
양두구육(羊頭狗肉)

　　　　　　　　　　　　　　기원전 645년 관중이 죽고 관중과
비견될 만한 유능한 명재상이 제나라의 꺼진 등불을 밝히는데 그가
바로 안자라고 불리는 안영입니다. 삼총(三寵)의 권력다툼으로 제나
라는 급격하게 쇠락의 길을 걷게 되었는데, 영공(靈公)과 장공(莊公)
그리고 경공(景公)에 이르기까지 57년 동안 3대 임금을 충실하게 보
좌했던 안영으로 인해 제나라는 제2의 전성기를 맞이하게 됩니다.
안영은 재상이 된 뒤에도 요임금처럼 고기반찬을 거의 먹지 않았고
반찬은 세 가지를 넘지 못하게 했습니다. 또한 아내에게 비단옷을
입히지 않았으며 자신도 언제나 누더기 같은 낡은 옷을 입고 다닐
만큼 청렴결백한 생활을 유지했습니다.
　어느 날 안영은 제나라 경공이 따뜻한 방 안에서 여우 털로 만
든 옷을 입고 설경의 아름다움에 취해 있는 것을 보았습니다. 경

공은 눈이 계속해서 내린다면 온 세상이 더욱 깨끗하고 아름다워질 거라고 생각하고 있었습니다. 안영은 이를 보고 옛날부터 현명한 군주는 자기가 배불리 먹으면 누군가가 굶주리지 않을까를 생각하고, 자기가 따뜻한 옷을 입으면 누군가 얼어 죽지 않을까를 염려하는데, 경공은 자신(己)의 처지를 미루어(推) 남들도(人) 자신과 같을 것이라 헤아리고(及) 있다고 비판했습니다. 자기 자신 이외에 다른 사람을 전혀 배려하지 못한다고 따끔하게 간언하며, 군주라면 마땅히 도량을 넓게 하여 자기중심적인 추기급인(推己及人)의 마음 자세를 버리고 추위에 떨고 있을 백성에게까지 생각이 이르러야 한다고 진언한 것입니다. 오늘날 추기급인은 이러한 의미와는 반대로 자신의 처지를 미루어 다른 사람의 형편을 헤아린다는 의미로 사용됩니다.

이처럼 언제나 백성의 힘겹고 고된 삶을 걱정했던 안영은 유창한 달변과 임기응변으로도 유명합니다. 이를 초나라 영왕(靈王)과의 대화를 통해서 확인할 수 있습니다. 초나라의 영왕이 안영을 초청해 인사말을 끝내기가 무섭게 "제나라에는 사람이 없소? 하필 경과 같은 사람을 사신으로 보낸 이유가 뭐요?"라고 모욕적으로 말했습니다. 안영의 키가 140센티미터가 되지 않는 단신이었기에 무례하게 인신공격을 한 것입니다. 안영은 항심을 유지하며 "우리나라에선 사신을 보낼 때 상대방 나라에 맞게 사람을 골라서 보내는 관례가 있습니다. 작은 나라에는 작은 사람을 보내고 큰 나라에는 큰 사람을 보내는데, 신은 그중에서도 가장 작은 편에 속하기 때문에 초나라로 오게 된 것입니다"라고 태연히 대답했습니다. 이렇게 능수능란(能手能爛)한 말솜씨는 이어지는 대화에서 더욱 빛을 발합니다.

안영의 명성에 흠집을 내려던 계획이 뜻대로 되지 않자 이번에는 도둑질하다 잡힌 제나라 사람을 미리 대기해 놓고 제나라 사람은 도둑질을 잘하는 거 아니냐고 비아냥거렸습니다. 안영은 이번에도 의연하게 대답했습니다.

"제가 듣기로는 귤이 회남에서 나면 귤이 되지만, 회북에서 나면 탱자가 된다고 들었습니다. 지금 백성들 중 제나라에서 태어나고 성장한 자는 도둑질을 하지 않습니다. 그런데 초나라로 들어오면 도둑질을 합니다. 초나라의 수질과 토양이 백성들로 하여금 도둑질을 잘하게 만드는 것이라고 볼 수 있습니다."

안영의 대답에 영왕은 부끄러워하면서 백기를 들 수밖에 없었습니다. 여기서 나온 성어가 귤(橘)이 변하여(化) 탱자(枳)가 된다(爲)는 의미의 귤화위지(橘化爲枳)입니다. 기후와 풍토가 다르면 귤이 얼마든지 탱자가 되듯이 사람도 주위 환경에 따라 달라질 수 있다는 뜻입니다.

안영과 관련한 성어는 제나라 영공 때에도 만들어집니다. 영공은 특이하고 괴상한 취미가 있었습니다. 그는 궁중의 미인들을 뽑아서 남장을 시키고는 그 모습을 바라보며 즐거워했습니다. 이 소문이 널리 퍼지자, 백성들 가운데 얼굴이 곱상한 여자들은 임금의 눈에 띄기를 기대하며 남장을 했습니다. 풍기문란을 우려한 영공은 궁궐 밖 여인들이 남장하는 것을 금한다고 포고령을 내렸는데, 금령이 지켜지지 않는다는 보고가 올라왔습니다. 영공이 안영에게 그 까닭을 묻자 다음과 같이 대답했습니다.

"전하께서는 지금 궐 안의 여인들에게는 남장을 시키시면서 궐 밖 여인들의 남장은 금하고 계십니다. 이와 같은 조치는 밖에는 소 머리를 걸어 놓고 안에서는 말고기를 파는 것과 같은 속임수입니다. 궐 밖 여인들의 남장을 금하시려면 먼저 궐 내 여인들부터 남장을 못하게 하십시오."

영공은 바로 안영의 말대로 시행했습니다. 그러자 단시간에 제나라 전국에 남장하는 여인이 모두 사라졌습니다. 여기에서 소(牛)의 머리(頭)를 걸어 놓고 말(馬)고기(肉)를 판다는 우두마육(牛頭馬肉)이라는 말이 생겼고, 후에 변화하여 양두구육(羊頭狗肉)이라는 성어로 널리 알려졌습니다. 곧 양(羊)의 머리(頭)를 내놓고 개(狗)고기(肉)를 판다는 뜻으로, 겉으로는 화려하고 그럴듯하나 속은 내실이 없고 변변치 않음을 비유하여 이르는 말입니다.

제나라 제2의 전성기를 열게 한 안영은 공자와도 인연이 있었습니다. 공자가 노나라를 떠나 제나라를 방문하자 경공이 무척 환대하며 공자에게 나라를 다스리는 도리를 물은 적이 있었습니다. 공자는 그 자리에서 군군신신부부자자(君君臣臣父父子子), 즉 임금은 임금답고, 신하는 신하다우며, 아버지는 아버지답고, 아들은 아들다워야 한다는 말이었습니다. 그러면서 각자가 자신의 분수와 신분에 맞게 행동해야 한다는 정명(正名) 사상을 설파했습니다. 그런데 당시 재상이었던 안영이 공자의 학설은 제나라의 주요 문제를 해결하기에는 적합하지 않다고 지적했기 때문에 경공은 공자를 등용하지 않았습니다. 어찌 보면 공자에게는 안영이 정적이라고 할 수 있지만, 공자는 안영을 존경하고 칭찬했다고 전합니다.

■ 한자와 성어 총정리

• 推 밀 추   己 몸 기   及 미칠 급   人 사람 인

推己及人
추 기 급 인
자기(己) 마음을 미루어(推) 남(人)에게도 생각이 미친다는(及) 뜻. 자기 자신 이외에 다른 사람을 전혀 배려하지 못함을 의미. 요즘은 자신의 마음을 토대로 남의 사정을 헤아린다는 뜻

• 橘 귤 귤   化 될 화   爲 될 위   枳 탱자나무 지

橘化爲枳
귤 화 위 지
귤(橘)이 변해(化) 탱자(枳)가 되었다는(爲) 뜻으로, 환경에 따라 사람의 성정이 변할 수 있다는 의미

• 羊 양 양   頭 머리 두   狗 개 구   肉 고기 육

羊頭狗肉
양 두 구 육
양(羊)의 머리를(頭) 걸어 놓고 개(狗)고기(肉)를 판다는 뜻으로, 겉보기만 그럴듯하게 보이고 속은 변변하지 아니함을 이르는 말

■ 3급 관련 한자 배우기

推 밀/천거할 추, 밀 퇴   匕 비수 비   比 견줄 비   戶 집 호
肩 어깨 견

• 앞서거나 뒤서지 않고 어깨를 나란히 한다는 뜻으로, 낮고 못할 것이 없이 정도가 서로 비슷하게 함을 이르는 말은 무엇일까요?
→ 정답 271쪽

12강

춘추오패 _ 송나라 양공

동식서숙(東食西宿) 송양지인(宋襄之仁)

인간의 탐욕스러움을 적나라하게 보여주는 재미있는 제나라의 성어가 있습니다. 한 처녀가 있었는데, 동쪽에 사는 집과 서쪽에 사는 집에서 동시에 청혼을 받았습니다. 동쪽 집 아들은 지독한 추남이지만 집안 형편은 매우 부유했고, 서쪽 집 아들은 무척 가난했으나 수려한 외모를 지니고 있었습니다. 처녀의 부모는 어느 집으로 딸을 시집보내야 할지 고민하다가 당사자인 딸의 생각을 따르기로 했습니다. 그래서 동쪽 집으로 시집을 가고 싶으면 오른쪽 소매를 올리고, 서쪽 집으로 시집을 가고 싶으면 왼쪽 소매를 올리라고 했습니다. 딸은 곰곰이 생각하더니 갑자기 양쪽 소매를 모두 올렸습니다. 부모가 의아해하며 그 이유를 물었더니 낮에는 동쪽(東) 집에서 밥(食)을 먹고 싶고, 밤에는 서쪽(西) 집에서 잠(宿)을 자고 싶다고 답했습니다. 여기서 동식서숙(東食西宿)이 유래했습니다. 인간의 욕심이란 제한하거나 한정지을 수 없음을 여실히 보여주는 성어입니다. 하지만 오늘날에는 부평초와 같은 떠돌이 신세를 나타낼 때 인용되곤 합니다.

다시 춘추오패로 돌아가 보면, 제나라의 환공이 기원전 643년에 죽고 송(宋)나라·진(晉)나라·초(楚)나라 등이 환공의 뒤를 이어 춘추시대의 패자가 되고자 각축전을 벌였습니다. 초반 승기는 송나라가 잡게 되는데, 춘추오패에 포함하는 데 있어 이견이 분분한 송나라 양공(襄公)에 대해 살펴보겠습니다. 송나라는 상나라의 후예이자 은유삼인(殷有三仁)으로 유명한 미자의 봉지(封地)인데, 삼감의 난 이후 왕족인 희씨 제후들로 포위되어 왕실의 감시 대상이 되었습니다. 그래서 세력을 떨치기가 쉽지 않았습니다. 그런데 기원전 651년에 전국제패의 야욕을 품은 양공이 즉위하면서 새로운 국면을 맞이하게 됩니다.

기원전 643년 양공은 환공 사후 삼총(三寵)과 다섯 공자들의 권력 다툼으로 야기된 제나라의 내란을 평정하고 송나라에 망명 와 있던 공자 소(昭)를 제나라의 효공(孝公)으로 옹립합니다. 패자의 나라였던 제나라가 이렇게 송나라의 보호를 받게 되면서 송나라의 위상은 하루아침에 달라집니다. 양공은 패자가 되겠다는 야심을 내보이며 기원전 641년에는 회맹[27]에 늦은 증(鄫)나라 군주를 처형해 수신(水神) 제사의 희생으로 삼았습니다. 그러자 그 후 다른 약소국은 양공

---

27 공자 소를 제후로 즉위시킨 후 조(曹)·주(邾)·등(滕)·증(鄫) 등의 소국을 중심으로 조나라 남쪽에서 회맹을 주최했다.

의 눈치를 보며 마지못해 회맹에 참석하게 됩니다. 그해 초(楚)·진(陳)·노(魯)·채(蔡)·제(齊)·정(鄭)의 6국을 모아 제나라에서 회맹을 주최하고 양공은 여세를 몰아서 기원전 639년에 제나라 및 초나라와 대회맹을 개최해 맹주가 되겠다는 뜻을 밝히고 협조를 요청했습니다. 그런 양공의 행보를 보면서 이복형이자 재상이었던 목이(目夷)는 소국인 송나라가 맹주가 되는 것은 국운을 건 모험이자 위태로운 도전이 될 수 있다고 만류했습니다. 하지만 양공에게는 조상들이 상나라 때 이룩한 찬란한 영광을 재현하고 싶은 강렬한 꿈이 있었습니다.

그런 와중에 뜻밖의 난관에 봉착하게 됩니다. 양공이 패업을 이루기 위해 더욱 박차를 가하던 중, 그해 가을 초(楚)·진(陳)·채(蔡)·정(鄭)·허(許)·조(曹) 6국을 모아 회맹을 주최했습니다. 그때 초나라 성왕 역시 패자를 향한 강한 야욕을 품고 있었습니다. 성왕은 맹주로 추대되려는 양공을 저지하기 위해 군사를 매복시켜 그를 감금했습니다. 그리고 성왕 자신이 박 땅에서 진(陳)·노(魯)·채(蔡)·정(鄭)·허(許)·조(曹) 6국을 소집해 맹주로 추대된 후에야 양공을 석방했습니다. 풀려나긴 했으나 자존심에 큰 상처를 입은 양공은 다음 해인 기원전 638년, 위(衛)나라·허(許)나라·등(藤)나라 등을 거느리고 송나라를 배신하고 초나라 성왕을 맹주로 추대하는 데 앞장선 정(鄭)나라를 공격했습니다.

여기에서 먼저 정나라를 잠깐 살펴볼 필요가 있습니다. 한때 정나라 장공(莊公)은 주 왕실의 권위를 무시하고 노나라와 봉토를 교환했는데, 이에 분노한 주나라 환왕(桓木)은 정나라의 영토 일부를 몰수하고 주변 제후국인 진(陳)·채(蔡)·위(衛) 등의 군사를 소집해 정나라를 공격했습니다. 그러나 장공의 반격으로 주 왕실과 연합군은 패배하고, 환왕은 팔에 화살을 맞아 부상을 당했습니다. 이 사건으로 인해 주나라의 동천 이후 동주 왕실의 권위가 추락하고 국력이 급격하게 약화되었습니다. 이렇게 기원전 707년에 환왕이 장공에게 패배하면서 실질적인 춘추시대가 시작되었다는 견해도 있습니다. 왜냐하면 주 왕실의 권위가 걷잡을 수 없이 추락하고 봉건 국가에 대한 통제력마저 상실해 세금을 원활하게 거둘 수 없어서 그 결과 정치적·경제적으로 파산 지경에 이르렀기 때문입니다. 이로 인해 춘추오패들이 등장해서 쇠락한 주 왕실을 대신하여 제후국들 간의 분쟁을 조정하고 회맹 등을 주도하게 되었습니다. 정나라 장공이야말로 춘추시대 개막의 숨은 설계자라고 볼 수 있습니다.

한편 양공이 이끄는 송나라 연합군에 의해 정나라가 위태로워지자 초나라 성왕은 대군을 이끌고 정나라를 구원하기 위해 송나라로 진격했습니다. 기원전 638년 송나라의 홍수(泓水)에서 송나라와 초나라는 건곤일척의 결전을 벌였습니다. 당시 싸움에 임하는 양공의 자세와 태도로 인해 이 전쟁은 전쟁사에서 두고두고 회자되고 있습니다. 송나라 군을 압도할 만한 초나라 대군이 강을 건너고 있을 때, 재상 목이가 즉시 급습해야 이길 수 있다고 건의했으나 양공은 이를 거절했습니다. 수적 열세를 극복하고 기적적으로 승리할 수 있는 절호의 기회를 날려 버린 것입니다. 그의 이해할 수 없는 결정은 계속 이어집니다. 초나라 군이 강을 건너 아직 전투 대형을 갖추고 있지 않았을 때 목이가 선공을 하면 이길 수 있다고 다시 제안했지만, 이번에도 양공은 허락하지 않았습니다. 그러다가 마침내 초나라 군이 전열을 완벽하게 가다듬은 다음에야 전쟁을 시작했습니다. 결국 전쟁은 송나라 군의 대패로 끝이 났습니다. 중과부적이었기에 명약관화한 결과였습니다. 홍수 전투에서 양공은 넓적다리에 큰 부상을 입었고 그 후유증으로 채 1년이 지나지 않은 기원전 637년에 세상을 떠났습니다. 이렇게 그의 패업은 미완으로 남게 되었기 때문에 송나라 양공을 춘추오패에 포함하는 것에 대해 이견이 있는 것입니다.

그런데 양공은 무슨 이유에서 이길 수도 있었던 전쟁을 대패로 마감했을까요? 양공은 전열을 가다듬지 못한 적을 급습하여 궤멸시키는 것은 군자의 도리에 어긋나기 때문이었다고 그 이유를 밝혔습니다. 비겁한 승리보다 떳떳하고 당당한 패배를 선택한 것인데, 얼핏 보면 굉장히 근사해 보이지만 역사적으로는 좋은 평가를 받지 못했습니다. 왜냐하면 자신의 주제나 처지도 파악하지 못하고 경우에 맞지 않게 인의를 베풀었다고 여겨지기 때문입니다. 이 때부터 베풀지 않아도 되는 쓸데없는 인정을 언급할 때, 송나라(宋) 양공(襄)의(之) 인(仁)이라는 의미에서 송양지인(宋襄之仁)이라고 했습니다. 양공은 예를 중시하는 이상주의자였기에 조롱과 비웃음을 받게 되었지만, 맹자는 이러한 양공의 자세야말로 어진 이의 진정한 표상이라며 양공을 춘추오패에 선정하고 칭송했습니다. 비록 그런 평가가 있다고 해도 엄밀히 말하면 패업을 완수했다고 할 수는 없기 때문에 춘추오패에 넣는 것은 무리가 있다는 견해가 다수를 차지하고 있습니다. 이렇게 엇갈린 평가를 받고 있지만 분명한 것은 상나라의 후예로서 과거의 영예를 회복하고자 했던 양공의 패업은 송양지인으로 인해 무산되었고 송나라는 초나라의 속국 신세로 전락했다는 것입니다. 진(晉)나라와 초(楚)나라만이 이제 춘추시대를 호령할 패자의 자리를 놓고 치열한 사투를 계속 이어가게 되었습니다.

■ 한자와 성어 총정리

• 東 동녘 동 食 먹을 식 西 서녘 서 宿 잠잘 숙

東食西宿
동 식 서 숙
동(東)쪽에서 먹고(食) 서(西)쪽에서 잔다는(宿) 말로, 인간의 욕심은 제한하거나 한정지을 수 없음을 뜻했으나 오늘날에는 부평초와 같은 떠돌이 신세를 의미

• 宋 송나라 송 襄 도울 양 之 어조사 지 仁 어질 인

宋襄之仁
송 양 지 인
송(宋) 양공(襄)의(之) 인(仁)이라는 의미로 송나라 양공이 이길 수 있는 전쟁에서 군자의 도를 지키려다 대패한 사건에서 유래. 베풀지 않아도 되는 쓸데없는 인정. 즉 하찮은 인정을 이르는 말

■ 3급 관련 한자 배우기

東 동녘 동 西 서녘 서 食 밥/먹을 식 宿 잠잘 숙, 별 수

• 모든 별자리의 별들을 무엇이라고 할까요?

→ 정답 271쪽

• 날 때부터 타고난 정해진 운명이나 피할 수 없는 운명을 무엇이라고 할까요?

→ 정답 271쪽

춘추오패 _ 진(晉)나라 문공

순망치한(脣亡齒寒) 가도멸괵(假道滅虢)

제나라 환공이 춘추시대 패자가 되기 전인 기원전 655년에 진(晉)나라 헌공은 이전부터 우(虞)나라와 괵(虢)나라를 정복할 야심을 품고 있었습니다. 그런데 둘이 연합하여 방어하면 병합이 쉽지 않을 것을 염려하여 뜻을 실현하지 못하고 있었습니다. 진나라의 명장 순식(荀息)은 묘책을 내어 산서성 동북쪽 북굴(北屈)에서 나는 굴산지승(屈産之乘)이라는 명마 네 필과 산서성 동쪽 수극(垂棘)에서 생산되는 수극지벽(垂棘之璧)이라는 미옥(美玉) 등을 우나라 우공에게 뇌물로 바쳤습니다. 진나라 군이 우나라를 지나갈 수 있도록 허락해 달라는 의도였습니다. 괵나라를 공격하려면 반드시 우나라를 지나야 하기 때문에 우선 괵나라를 치고 돌아오는 길에 우나라를 멸하면 두 나라를 동시에 정복할 수 있고 보물 역시 다시 찾을 수 있으니 손해 볼 것이 전혀 없는 계책이었습니다.

우나라의 현인 궁지기(宮之奇)는 헌공과 순식의 속셈을 간파하고 진나라가 괵나라를 멸망시킨 뒤 우나라도 공격할 것이므로 결코 통과시켜서는 안 된다고 주장했습니다. 입술이 없어지면 이가 시린 것처럼 괵나라가 망하면 우나라도 망할 것이 자명하기에 절대로 길을 내어줘서는 안 된다고 강력하게 간언했습니다. 그러나 이미 진귀한 보물에 눈이 어두워진 우공은 궁지기의 말을 듣지 않았고, 이에 궁지기는 우나라가 곧 멸망할 것이라고 말하면서 가족과 함께 우나라를 떠났습니다. 결국 그의 예견대로 헌공은 괵나라를 정벌하고 돌아오는 길에 우나라를 정복하여 우공을 사로잡았습니다. 명마와 구슬까지 도로 빼앗아 진나라로 돌아갔습니다. 여기에서 입술(脣)이 없으면(亡) 이(齒)가 시리다(寒)는 순망치한(脣亡齒寒)이 유래했습니다. 서로 이해관계가 밀접한 사이에 어느 한쪽이 망하면 다른 한쪽도 그 영향을 받아 온전하기 어렵다는 의미입니다. 진나라 입장에서 본다면 우나라의 길(道)을 빌려(假) 괵(虢)나라를 멸망시킨(滅) 것이기 때문에 가도멸괵(假道滅虢)이라고 부르기도 합니다. 이것은 속셈을 감춘 채 적을 기습하는 계책을 뜻하는 말로 주로 사용됩니다. 이렇듯 진나라는 우나라와 괵나라뿐만 아니라 여러 소국 등을 지속적으로 병탄하여 경제적·군사적으로 강력한 대국으로 발전할 수 있는 기틀을 마련해 갔습니다. 어찌 보면 권모술수와 묘책 등을 구사하여 수단방법 가리지 않고 부국강병을 꾀했던 것입니다.

덕분에 진나라는 제나라와 초나라 등과 패자의 자리를 놓고 접전을 벌일 수 있을 정도의 초강국으로 성장할 수 있었고, 기원전 636년 62세의 나이에 즉위하여 춘추시대 두 번째 패자가 된 문공에 의해 춘추시대 최강국으로 우뚝 서게 됩니다. 그런데 8년의 짧은 재위 기간에 패업을 완성한 사실보다 더 눈에 띄는 것은 문공이 62세에 즉위하여 강력한 노익장을 발휘하게 된 경위입니다.

순망치한의 주인공인 문공의 아버지 헌공은 말년에 얻은 여희와 그녀의 소생인 해제만을 총애했습니다. 헌공은 여희의 농간에 놀아나며 해제의 즉위에 방해되는 다른 아들들을 탄압하기에 이릅니다. 헌공은 포사에게 마음을 뺏긴 유왕처럼 여희에게 푹 빠져서 총기가 흐려졌습니다. 여희는 그런 헌공을 등에 업고 아버지 독살 미수라는 오명을 큰아들 신생(申生)에게 씌워 자결하게 만들었고, 둘째 아들 중이(重耳)[28]에게도 자살하도록 강요했습니다. 견디다 못한 중이는 43세에 어머니의 고향인 적나라로 망명하는데 그가 바로 문공입니다. 문공이 여러 가신들과 망명한 지 5년째 되던 해 아버지 헌공이 사망했는데, 이극(里克) 등이 일으킨 쿠데타에 의해 여희 일파도 모조리 몰살당하게 됩니다.

이극은 평소 존경했던 문공을 진나라 제후로 세우기 위해 사자를 보냈지만, 문공은 음모가 있을 것으로 의심하고 그 제안을 거

---

28 중이는 이후 시호 중에서는 최상급인 문(文) 시호를 얻어 문공이 되었다.

절했습니다. 그래서 진(秦)나라 목공(穆公)의 지원을 받은 문공의 친동생 이오(夷吾)가 혜공(惠公)으로 즉위하였습니다. 혜공은 즉위하자마자 유능하고 덕망이 높은 문공이 자신에게 위해가 될 것을 염려하여 친문공파인 이극 일당을 제거하고 지속적으로 자객을 보내 형을 살해하려고 시도했습니다. 문공은 그런 혜공을 피해 동방의 대국인 제나라에 몸을 맡기기로 결심했습니다. 마침 명재상 관중이 죽었다는 소식을 전해 들었기 때문에 제나라에 가면 자신 같은 인재가 등용될 수 있으리라 기대했던 것입니다. 그래서 17세부터 함께했던 조쇠(趙衰), 개자추(介子推) 같은 인재와 함께 다시 여행길에 올랐습니다.

그러던 중 문공 일행은 위(衛)나라를 먼저 방문했는데 위나라 제후는 그들을 환영하지 않았습니다. 박대를 당한 문공 일행은 위나라 오록(五鹿)에서 먹을 것이 떨어지자 현지 농민에게 음식을 부탁했습니다. 그런데 마을 사람들은 그들을 멸시하여 그릇에 흙을 담아 먹으라고 하자 이에 격분한 문공은 채찍으로 마을 사람을 치려고 했습니다. 그때 조쇠가 흙을 얻었다는 것은 땅을 얻게 될 길한 징조라고 해석하면서 만류하자 문공은 그 자리에서 무릎을 꿇고 흙을 받았습니다. 실제로 훗날 문공이 즉위한 후 조쇠의 예언대로 이 오록 땅을 점령하게 됩니다.

문공은 우여곡절 끝에 동쪽의 제나라에 도착했는데, 춘추시대의 패자인 환공은 넓은 아량으로 초라한 망명 공자인 문공을 환대하였고 20승의 마차를 선물하고 아울러 자신의 딸까지 문공에게 시집보냈습니다. 그러나 환공이 죽으면서 삼총을 중심으로 격렬한 내란이 일어나자 문공의 측근과 아내는 문공에게 속히 제나라를 떠나야 한다고 재촉했습니다. 하지만 문공이 따르지 않자 술에 취한 그를 수레에 실어 강제로 제나라를 떠나게 했습니다. 술에서 깬 문공은 또다시 고단한 망명 생활을 해야 한다는 사실에 격노하지만 몸을 의탁하기 위해 가까운 조(曹)나라로 발걸음을 향했습니다. 문공은 위나라에서처럼 조나라에서도 무례한 대우를 받고 곧바로 송나라 양공에게 귀의했습니다. 당시 홍수 전투에서 초나라에게 대패한 직후였지만, 양공은 예를 갖추어 문공을 맞이하였고 80마리의 말까지 주며 극진히 환대했습니다. 그러나 송나라는 이미 국력이 쇠약해져 문공을 조력할 여유가 없었기 때문에 문공은 다음 행선지로 초나라를 선택했습니다.

문공 일행은 초나라에 가는 도중 정(鄭)나라에 들렀는데, 위나라 조나라에서처럼 극심한 푸대접을 받았습니다. 각 나라들과의 은원 관계에 대한 개념이 분명했던 문공은 즉위 후 유랑 시절 자신을 박대했던 위·조·정나라에 고스란히 복수하였고 자신을 환대했던 송나라를 위해서는 초나라와의 전면전까지 불사할 만큼 은혜를 저버리지 않았습니다.

그렇게 정나라의 박대를 뒤로하고 초나라에 도착한 문공은 자신을 제후와 같은 격식으로 대접한 초나라 성왕에게 보답하고자,

만약 진나라가 초나라와 전쟁을 하게 된다면 90리를 양보하여 물리겠다고 약속했습니다. 성왕의 부하 자옥(子玉)은 그 말을 듣고 망명 공자가 자신의 주제도 모르고 건방지다면서 문공을 죽이려고 했습니다. 하지만 성왕이 허락하지 않아서 문공은 안전을 보장받으며 초나라에서 생활하게 되었습니다.

한편 문공의 동생 혜공은 형인 문공보다 먼저 진(晉)나라에 입성하기 위해 진(秦)나라 목공에게 땅을 떼어주겠다고 약속하고 군사적 원조를 받았습니다. 목공은 혜공보다 문공에 대한 호감과 애정이 더 깊었으나 덕이 부족하고 여러 면에서 허술해 보이는 혜공이 즉위하면 자신에게 더 유리할 것이라고 판단하고 영토 할양을 약속받고 혜공을 진(晉)나라 공으로 즉위시켰습니다. 그런데 의와 예를 몰랐던 혜공은 목공과 했던 약속을 지키지 않았습니다. 게다가 뻔뻔하게도 진(晉)나라에 흉년이 들자 오히려 목공에게 식량 지원까지 요청했습니다. 얄미운 혜공의 부탁이라 단칼에 거절하고 싶었지만 목공은 백성을 아끼고 사랑했던 어진 인물이었기 때문에 그의 청을 들어주었습니다. 다음 해 진(秦)나라에 흉년이 들자 이번에는 목공이 혜공에게 원조를 요청했는데 혜공은 배은망덕하게도 식량을 보내지 않았고, 도리어 흉작으로 인해 진(秦)나라의 국력이 쇠약해진 틈을 타서 진(秦)나라를 공격했습니다. 이에 대노한 목공은 그다음 해 바로 출병하여 진(晉)나라 군을 격파하고 혜공을 죽이려고 했습니다. 그러나 혜공의 누이동생이었던 목공의 아내가 혜공을 살려줄 것을 간곡히 부탁하자 혜공을 진(晉)나라로 돌려보내고 그 아들인 어(圉)를 인질로 잡았습니다. 그런데 혜공이 중병에 걸리자 태자 어는 다른 형제들이 아버지의 뒤를 이을 것을 염려하며 목공의 허락도 없이 진(晉)나라로 도망가서 이듬해인 기원전 637년 아버지가 죽자 회공으로 즉위했습니다.

목공은 자신을 무시하고 야반도주하여 진(晉)나라 제후로 등극한 회공을 도저히 믿을 수 없는 인간이라고 결론 내렸습니다. 그래서 바로 초나라에 있던 문공을 소환하여 군대를 지원해주면서 그가 진(晉)나라의 제후가 될 수 있도록 결정적인 도움을 주었습니다. 이것으로 문공은 길고 길었던 19년 망명 생활을 끝내고 기원전 636년에 드디어 진(晉)나라 제후가 될 수 있었습니다.

■ 한자와 성어 총정리

- 脣 입술 순 亡 망할 망 齒 이 치 寒 찰 한

  脣亡齒寒 입술(脣)이 없으면(亡) 이(齒)가 시리다는(寒) 뜻으로,
  순 망 치 한   서로 이해관계가 밀접한 사이에 어느 한쪽이 망하
  면 다른 한쪽도 그 영향을 받아 온전하기 어려움
  을 이르는 말

- 假 빌릴/거짓 가 道 길 도 滅 멸망할 멸 虢 나라 이름 괵

  假道滅虢 길(道)을 빌려(假) 괵(虢)나라를 멸한다는(滅) 뜻으로
  가 도 멸 괵   다른 나라의 길을 임시로 빌려 쓰다가 나중에 그
  나라를 쳐서 없앰을 의미. 주로 속셈을 감춘 채 적
  을 기습하는 계책을 뜻할 때 사용

■ 3급 관련 한자 배우기

氷/冫 얼음 빙 寒 찰 한 塞 막힐 색, 변방 새 吾 나 오
語 말씀 어

- 대답하는 말이 궁색하거나 잘 모르거나 아니면 별로 만나고 싶
  지 않았던 사람과 마주 대하여 자연스럽지 못하다는 의미의 어
  휘는 무엇일까요?

→ 정답 271쪽

춘추오패 _ 패자가 된 문공

한식(寒食)　백락일고(伯樂一顧)
안도색기(按圖索驥)　백락자(伯樂子)

　　　　　　　　　　　　　진(晉)나라 문공이 패업을 이루는
과정을 좀 더 면밀히 살펴보겠습니다. 초나라는 기원전 638년 홍
수 전투에서 승리하며 송나라 양공의 패업을 좌절시키고 중원에
강한 영향력을 행사하기 시작했습니다. 그런데 기원전 636년 진나
라 문공이 즉위하고 기원전 635년 동주의 반란으로 도망 온 주나
라 양왕을 문공이 보호하면서 반란 세력을 토벌하게 됩니다. 문공
이 존왕양이(尊王攘夷)의 정신을 받들어 주나라 왕실의 내분을 안정
시키면서 정치적·군사적 역량을 발휘하자, 초나라의 영향력을
벗어나고 싶었던 송나라는 초나라를 배신하고 진나라에 의탁하기
로 결정합니다. 그러자 초나라는 기원전 633년에 자옥을 영윤(令
尹)[29]으로 삼고 송나라를 공격했습니다. 문공이 즉위할 때는 송나

29　영윤 : 중국 주대(周代) 초나라의 관직 이름으로 정치를 하는 최고의 직위이다.

라 양공이 죽은 지 2년이 지난 뒤였고, 이미 여러 제후들이 초나라에 굴복하고 있는 형세였기 때문에 문공이 패자가 되기 위해서는 초나라와의 전면전을 피할 수 없는 상황이었습니다.

그런데 때마침 초나라의 연합군이 송나라를 침략하자 문공 역시 과거 망명 시절의 은혜를 갚기 위해 송나라를 구원한다는 명분을 내세워 기원전 632년 군대를 일으켜 초나라 성왕을 대적했습니다. 그전까지 승승장구하던 성왕은 초반 전세가 불리하게 흘러가자 퇴각을 명령하는데, 자옥만은 명을 어기며 끝까지 물러나지 않고 진나라 군과의 교전을 이어갔습니다. 문공은 망명 시절의 약속을 지키기 위해 퇴각하듯 90리를 물렸는데, 그럼에도 자옥은 진나라와 단판을 내고자 혈안이 되어 전쟁을 포기하지 않았습니다. 문공은 이 사건으로 인해 약속을 반드시 지키는 인물이라는 점을 제후들에게 각인시키며 신망을 얻었고, 90리를 양보했는데도 초나라가 계속 공격했기 때문에 어쩔 수 없이 싸우는 것이라는 전쟁의 명분까지 얻을 수 있었습니다. 결국 문왕은 기원전 632년에 위(衛)의 성복(城濮)에서 송(宋)·진(秦)·제(齊) 등의 연합군 7만여 명을 인솔하여 초(楚)·진(陳)·제(祭) 등의 연합군과 최후 결전을 치르게 됩니다.

진나라와 초나라는 성복에서 모두 상군·중군·하군, 곧 좌군·중앙군·우군 3진으로 포진했습니다. 진나라 좌군은 호랑이 가죽을 말 머리에 덮어 진격하여 초나라 연합군의 우군인 진(陳)·제(祭) 군사들을 혼란에 빠뜨렸고, 그 틈을 타서 뒤를 급습하여 우군을

궤멸시켰습니다. 그동안 진나라의 중앙군과 우군은 초나라의 중
앙군과 좌군을 유인한 후 먼저 초나라의 좌군을 집중적으로 섬멸
하는 전술을 펼쳤습니다. 이렇게 좌우의 날개로 감싸는 듯한 공격
전술로 초나라의 우군과 좌군을 격파하면서 진나라는 수적 열세를
극복하고 성복 전투에서 승리할 수 있었습니다. 성복 전투의 승리
로 문공은 주나라 양왕을 모시고 자신을 따르는 제후들과 천토에
서 회맹[30]을 주최했습니다. 그리고 기원전 651년 패자가 된 제나라
환공의 뒤를 이어 기원전 632년에 영예로운 패자의 자리에 오르게
되었습니다. 19년의 고생 끝에 기원전 636년에 즉위하여 4년 만
에 이룬 쾌거이자, 패업 달성이었습니다. 여러 나라를 전전하며 밥
을 구걸하던 신세에서 마침내 천자를 대신하는 자리까지 오른 것입
니다.

　문공은 충성스럽고 유능한 인재들의 도움으로 패자가 될 수 있
었는데, 그중에서 본명이 개추인 개자추도 빼놓을 수 없습니다.
개자추의 충성심은 남달라서 한때 문공의 허기를 채우기 위해 자
기의 허벅지 살을 베어서 소고기라고 속인 후 문공에게 구워 먹이
기까지 했습니다. 문공이 망명생활을 마치고 즉위하게 되었을 때
개자추는 문공과 함께 궁으로 가기 전 80세 노모의 생사를 확인하

30　진 문공(晉文公)이 진(晉)·진(秦)·제·송의 네 나라 군대를 이끌고 진(晉)나라의 변경인 성복(城濮)에서 성
　　득신(成得臣)이 이끈 초나라의 대군을 격파한 직후, 남쪽 오랑캐인 남만(南蠻) 나라인 초나라를 물리쳐
　　중원의 평화를 지키고 주 왕실을 보필한 혁혁한 공로에 대한 대가로 주 양왕으로부터 패자의 존호를 받
　　고 모든 제후들로부터 그를 인정받은 기념비적인 국제 회의였다. 이 회의를 통해서 제후들은 2대 패자
　　인 진 문공을 중심으로 존왕양이와 계절존망의 정신을 준수하면서 서로 화합하여 중화(中華) 세계의 질
　　서와 안녕을 힘써 수호할 것을 맹세했다.

기 위해 먼저 집으로 복귀했습니다. 문공은 그런 개자추를 까맣게 잊고 등용하지 않았습니다. 개자추는 자신이 논공행상(論功行賞)에서 제외된 사실에 크게 실망하고 늙은 어머니를 모시고 면산(綿山)에 들어가 은둔 생활을 시작했습니다. 그로부터 3년 정도 지나고 나서야 문공은 불현듯 개자추를 떠올렸고 뒤늦게 자신의 무심함을 뉘우치고 개자추를 불렀습니다. 하지만 그는 면산에서 내려오지 않았습니다. 문공은 개자추를 나오게 하려고 산에 불을 질렀는데 개자추는 버드나무 아래에서 어머니를 안고 불타 죽었습니다. 문공은 너무나도 가슴이 아파서 개자추의 제삿날마다 타죽은 사람에게 더운밥을 주는 것은 도의에 어긋난다 하여 찬밥을 올리게 했고 진나라 전역에도 그날만은 불을 금하고 찬(寒) 음식(食)을 먹도록 명했습니다. 이 사건이 바로 우리나라 4대 명절에도 속하는 한식(寒食)의 기원입니다.

참고로 진(晉)나라 문공이 죽고 기원전 624년 진(秦)나라 목공은 기원전 770년에 주나라의 수도 호경을 함락하여 서주를 몰락시키면서 춘추시대를 열었던 주범이자 원흉이라고 할 수 있는 견융족을 정벌하여 서융의 패자로 인정받았습니다. 그렇기 때문에 진나라 목공의 업적과 그가 보여준 도량을 종합적으로 평가했을 때 얼마든지 춘추오패에 넣을 수 있다는 주장이 설득력을 얻기도 합니다. 하지만 중원 진출의 꿈이 진(晉)나라의 방어로 실패해서 동쪽 대신에 서쪽을 병합하여 패자가 된 것이고, 중원을 장악하는 패업

은 등한시했기 때문에 송나라 양공처럼 진정한 패자로 인정하기에
는 어렵다고 볼 수 있습니다.

그럼 진(秦)나라 목공 때에 생겨난 성어를 살펴보겠습니다. 당시
백락(伯樂)이라는 유명한 말 감정가가 있었습니다. 아무리 뛰어난
명마라 할지라도 백락의 인정을 받지 못하면 아무도 그 진가를 알
아주지 않았습니다. 하루는 어떤 사람이 말을 팔려고 했으나 잘
팔리지 않자 백락에게 한 번만 그 말을 봐달라고 청했습니다. 이
에 백락이 지나가다가 그 말을 한 번(一) 돌아보았는데(顧), 그 말의
값이 갑자기 열 배나 뛰었습니다. 최고의 말 감정가가 살펴보았다
는 것만으로도 이를 지켜본 사람들이 앞다투어 사려고 했기 때문
이었습니다. 여기서 신용이 높은 인물이 관심을 갖는 대상은 그
자체만으로도 가치가 올라감을 뜻하는 백락일고(伯樂一顧)가 유래
했습니다. 명마가 백락을 만나 세상에 알려지는 것처럼, 자기의
재능을 알아주는 사람에게 후한 대접을 받게 됨을 이를 때 사용하
기도 합니다.

이런 백락에게 조금 모자란 아들이 있었습니다. 하루는 백락이
아들에게 말 감정법을 알려주었습니다. 좋은 말의 이마는 불쑥 나
와 있고 눈은 툭 튀어나와야 한다고 했는데, 백락의 아들은 아버
지가 가르쳐 준 감정법을 손에 적고 살펴보면서 좋은 말을 구하려
고 이곳저곳을 돌아다녔습니다. 그러던 중 백락의 아들이 두꺼비
를 잡아와서 명마를 구했다고 기뻐했습니다. 백락은 두꺼비를 명

마라고 하는 아들의 어리석음에 화가 치밀어 올랐지만 마음을 가라앉히고 "네가 찾은 말은 높이 뛸 수는 있으나 수레를 끌기에는 부적합하겠구나"라고 말했습니다. 여기에서 그림(圖)의 내용을 살펴서(按) 천리마(驥)를 구한다(索)는 의미의 안도색기(按圖索驥)라는 성어가 나왔습니다. 이는 좋은 말을 구별할 수 있는 적합한 지식과 숙련된 경험 없이 이론에만 의존하여 말을 찾는다는 뜻입니다. 보통 어떤 일을 처리할 때 원리원칙에 지나치게 얽매여 융통성을 전혀 발휘하지 못하는 것을 비유하는 성어입니다. 이렇게 백락의 아들처럼 어리석고 노둔한 사람을 백락(伯樂)의 아들(子)이라는 의미에서 백락자(伯樂子)라고 지칭합니다.

■ 한자와 성어 총정리

- 寒 찰 한 食 먹을 식

  寒食
한 식 찬(寒) 음식(食)을 먹는 날로, 동지에서 105일째 지나 4월 5일이나 6일쯤이 됨

- 伯 맏 백 樂 즐길 락 一 한 일 顧 돌아볼 고

  伯樂一顧
백 락 일 고 백락(伯樂)이 한(一) 번 돌아봄으로써(顧) 가치가 올라간다는 의미로, 자기의 재능을 알아주는 사람을 만나 대접을 잘 받음을 이르는 말

- 按 살필 안 圖 그림 도 索 찾을 색 驥 천리마 기

  按圖索驥
안 도 색 기 그림(圖)에 그려진 대로 살피면서(按) 천리마(驥)를 찾는다는(索) 뜻으로, 융통성 없이 원리원칙만 따져 일을 처리함을 비유

- 伯 맏 백 樂 즐길 락 子 아들 자

  伯樂子
백 락 자 백락(伯樂)의 아들(子)이라는 말로 어리석은 사람이라는 뜻

■ 3급 관련 한자 배우기

白 흰 백 糸 실 사 幺 작을 요 樂 즐길 락, 음악 악, 좋아할 요
手 / 扌 손 수 安 편안할 안 按 살필 / 누를 안

- 산을 좋아하고 물을 좋아한다는 뜻으로, 산수(山水)의 경치를 좋아하는 것을 비유하는 말은 무엇일까요?

→ 정답 271쪽

춘추오패 _ 패자들의 실천 강령

병입고황(病入膏肓) 계절존망(繼絕存亡)
대공무사(大公無私) 망국지음(亡國之音)

춘추시대의 패자들에게는 실천
강령과 같은 것이 있었습니다. 바로 존왕양이(尊王攘夷)와 계절존망
(繼絕存亡)입니다. 진(晉)나라 경공(景公)[31]의 꿈을 통해 계절존망의
개념을 쉽게 풀이해 보겠습니다.

어느 날 경공이 꿈을 꾸었는데, 머리를 풀어헤친 귀신이 달려들
면서 경공을 죽이겠다고 위협했습니다. 꿈에서 깬 경공은 즉시 무
당을 불러 해몽을 청하며 점을 쳤습니다. 그 결과 10년 전 간신 도
안고(屠岸賈)에게 몰살당한 조삭(趙朔) 집안의 조상이 꿈에 나타나
자신을 저주하며 죽이려고 했다는 것을 알게 되었습니다. 그리고
무당은 그해 수확할 햇보리를 맛보지 못하고 경공이 죽는다고 예
언했습니다. 두려웠던 경공은 조삭의 아들 조무(趙武)를 찾아내 그

---

31 진(晉)나라 경공(敬公)의 꿈으로 보기도 한다.

지위를 회복시켰습니다. 그런데도 병세에 차도가 없자 진(秦)나라의 고완(高緩)이란 명의를 청하기에 이르렀습니다. 그즈음 경공은 또다시 꿈을 꾸었습니다. 이번에는 아이 귀신들이 등장해서, 제아무리 고완이 온다고 해도 자신들이 횡경막과 심장 사이에 숨는다면 병을 고칠 수 없을 것이라고 말했습니다. 대화의 주인공은 경공의 몸속에 있는 질병들이었는데, 정말 신기하게도 병이 심장과 횡경막 사이에 침투해서 침이나 약으로도 치료가 불가능하다는 진단을 받았습니다. 경공은 생에 대한 미련을 버리고 체념하며 죽음을 맞을 준비를 했습니다.

그렇게 생사에 대해 초연한 마음을 갖게 되자 오히려 병이 자연적으로 서서히 치료가 되었습니다. 급기야 햇보리를 수확할 무렵에는 예전의 건강한 모습을 되찾게 되었습니다. 그러자 경공은 허황된 말을 한 무당을 괘씸하게 여겨 목을 베고, 여유롭게 햇보리로 만든 보리죽을 한 술 떠서 먹으려고 했습니다. 그때 갑자기 배와 가슴의 통증이 심해지면서 무당의 예언대로 숨이 끊겼습니다. 이렇게 질병(病)이 고황(膏肓)에 들어서(入) 치유불능의 상태에 이른 것을 뜻하는 성어가 병입고황(病入膏肓)입니다.

이 고사의 배경을 꾸며낸 이야기로 치부할 수 없는 이유가 있습니다. 당시에는 누군가를 살해해서 그가 올리던 제사를 끊게 하면 그 조상으로부터 저주를 받는다는 춘추시대의 속신이 강력한 힘을 발휘하고 있었기 때문입니다. 이 속신은 개인에서 나라로 확장·적용되어 나라의 제사를 끊으면 그 나라의 조상들로부터 저주를 받는다는 금기로 작용하여 개인과 집단의 사유를 통제했습니다. 이런 금기는 기본적으로 개인 간의 살해 행위를 미연에 방지하는 안전장치로 기능할 뿐 아니라, 더 나아가 국가를 지키는 보호 장치의 역할까지 했습니다. 여기에 국통이 끊어진(絶) 나라의 종묘를 다시 이어주고(繼) 멸망한(亡) 소국들을 복국시켜서 존재하게(存) 만든다는 계절존망(繼絶存亡)의 개념이 자리잡습니다. 실제로 진나라 문공의 아버지 헌공은 괵나라를 멸망시킨 후 나라에 가뭄이 들자, 이는 괵나라의 제사를 끊었기 때문이라고 여겼습니다. 그래서 괵나라의 종묘를 복구하고 그들의 조상들에게 제사를 지내게 했습니다. 원래 이 계절존망을 실현하는 것은 천자 나라의 기본적인 책무라고 할 수 있었으나 주 왕실이 쇠퇴하면서 춘추시대의 패자국들이 존중해야 할 핵심 강령이자 대의명분이 되었습니다. 이렇듯 존왕양이와 더불어 계절존망은 춘추시대의 패자들이 실천해야 할 2대 강령이었습니다.

계절존망이 단순히 헌공 때처럼 속신이 두려워 실천되었던 것만은 아니었습니다. 북방 이민족 적인(狄人)이 위(衛)나라와 형(邢)나라의 국토를 유린하고 백성을 도륙하는 사건이 발생하자, 기원전 659년부터 기원전 658년까지 제나라 환공이 양국을 복국시켰습니다. 이 역시 대표적인 계절존망의 업적이라고 손꼽을 수 있습니다. 비록 자신이 멸망시킨 나라가 아니라고 하더라도 강국들은 이렇게 계절존망이라는 자비의 덕을 행동에 옮기기도 했던 것입니다. 이를 통해 민심을 얻고 소국의 제후들에게 덕망까지 쌓으면 회맹에서 손쉽게 패자로 인정받을 수 있는 유리한 고지를 선점할 수 있었기 때문입니다. 환공 역시 계절존망의 사건으로 패자의 자리에 한 걸음 더 다가설 수 있었던 것입니다. 이렇듯 춘추시대 초기에는 계절존망의 실천이 패자로 가는 지름길을 만들어주거나 자신에게 미칠 해를 제거해 주는 명분으로 작용했습니다.

한편 제나라를 제압할 정도의 국력을 자랑했던 진(晉)나라 평공의 치세는 후반부로 갈수록 백성들의 형편을 돌보지 않고 음란한 음악까지 즐기며 사치와 향락에 빠져 나락으로 떨어졌습니다. 평공과 관련한 두 가지 성어를 살펴보겠습니다.

어느 날 평공이 대신 기황양(祁黃羊)에게 공석인 남양 현령으로 적합한 인물이 누구냐고 물었습니다. 기황양은 주저하는 기색 없이 바로 해호(解狐)라고 대답했습니다. 평공이 깜짝 놀라며 기황양과 원수지간인 해호를 천거한 이유를 물었습니다. 기황양은 자신의 원수가 누구인지 물은 것이 아니라 현령 자리의 적임자를 물었기에 그를 천거한 것이라고 대답했습니다. 평공은 기황양의 추천대로 해호를 남양현으로 보냈고, 해호는 선정을 베풀어 두 사람의 기대를 저버리지 않았습니다. 하루는 평공이 다시 태위 자리에 누가 적합한지 물었습니다. 그러자 기황양은 망설임 없이 자신의 아들을 지목했습니다. 평공이 어떻게 아들을 천거할 수 있냐고 묻자, 적임자를 물으셨기에 가장 적합한 사람을 추천했을 뿐이라고 태연하게 대답했습니다. 평공은 기황양의 말대로 그의 아들 기오(祁午)를 그 자리에 앉혔고, 기오는 공명정대하게 일을 처리하여 많은 이들로부터 칭송을 받았습니다. 여기에서 매우(大) 공평하여(公) 사사로움이(私) 없다(無)는 대공무사(大公無私)가 유래했습니다. 이는 사사로운 정에 얽매이지 않고 객관적인 입장에서 인물을 평가하고 아울러 공평하게 일을 처리하는 것을 가리키는 말로 사용됩니다.

또 다른 성어는 위(衛)나라 영공(靈公)과도 관련 있습니다. 영공이 진(晉)나라로 가는 도중 복수(濮水)라는 곳에서 이제까지 들어본 적이 없는 아름다운 음악 소리를 들었습니다. 영공은 악사 사연(師涓)에게 그 악보를 베껴두라고 명했습니다. 진나라에 도착한 영공은 평공 앞에서 그 곡을 연주하도록 했는데, 사광(師曠)이라는 이름난 악사가 사연의 연주를 듣고 황급히 이를 중단시켰습니다. 평공과 영공이 그 영문을 묻자 사광은 상나라 주왕 때 사연(師延)이라는 악사의 이야기를 시작했습니다. 상나라의 사연은 음란하고 사치스러운 음악을 작곡해서 왕의 총기를 흐리게 했고 결국 나라까지 망치게 했던 인물입니다. 이 사연은 주나라 무왕에 의해 상나라가 멸망하자 거문고를 안고 복수에 빠져 죽었는데 그 후 사람들이 복수를 지날 때마다 상나라를 폐망으로 이끈 사연의 음악이 울려 퍼졌다는 것입니다. 그래서 나라(國)를 망하게(亡) 할(之) 음악(音)을 경계해야 한다고 평공에게 간언한 것입니다. 그런데도 평공은 신성백리(新聲百里)나 미미지악(靡靡之樂) 혹은 북리지무(北里之舞)나 복상지음(濮上之音)으로 알려진 이 음탕한 망국지음(亡國之音)을 끝까지 듣기를 원했습니다. 더 나아가 그보다 더 짙은 슬픔의 곡조인 청치(淸緻)와 청각(淸角)까지 거듭해서 연주하도록 했습니다. 이 음악으로 인하여 평공의 음욕이 극에 달해 결국 의원도 고칠 수 없는 병까지 얻게 됐다고 전합니다. 그 때문에 민심이 한(韓)·위(魏)·조(趙) 삼가(三家)로 넘어갔습니다. 거꾸로 말하자면 한·위·조 삼가가 진나라에서 세력을 키우게 되는 계기를 진나라 평공이 마련했다고 할 수 있습니다. 평공이 춘추시대의 막을 내리는 도화선이 된다는 사실을 곧 확인하겠습니다.

■ 한자와 성어 총정리

- 病 병 병 入 들 입 膏 염통 밑 고 肓 명치끝 황

  病入膏肓
  병 입 고 황
  병이 고황에까지 이르렀다는 뜻으로, 병이 위중함을 말함

- 繼 이을 계 絶 끊을 절 存 있을 존 亡 망할 망

  繼絶存亡
  계 절 존 망
  국통이 끊어진(絶) 나라들의 국통을 이어주고(繼) 멸망한(亡) 나라들을 구원하여 존재케(存) 함을 이르는 말

- 大 큰 대 公 공평할 공 無 없을 무 私 사사로울 사

  大公無私
  대 공 무 사
  매우(大) 공평하고(公) 사사로움이(私) 없다는(無) 말로, 공적인 일의 처리에 있어서 개인적인 감정을 개입시키지 않는다는 뜻

- 亡 망할 망 國 나라 국 之 어조사 지 音 소리 음

  亡國之音
  망 국 지 음
  나라(國)를 망하게(亡) 할(之) 음악(音)이란 뜻으로, 저속하고 잡스러운 음악을 이르는 말

■ 3급 관련 한자 배우기

禾 벼 화 私 사사로울 사 公 공변될/공평할 공 平 평평할 평
無 없을 무 戈 창 과 國 나라 국

- 공평하여 사사로움이 없음을 나타내는 4음절의 어휘는 무엇일까요?

→ 정답 271쪽

춘추오패 _ 초나라 장왕

서제막급(噬臍莫及) 불비불명(不飛不鳴)
문정경중(問鼎輕重)

한때는 남방의 오랑캐, 곧 남만
(南蠻)으로도 인식되던 초나라의 중원 진출 과정과 패업 달성 과정
을 살펴보겠습니다. 기원전 651년 제나라 환공의 패업은 강력한
적수 없이 남방의 초나라를 정벌하면서 비교적 순탄하게 진행되었
습니다. 이에 비해 진(晉)나라 문공은 중원의 한복판에서 서방의
강국 진(秦)나라와 남방의 대국 초나라의 거센 도전을 막아내야 했
습니다. 이러한 여건 속에서 기원전 632년 북진을 추진하던 초나
라 세력을 성복 전투에서 제압하면서 패업을 완성했습니다. 이를
초나라의 관점에서 본다면 중원의 패자를 꿈꾸던 성왕의 초나라가
제나라 환공으로 인해 첫 번째 좌절을 맛보고, 연이어 진나라 문
공에 의해 또다시 고배를 마신 셈이 됩니다. 이렇게 패업 달성을
코앞에 두고 번번이 그 꿈을 접어야 했던 초나라에서 드디어 강력

한 패자가 탄생하는데, 그가 바로 장왕(莊王)입니다. 제 환공이나 진 문공과 달리 초나라에서는 '왕'이라고 칭하게 된 유래를 살펴보겠습니다.

초나라 웅통(熊通)이 세력을 크게 떨치면서 신하들로부터 왕호 사용을 권유받고, 당시 주나라 천자인 환왕에게 이를 허락해 달라고 요청했습니다. 환왕은 노발대발하며 거절했지만 웅통은 기원전 707년 주나라가 정나라 장공에게 대패하면서 천자로서의 권위을 잃고 국력마저도 쇠락해지자 기원전 704년 스스로 무왕이라고 일컬었습니다. 초기 서방의 진(秦)나라처럼 자작의 나라에 불과했던 남방의 초나라가 참칭(僭稱)[32]을 하게 되면서 이제 초나라 군주를 자(子)나 공(公)이 아닌 왕(王)으로 칭하게 되었습니다. 물론 초나라의 칭왕과는 무관하게 주 왕실은 초나라의 군주를 초왕이 아닌 초자(楚子)로 명하였으나 자신들의 나라가 자작이 아닌 왕의 나라라는 인식은 그 후 초나라의 행보에 적지 않은 영향을 끼쳤습니다.

무왕의 아들 문왕 역시 초나라를 남방에서 가장 강력한 국가로 만들었고 아버지의 야망을 이어받아 중원까지 차지하고자 여러 국가와의 전쟁을 감행하며 북진을 추진했습니다. 문왕이 세력을 계속 확장하는 과정에서 신(申)나라를 공격하는데, 신나라를 치기 위해서는 삼촌뻘 되는 기후(祁候)가 다스리는 등(鄧)나라를 지나야만 했습니다. 그래서 사신을 보내서 등나라를 통과할 수 있도록 허락

---

32 참칭 : 분수에 넘치게 스스로를 임금이라 이르는 것을 말한다.

해 줄 것을 요청했습니다. 앞에서 순망치한(脣亡齒寒)의 역사를 살펴봤기 때문에 등나라와 신나라에서도 같은 상황이 그대로 재현될 것을 예상할 수 있습니다. 하지만 기후에게는 그것을 내다보는 안목이 없었습니다. 그래서 아무 의심 없이 초나라의 요구를 순순히 수락하고 오히려 성대한 잔치를 베풀어 문왕과 그 병사들을 배불리 먹이기까지 했습니다. 추생(馬住)·담생(聃甥)·양생(養甥)이라는 세 현자는 문왕의 야욕을 간파하고 당장 문왕을 제거해서 후환을 없애야 한다고 기후에게 간곡히 간언했으나 아무 소용이 없었습니다.

그때 세 현자는 기후를 설득하기 위해 사향노루를 예로 들었습니다. 사향노루의 향낭에서 나는 냄새는 그 향이 매우 짙어서 향기만 따라가면 십중팔구 사향노루를 잡을 수 있게 됩니다. 사향노루는 잡힐 즈음에서야 배꼽 아래의 향낭 때문에 사냥꾼에게 잡히게 된다는 사실을 알고 향낭을 저주하듯 배꼽을 물어뜯으려 합니다. 그러나 배꼽을 물어뜯으려고 해도 이빨이 미치지 못하고, 설사 물어뜯을 수 있다고 해도 아무 소용없는 짓이라는 것도 모른 채 배꼽 주변만을 사정없이 물어뜯다가 과다 출혈로 서서히 죽어 갑니다. 그 과정에서 향낭이 터지기라도 하면 사향노루의 사체는 은은한 향으로 덮입니다. 여기에서 나온 성어가 서제막급(噬臍莫及)입니다. 곧 배꼽(臍)을 물어뜯으려(噬) 해도 입이 닿지(及) 않는다는(莫) 뜻으로, 지난 일을 후회해도 소용없음을 비유하는 성어입니다. 기후는 끝내 세 현자의 충언을 듣지 않았고 결국 10년 뒤에 등나라는 초나라 문왕에게 멸망당합니다.

이렇게 초나라가 주변국을 하나하나씩 정복하는 데 성공하면서 문왕의 아들 성왕 때에 이르러서는 패업을 향한 질주가 더욱 가속화됩니다. 성왕은 기원전 638년 홍수 전투의 승리로 송 양공의 패업을 좌절시키고 패자의 꿈을 이루기 위해 진나라와 건곤일척의 일전을 벌였으나 자옥의 만용으로 기원전 632년 성복 전투에서 패하면서 문공에게 패자의 자리를 넘겨야 했습니다. 깊은 한을 품고 생을 마감해야 했던 성왕의 손자가 춘추시대의 세 번째 패자인 초나라 장왕입니다. 관중이 환공을 보좌하여 패업을 이루고 조쇠나 개자추가 문공의 패업에 일조했듯이, 장왕에게도 오거(伍擧)와 소종(蘇從) 그리고 손숙오(孫叔敖)라는 명재상이 활약하며 그의 패업을 도왔습니다. 그런데 오거와 소종이 장왕에게 등용되어 천하를 도모하게 된 계기가 무척 흥미롭습니다.

장왕은 즉위한 후 3년 동안 주색에 빠져 밤낮으로 흥청거리면서 정사는 돌보지 않았습니다. 만약 충언을 해서 흥을 깨는 자가 있다면 즉시 죽이겠다는 명을 내리고 현판에 그 내용을 적어 걸어두기까지 했습니다. 그때 오거가 장왕을 알현하고 언덕 위에서 3년 동안 날지도 않고 울지도 않은 새가 있는데 이것이 무엇인지 물었습니다. 장왕은 3년을 날지 않았으니 한 번 날아오르면 하늘을 찌를 것이고, 3년을 울지 않았으니 한 번 울면 사람들을 놀라게

할 것이라고 답했습니다. 이는 장왕이 자신을 대붕에 비유한 것이었습니다. 오거는 장왕이 큰 뜻을 품고 있음을 확인하고 기대감에 부풀어 올랐습니다. 그런데 이후에도 장왕은 지속적으로 걸주와 같은 방탕한 삶을 이어갔습니다. 이를 보다 못한 대부 소종이 목숨을 걸고 간언했습니다. 장왕은 보검으로 소종을 죽일 듯이 위협하다가 갑자기 소종의 어깨를 껴안으며 소종이야말로 자신이 찾던 초나라의 기둥이라며 기뻐했습니다. 그제야 장왕은 모든 놀이를 끝내고 간신들을 모조리 숙청하고 오거와 소종처럼 죽음도 불사하고 장왕의 과오를 지적하는 충신들을 대거 기용했습니다. 이때 손숙오의 아버지 위가(蔿賈)도 중용되었습니다. 장왕은 충신과 간신중 옥석을 가려내기 위해 일부러 3년 동안 연기를 했던 것이었습니다. 여기에서 장왕의 의중을 파악하기 위한 오거의 질문에서 유래한 성어가 바로 날지도(飛) 않고(不) 울지도(鳴) 않는다(不)는 의미의 불비불명(不飛不鳴)입니다. 이는 곧 대업을 이루기 위해 침착하게 때를 기다린다는 뜻입니다.

　장왕은 본격적으로 정병을 육성하고 경제를 발전시켜 부국강병을 이루기 위해 총력을 기울였고, 중원의 제후국들과 패권을 다툴 시간이 왔음을 직감했습니다. 그의 꿈은 할아버지 성왕의 한을 푸는 것을 넘어서 천자의 자리까지 넘보고 있었습니다. 장왕의 야심은 왕손만(王孫滿)과의 대화를 통해 알 수 있습니다. 기원전 606년에 초나라가 동주 주변의 융족들을 대대적으로 토벌했습니다. 그

때까지만 해도 초나라가 주 왕실을 위해 존왕양이(尊王攘夷)의 정신을 구현하고 있다고 믿었습니다. 그런데 장왕이 군사를 초나라로 물리지 않고 주 왕실이 있는 낙읍 근교까지 진군해서 대규모 열병식을 거행하며 초나라의 군사력과 위엄을 만방에 과시했습니다. 주 왕실은 당혹감을 감추지 못하고 급히 대부 왕손만을 보내어 장왕의 진의를 알아보고자 했습니다. 장왕을 알현한 왕손만은 주나라 천자를 대신해 장왕과 그의 군사들을 위로하며 금은보화를 내놓았습니다. 왕손만과 담소를 나누던 장왕이 불현듯 주 왕실 안에 있는 구정(九鼎)의 크기와 무게가 어느 정도인지 물었습니다. 당시 구정은 천자의 존엄과 왕권을 상징하는 보물이기에, 그것에 관해서는 누구도 묻지 못하게끔 되어 있었습니다. 장왕이 구정에 대해 물었다는 것은 구정을 손에 넣어 주나라 천자의 자리를 빼앗겠다는 야심을 내비친 것인데, 이는 곧 천하를 내놓으라는 무언의 압박과 압력 행사였습니다. 여기에서 솥(鼎)의 무게가 가벼운지(輕) 무거운지를(重) 묻는다(問)는 문정경중(問鼎輕重)이라는 성어가 유래했습니다. 이는 천하를 차지하려는 야욕을 비유하는 말입니다. 이제 장왕은 주 왕실로 진군만 하면 패자를 넘어 천자도 될 수도 있던 상황이었습니다.

■ 한자와 성어 총정리

- 噬 씹을 서   臍 배꼽 제   莫 없을 막   及 미칠 급

  噬臍莫及   배꼽(臍)을 물려고(噬) 하여도 입이 닿지(及) 않는다
  서 제 막 급   는(莫) 뜻으로, 일이 그릇된 뒤에는 후회하여도 아
  무 소용이 없음을 비유한 말

- 不 아닐 불   飛 날 비   不 아닐 불   鳴 울 명

  不飛不鳴   날지도(飛) 않고(不) 울지도(鳴) 않는다는(不) 뜻으로,
  불 비 불 명   큰 목적을 이루기 위해 오랫동안 조용히 있음을 의
  미

- 問 물을 문   鼎 솥 정   輕 가벼울 경   重 무거울 중

  問鼎輕重   솥(鼎)의 경중(輕重)을 묻는다는(問) 뜻으로, 초나라
  문 정 경 중   장왕이 주나라 사신에게 천자를 상징하는 구정(九
  鼎)에 대해 물은 이야기에서 유래. 천하를 차지하
  려는 야욕을 비유하는 말

■ 3급 관련 한자 배우기

莫 없을 막   門 문 문   問 물을 문   聞 들을 문

間 사이 간   上 위 상   下 아래 하

- 더 낫고 더 못함의 차이가 거의 없음을 의미하는 성어는 무엇일
  까요?

→ 정답 271쪽

춘추오패 _ 패자가 된 장왕

절영지연(絶纓之宴) 초가벌진(楚可伐陳)

장왕이 구정(九鼎)에 대해 물으며 야심을 내보이자 왕손만은 천자의 덕정으로 조정이 바르게 되면 구정의 부피는 줄어들지만 그 무게는 그 누구라도 움직일 수 없을 만큼 무거워지고, 반면 조정이 어지러우면 구정의 부피는 팽창하지만 그 무게는 어떤 존재라도 손쉽게 손에 넣을 수 있을 만큼 가벼워진다고 대답했습니다. 이는 구정의 조화에 관해 설명한 것인데, 실제로 구정이 그런 조화를 부렸을 리는 없습니다. 다만 여기서 왕손만이 말하고자 하는 논점은 솥의 크기와 무게는 그것을 소유하고 있는 주인의 덕에 의해 결정되는 것이기 때문에 천자는 구정이 아닌 오직 덕으로 그 자리를 유지할 수 있다는 것을 상기시킨 것입니다. 비록 국력이 약한 주 왕실이지만 덕으로 천자의 자리를 유지할 수 있다는 점을 말하고자 했던 것입니다. 또한 주나라가 700년 이상 유지될 것이라는 2대 성왕 때의 복점 결과를 언급하면서 아직까지 천명이 주 왕실에 있음을 각인시켜 장왕의 철군을 유도하려는 심사였습니다. 왕손만의 의도대로 장왕은 이 말을 듣고 아직은 주나라를 멸망시킬 때가 아니라고 판단하고 초나라로 돌아가서 후일을 도모하기로 결심했습니다. 이 일화에서 자신의 힘만을 과신하지 않고 순리와 천명을 중히 여기는 장왕의 신사적인 면모를 엿볼 수 있습니다. 이러한 장왕의 도량과 비범함을 좀 더 확인해 보겠습니다.

기원전 605년 장왕 재위 초기 영윤이었던 투월초(鬪越椒)가 손숙오의 아버지인 위가 일파와의 권력투쟁에서 밀리게 됩니다. 실각을 염려해야 할 처지까지 이르자 투월초는 장왕이 원정을 떠난 사이 내란을 일으켜 위가를 죽였습니다. 장왕은 고호(皋滸)에서 반란군과 격돌하여 투월초의 난을 평정한 뒤 공을 세운 장수들을 위해 성대하게 연회를 베풀었습니다. 이때 애첩 허희(許姬)로 하여금 시중을 들도록 하고 밤이 늦도록 주연을 즐기고 있는데, 갑자기 광풍이 불어 촛불이 모두 꺼졌습니다. 그때 칠흑 같은 어둠을 틈타한 장수가 허희에게 접근해 허리를 감싸고 가슴을 만지면서 입맞춤까지 했습니다. 한마디로 목숨을 건 추행이었습니다. 총명했던 허희는 그자의 투구(갓) 끈을 잡아 뜯었기 때문에 불만 켠다면 그자가 누군지 바로 가려낼 수 있을 거라고 장왕에게 귀띔했습니다. 그런데 놀랍게도 장왕은 촛불을 켜지 못하도록 지시하고 오늘은 자신과 함께 즐거움을 만끽하는 날이니, 만약 투구(갓)의 끈을 끊어버리지 않고 축하연을 즐기는 자가 있다면 이 축제에 참여하지 않은 자라고 간주하겠다고 선포했습니다. 이 말이 떨어지기 무섭게 모든 신하가 자신의 투구(갓)의 끈을 끊어냈고 그제야 불이 켜지고 축하연은 이어졌습니다. 만약 보통 사람이라면 질투심과 복수심에 사로잡혀 바로 범인을 색출하여 자신의 여자를 범한 손과 입술을 자르고 불로 지지고도 남았을 것입니다. 하지만 장왕은 취기로 인해 실수한 자신의 수하를 세심한 배려로 감싸주었습니다. 그 사건이 있고 얼마 후 장왕이 진(晉)나라와의 전투에서 큰 위기에 처하게 되었는데, 적의 포위를 뚫고 만신창이가 된 채로 장왕을 구하기 위해 달려온 자가 있었습니다. 바로 그날 연회에서 용서받은 신하였습니다. 그는 그 후에도 각종 전투에서 장왕을 위해 혁혁한 공을 세우며 패업 완수에 일조했다고 전하고 있습니다. 여기에서 갓끈(纓)을 끊(絶)은(之) 연회(宴)라는 뜻의 절영지연(絶纓之宴)이라는 성어가 나왔습니다. 남의 잘못을 관대하게 용서해주거나 어려운 일에서 구해주면 반드시 보답을 받게 된다는 교훈을 담고 있습니다. 참고로 약 800년 후, 자신의 애첩인 초선을 여포가 희롱했다는 것을 알고 동탁이 분노하자 이유(李儒)가 초나라 장왕을 본받아야 한다고 간언합니다. 이를 통해 알 수 있듯이 장왕은 관용과 포용의 대명사가 되어 부하의 마음을 얻었을 뿐만 아니라 역사적으로도 동경과 귀감의 대상으로 회자되는 영예를 얻었습니다. 이렇게 천하를 가슴에 품을 수 있는 넓은 아량을 지닌 장왕은 죽은 위가 대신 그의 아들 손숙오를 중용하여 내정 개혁에 성공하고, 대외적으로는 충성스런 신하들과 함께 중원의 국가들을 상대로 전면적인 정벌을 감행합니다.

기원전 598년에는 진(陳)나라를 멸할 계획을 세우고 정찰병을 보내 내부 상황을 정탐하도록 했습니다. 정찰병이 돌아와서 진(陳)나라는 성곽이 높고 식량도 충분히 축적해 놓은 상태라 정복하기 어려울 것 같다고 보고했습니다. 그러자 장왕은 진(陳)나라는 소국인데 식량이 많다는 것은 백성들에게 세금을 과징했다는 뜻이고 성곽이 높다는 것 또한 백성들을 과도한 부역에 동원했다는 것임을 간파했습니다. 진(陳)나라의 백성들은 경제적 · 육체적으로 고갈 상태에 있을 것으로 판단하고 초(楚)나라는 반드시 진(陳)나라를 정벌(伐)할 수(可) 있다고 역설했습니다. 장왕의 예견대로 초나라는 단숨에 진(陳)나라를 정복할 수 있었습니다. 여기서 초가벌진(楚可伐陳)이 유래했습니다. 이 성어를 진(陳)나라를 중심으로 본다면 자신의 역량을 고려하지 않고 지나치게 무엇인가를 준비하게 되면 오히려 힘이 약해질 수 있다는 것을 경계하는 말이고, 초나라 장왕의 관점에서 본다면 겉은 완벽해 보이지만 그 안에 감춰 있는 허점이나 단점을 꿰뚫어 볼 수 있는 지혜나 안목을 길러야 한다는 의미로 쓰일 수 있습니다. 이는 곧 사물의 본체나 실상을 오서독스하게 정확히 통찰할 수 있는 혜안의 중요성을 강조하는 것입니다.

이제 중원의 강자인 진(晉)나라를 뛰어넘을 수만 있다면 명실상부한 춘추시대의 패자로 인정될 장왕에게 드디어 결전의 날이 다가왔습니다. 손쉽게 진(陳)을 멸한 초나라가 진(晉)나라와 초나라 사이에서 배반을 일삼던 정나라(鄭) 정벌을 단행하자 기원전 597년에 정나라를 구원하기 위해 진(晉)나라 경공(景公)이 출병했습니다. 초나라 군대와 필(邲) 땅에서 진정한 패자를 가리기 위한 역사적인 일전을 벌이게 됐습니다. 여기에서 승리하면 장왕은 마침내 패업을 완성할 수 있게 되지만, 패하게 되면 할아버지 성왕이 그랬던 것처럼 패업을 눈앞에 두고 고배를 마시게 됩니다. 장왕은 결연한 의지로 직접 북을 두드리며 군사들의 사기를 고무시켜서 진나라 군을 향해 파죽지세로 돌진했고, 진나라 군은 황급히 황하로 도망치는데 황하에 빠져 죽은 자의 수를 헤아릴 수 없을 지경에 이르렀다고 전합니다. 이 필 전투의 대패로 인해 진 문공 이후 명목상이나마 패권을 유지해 왔던 진나라의 국제적 위상은 추락했고, 더는 문공 시절 같은 강력한 패권 국가로 도약할 수 없을 만큼 국력이 쇠하게 되었습니다. 그리하여 기원전 575년 언릉 전투에서 초나라에 승리하기 전까지 국제적으로도 초나라의 위세에 밀려 눈치만 보는 신세로 전락하고 말았습니다.

반면 이 역사적인 설욕전을 승리로 이끈 초나라는 제나라와 진나라에 이어 춘추시대의 세 번째 패업을 달성하며 명실상부한 춘추시대 초대강국으로 도약했습니다. 젊었을 때 자신을 대붕에 비유했던 장왕은 마침내 강력한 패주로서 그 명성을 열방에 떨치게 되었습니다.

패자가 된 초나라 장왕은 자신을 주 천자와 같은 왕으로 칭했기 때문에 주나라 왕실에 대한 존왕(尊王)의 예를 무시했습니다. 이때부터 패자의 성격도 조금씩 달라지는데, 곧 존왕양이나 계절존망이라는 대의명분이 흔들리기 시작하면서 멸국치현(滅國置縣)이라는 국제 질서가 싹트게 되었습니다. 이것은 나라(國)를 멸하고(滅) 중앙 정부에서 현(縣)을 설치하여(置) 직접 지배하는 통치 체제를 의미합니다. 멸국치현은 봉건적 자치를 더 이상 용인하지 않을 뿐만 아니라 정복 지역의 국통(國統)과 종묘사직(宗廟社稷)을 완전히 소멸하는 춘추시대 중기의 잔혹한 시대정신을 읽어낼 수 있는 초상이라고 할 수 있습니다.

■ 한자와 성어 총정리

• 絕 끊을 절 纓 갓끈 영 之 어조사 지 宴 잔치 연

絕纓之宴
절 영 지 연

갓끈(纓)을 끊고(絕) 즐기는 연회(宴)라는 뜻으로, 남의 잘못을 관대하게 용서해주거나 어려운 일에서 구해주면 반드시 보답이 따름을 비유

• 楚 초나라 초 可 옳을 가 伐 칠 벌 陳 늘어놓을 진

楚可伐陳
초 가 벌 진

초(楚)나라는 진(陳)나라를 정벌할(伐) 수(可) 있다는 뜻으로, 초나라 장왕이 겉으로 완벽해 보이는 진(陳)나라가 실제는 허점과 단점이 있음을 꿰뚫어 본 것에서 유래. 사물의 본체나 실상을 정확히 통찰하여 숨어 있는 단점을 찾아내는 혜안의 중요성을 강조하는 말

■ 3급 관련 한자 배우기

刀/刂 칼 도 絕 끊을 절 宴 잔치 연 伐 칠 벌

• 동쪽을 정복하고 서쪽을 친다는 뜻으로, 이러저리로 여러 나라를 정벌함을 이르는 4음절의 말은 무엇일까요?

→ 정답 271쪽

춘추오패 _ 초나라의 재상 손숙오

호구지계(狐丘之戒) 인유삼원(人有三怨)
우맹의관(優孟衣冠) 백년하청(百年河淸)
섭공호룡(葉公好龍)

손숙오는 기원전 601년 초나라의
영윤이 되어 초나라를 남방의 초강국에서 중원의 패권 국가로 만
든 위대한 재상입니다. 그의 어렸을 적 일화를 하나 소개하겠습니
다. 당시에는 머리 둘 달린 뱀을 마주본 사람은 반드시 죽는다는
속신이 있었는데, 하루는 손숙오가 그 뱀을 보고 집에 돌아와 펑
펑 울고 있었습니다. 죽는 것도 서러웠지만, 부모님을 끝까지 모
시지 못하고 일찍 죽는 것이 한스러워서 하염없이 서글프게 울었
던 것입니다. 손숙오의 어머니가 모든 사정을 듣고 그 뱀은 어떻
게 되었는지 물었는데, 손숙오는 혹여 다른 사람이 볼까 봐 죽여
서 땅에 묻었다고 말했습니다. 손숙오의 어머니는 남을 위해 그런
선한 행동을 했으니 하늘이 반드시 복을 내려 죽는 일은 없을 것
이라고 그를 위로했습니다. 어린 나이에 다른 사람에게 찾아올 불

행을 염려하여 뱀을 땅에 묻은 것을 보면 그가 얼마나 사려 깊은 인물인지 알 수 있습니다.

　손숙오가 관직에 있을 때 그는 호구라는 지역의 한 영감이 사람에게는 세 가지 원망의 대상이 있다고 말하는 것을 들었습니다. 고관대작에 대한 세인의 질투와 현명한 신하에 대한 군주의 증오 그리고 녹이 많은 재상에 대한 세상의 원한을 말하는 것인데, 이를 평생 경계해야 한다고 호구의 노인이 일러준 것입니다. 그래서 호구(狐丘) 땅의 노인(人)에게 들은 경계(戒)라는 의미의 호구지계(狐丘之戒)가 유래했고 사람(人)에게는 세(三) 가지 원망(怨)의 대상이 있다(有)는 뜻에서 인유삼원(人有三怨)이라고도 합니다. 비록 미천한 노인의 말이었지만 겸손한 손숙오는 그것을 가슴에 새기고 그대로 실천하였고 실제로 그 뜻을 받들어 장왕에게 그 어떤 봉지도 받지 않았다고 전합니다. 그런 손숙오가 임종을 앞두고 아들 위자빙(蔿子馮)에게 유언을 남겼습니다. 자신이 죽은 후 생활이 어려워지면 우맹(優孟)이라는 사람을 찾아가 손숙오의 아들임을 밝히라는 내용이었습니다. 아울러 우맹으로 인해 왕이 영지를 내린다면 반드시 척박하고 이롭지 못한 침구(寢丘) 땅만 받아야 한다고 신신당부하며 눈을 감았습니다. 손숙오가 말하는 우맹은 초나라의 배우이자 악사였는데 오래전부터 그의 비범함과 총명함을 알아보고 손숙오가 후대하여 지기지우(知己之友)로 지냈던 인물입니다.

　몇 년이 지나 위자빙은 땔나무를 팔아 생계를 이어나갈 정도로 가난한 삶을 살게 되었습니다. 그때 불현듯 아버지의 유언이 떠올라서 우맹을 찾아갔습니다. 손숙오와 얼굴이 매우 닮았던 우맹은 위자빙을 위해 손숙오처럼 의관을 갖추고 손숙오의 말투와 행동까지 흉내내기 시작했습니다. 그렇게 1년 정도 지나자 우맹은 손숙오가 되살아난 것처럼 보였습니다. 하루는 장왕이 베푼 주연에 참석하여 장왕에게 술을 올리며 만수무강을 축원하였는데, 여전히 손숙오를 깊이 흠모했던 장왕은 우맹을 보는 순간 손숙오가 환생한 것으로 여겨 그를 재상으로 삼고자 했습니다. 우맹은 손숙오 같이 훌륭한 재상이 장왕을 패자로 만들었어도 그 아들은 손바닥만 한 땅도 없이 땔나무를 팔아 연명하고 있으니 손숙오처럼 초나라의 재상이 될 바에는 차라리 목숨을 끊는 것이 낫겠다고 말했습니다. 장왕은 비로소 손숙오의 자손을 돌보지 못한 것을 뉘우치고 위자빙을 불러 기름진 옥토를 영지로 내리겠다고 약속했습니다. 하지만 위자빙은 아버지의 유지를 받들어 한사코 침구 땅만을 하사해 줄 것을 간곡히 아뢰었고 장왕은 마지못해 허락했습니다. 우맹의 기지로 하루아침에 봉지를 얻은 위자빙은 후에 영윤의 자리까지 올랐으니, 우맹이 손숙오에게 신세진 것을 제대로 갚았다고 할 수 있습니다. 이러한 배경으로 보면 우맹(優孟)이 손숙오의 의관(衣冠)을 차려 입다라는 뜻의 우맹의관(優孟衣冠)이라는 성어는 보은과 관련한 긍정적인 의미를 지닐 것 같습니다. 하지만 이 성어는 단지 그럴듯하게 꾸며서 진짜인 것처럼 행세하는 경우나 혹은 남의 것을 모방하여 독창성과 예술성을 전혀 찾아 볼 수 없는 사례를 지적할 때 사용되고 있습니다.

그런데 손숙오는 왜 아들에게 아무도 소유하려고 하지 않는 침구 땅을 하사받으라고 했을까요? 그 이유는 침구 땅은 초나라와 월나라 사이에 있는 척박한 땅이라서 그 누구도 탐내지 않기에 자신의 집안이 나라의 위기 때마다 정쟁(政爭)을 피할 수 있으리라고 예상했기 때문입니다. 참으로 놀라운 탁견이 아닐 수 없습니다.

초나라 장왕의 아들 공왕 때에 생겨난 성어도 있습니다. 기원전 707년 주나라 환왕과의 전투에서 승리하여 주 왕실을 종이호랑이로 전락시키며 본격적인 춘추시대의 개막을 알렸던 정나라는 초나라·진나라·제나라 사이에 있어서 고래싸움에 새우등 터지는 형국으로 시간이 지날수록 세력을 떨치기가 쉽지 않았습니다. 특히 초나라와 진나라 두 나라 사이에서 배반을 반복하면서 기원전 638년 홍수 전투와 기원전 597년 필 전투의 단초가 되기도 했습니다. 기원전 575년에는 진나라가 중원의 주요 국가들에 대한 지배력을 놓고 초나라와 언릉에서 격돌하여 승리하면서 국제적인 위상을 회복하자 정나라 간공은 진나라에 잘 보이기 위해 기원전 565년 초나라의 속국인 채(蔡)나라를 공격했습니다. 그해 겨울 초나라는 이를 괘씸하게 여겨 정나라를 공격하기 위해 출병했습니다.

그때 정나라의 자사(子駟) 등은 초나라에 항복하자고 했고 자공 등은 진나라의 원병을 기다리자고 주장했는데, 자사는 믿을 수 없는 진나라의 구원병을 기다린다는 것은 백 년(百年)을 기다린다 해도 맑아질 가능성이 없는 황하(河)의 흐린 물이 맑아지기(淸)를 기다리는 것과 다를 바 없다면서 초나라에 항복하여 화친을 맺었습니다. 여기서 유래한 백년하청(百年河淸)은 보통 실현성 없는 일을 하염없이 기다리는 것보다는 실용적인 대책을 수립하여 현명하게 대처하고 처신하는 것이 더 바람직하다는 의미를 내포하고 있습니다. 정나라는 백년하청을 인용한 자사의 의도대로 결정적인 위기는 모면하지만 다시 진나라의 공격을 받게 되자 초나라를 저버리고 진나라와 회맹을 했고 배신의 대가로 또다시 초나라의 공격을 받는 신세를 벗어나지 못했습니다. 이는 비단 정나라뿐만 아니라 대국의 눈치를 봐야 하는 춘추시대 중소국의 슬픈 운명이자 현실이었습니다. 그래서 선정을 베푸는 강력한 패자가 등장해서 전쟁을 멈추고 태평성대를 만들어 주기를 간절히 바라는 백성과 나라들이 많았던 것입니다.

마지막으로 초나라 때 성어를 하나만 더 살펴보겠습니다. 초나라에는 용을 매우 좋아해서 집안의 벽과 가구 등에 용을 그리거나 그 무늬를 새겨 넣었던 섭공이라는 사람이 있었습니다. 여기서 섭공(葉公)이 용(龍)을 좋아한다(好)는 섭공호룡(葉公好龍)이 유래했습니다. 섭공이 용을 좋아한다는 말을 전해들은 하늘의 용은 섭공이 자신을 무척 반길 것이라고 기대하면서 섭공을 직접 찾아갔습니다. 그런데 섭공은 용을 보자마자 혼비백산해서 도망가기 바빴습니다. 섭공은 겉으로만 용을 좋아하였을 뿐 진심으로 용을 좋아하지 않았던 것입니다. 이렇듯 겉으로는 좋아하는 듯 하지만 진심으로 좋아하지 않는 것을 일러 섭공호룡이라고 합니다. 공자의 제자인 자장은 노나라 애공이 선비를 좋아한다는 말을 듣고 찾아갔으나 일주일이 지나도 애공이 자신을 만나주지 않자 애공을 섭공에 비유하기도 했습니다. 오늘날에도 정의와 청렴을 좋아한다고 말하지만 막상 그것과는 거리를 유지하며 사는 섭공들이 적지 않습니다.

■ 한자와 성어 총정리

• 狐 여우 호 丘 언덕 구 之 어조사 지 戒 경계할 계

狐丘之戒
호 구 지 계
호구(狐丘)의(之) 경계(戒)라는 뜻으로, 인유삼원(人有三怨)의 교훈을 주의하라는 의미

• 人 사람 인 有 있을 유 三 석 삼 怨 원망할 원

人有三怨
인 유 삼 원
남(人)으로부터 받게 되는 세(三) 가지 원망이(怨) 있다(有)는 의미

• 優 넉넉할 우 孟 맏 맹 衣 옷 의 冠 갓 관

優孟衣冠
우 맹 의 관
우맹(優孟)이 의관(衣冠)을 갖추어 입다는 뜻으로, 그럴 듯하게 꾸며서 진짜인 것처럼 행세하는 경우를 비유

• 百 일백 백 年 해 년 河 물 하 淸 맑을 청

百年河淸
백 년 하 청
백 년(百年)이 지나도 황하(河)의 물은 맑아지기(淸) 어렵다는 의미로, 아무리 오래 기다려도 이루어지기 어려운 일이나 상황을 가리킴

• 葉 성 섭 公 공평할 공 好 좋을 호 龍 용 룡

葉公好龍
섭 공 호 룡
섭공이 용을 좋아한다는 뜻

■ 3급 관련 한자 배우기

皿 그릇 명 孟 맏 맹 衣 옷 의 依 의지할 의 女 여자 녀
好 좋을 호

• 스승이 제자에게 불도를 전하여 주면서 믿음의 표시로 주는 법의는 무엇일까요?   → 정답 271쪽

춘추오패 _ 오나라 합려

일벌백계(一罰百戒) 오월동주(吳越同舟)

초나라는 장왕으로 인해 마침내 명실상부한 중원의 패자가 되어 열국 위에 군림하게 되었습니다. 하지만 그것도 잠시였습니다. 초나라가 진(晉)나라를 완전히 멸망시킨 것은 아니었기에 장왕 사후 약 100여 년 동안 진·초 두 나라의 패권 전쟁이 지속되면서 두 나라의 국력은 서서히 약화되고, 초나라 동쪽에 주나라의 혈족국가인 오(吳)나라와 하왕조의 혈통을 이은 월(越)나라가 강력한 세를 떨치며 초나라를 압박했기 때문입니다. 그 기원을 분명하게 알기도 어려운 오나라와 월나라는 갑작스럽게 발흥하여 역사 무대에 등장해 단숨에 열국을 압도하는 패권국가가 되었습니다. 그 경위를 간략하게 살펴보자면, 중원의 진(晉)나라는 초나라의 북진을 견제하기 위해서 오나라와 연합하여 초나라를 공격하는데, 놀랍게도 그 과정에서 오나라가 초나라의 도읍을 함락시킬 정도까지 성장했습니다. 초나라 역시 월나라와 동맹을 맺어 오나라와 진나라를 공략하면서 월나라도 오나라에 버금가는 강국으로 발전했습니다. 그 결과 오나라와 월나라 사이에서는 끝없는 사투가 되풀이되고, 이 와중에 장왕 사후 약 100년 만에 오나라와 월나라에서 각각 춘추오패의 나머지 두 패자가 연이어 등장합니다.

하·상·주 삼대의 제왕들과 패자들을 정리하면서 확인할 수 있었던 공통점은 그들 옆에는 반드시 이윤이나 강상 그리고 관중 등과 같은 유능한 조력자가 존재했다는 것입니다. 이는 곧 위대한 패자가 되는 지름길은 훌륭한 보좌관을 선택하는 안목에서 시작된다고 바꾸어 말할 수도 있습니다. 마찬가지로 춘추시대의 네 번째 패자로 꼽히는 오나라의 합려나 부차 역시 자신을 패자로 만들어 줄 위대한 킹메이커와 조우하면서 패업을 완수하게 됩니다. 그들이 바로《손자병법》의 저자 손무(孫武)와 복수의 화신 오자서(伍子胥)입니다.

손무는 관중과 더불어 춘추시대의 대표적인 전략가로 평가받는 인물인데, 손자(孫子)는 그를 높여 부르는 존칭이자 경칭(敬稱)입니다. 손무의 이력은 요리사 이윤이나 세월을 낚으며 때를 기다렸던 강태공만큼 매우 특별했습니다. 우선 그는 오나라 출신이 아니었습니다. 기원전 672년 진(陳)나라의 공자였던 손무의 선조 진완(陳完)은 내란으로 인해 제나라로 망명해서 성을 전(田)으로 바꾸었습니다. 그런데 손무의 할아버지 전서(田書)가 제나라와 거(莒)나라의 전쟁에서 공을 세우면서 제나라 경공에게 낙안 땅 일부와 손(孫)씨를 하사받았습니다. 그래서 이후 손씨로 불린 것입니다.

　기원전 532년에 제나라에서 신흥 문벌과 전통 문벌이 권력투쟁을 벌이자 손무 일족은 또다시 타국으로의 망명 길에 올랐고 기원전 517년경에는 강남의 오나라까지 내려와 피신했습니다. 이에 은인자중하던 손무는 불후의 병법서인 《손자병법》을 집필하였는데 오나라에 와서 13편을 모두 마무리했습니다. 손무는 어렸을 때부터 탕왕을 상나라의 시조로 만든 이윤과 무왕을 주나라의 초대 천자로 만든 강태공 그리고 환공을 춘추시대 패자로 만든 관중의 용병술을 심도 있게 연구하고 각종 병서까지 두루 섭렵했는데 그 결과 《손자병법》이라는 희대의 역작을 완성할 수 있었습니다.

　기원전 515년 오자서의 천거로 오나라 군사가 된 손무는 이런 전력을 바탕으로 변방의 소국이었던 오나라를 춘추시대의 강력한 패권국가로 만들었습니다. 오나라 합려는 오자서의 권유로 손무의 병서를 감명 깊게 읽고 그를 초빙하긴 했지만, 그의 능력에 대해서는 반신반의했습니다. 그래서 궁녀들을 통솔하는 미션을 통해 그 병법의 효능을 시험하고자 했습니다. 손무는 합려의 총희 두 명을 지휘자로 임명하고 궁녀 180명이 명령에 따라 전후좌우 방향전환 동작을 취할 수 있도록 행동 요령을 충분히 안내하면서, 만약 복종하지 않을 때는 가차없이 처형한다고 명령했습니다. 그런데 총희와 궁녀들은 폭소를 터뜨리며 명에 따르지 않았습니다. 손무는 인내심을 가지고 차근차근 다시 설명하고 명을 내렸습니다. 그런데도 궁녀들은 여전히 웃기만 할 뿐이었습니다. 그러자 손무는 합려의 만류에도 불구하고 지휘자였던 두 총희의 머리를 치게 했습니다. 그 후 다른 두 궁녀를 선발해서 새로운 지휘자로 임명하고 다시 명령을 내렸는데 앞서 두 총희의 목이 달아나는 장면을 목격했기 때문에 전원이 긴장하며 일사불란하게 명을 따랐습니다. 이것이 바로 일벌백계(一罰百戒)의 예라고 할 수 있습니다. 한(一) 사람을 벌주어(罰) 백(百) 사람을 경계(戒)한다는 뜻으로 여러 사람의 경각심을 불러일으키기 위해서 한 사람을 본보기로 엄히 처벌하는 일을 이르는 말입니다. 합려는 손무의 일벌백계의 방식이 지나치게 잔인해 보였기에 그를 못마땅하게 여겼고 손무 역시 그런 합려에게 실망했습니다. 하지만 오자서의 중재와 설득으로 손무는 결국 오나라의 상장군에 임명되어 군을 통솔하게 되었습니다. 손무는 가장 먼저 불필요한 군사 행동은 모두 자제하고 오나라 군을 최고의 정예 부대로 육성하는 데 전념하여 남방의 초강대국인 초나라를 제압할 수 있는 강력한 군대를 양성하는 데 힘썼습니다. 그리하여 기원전 512년에는 초나라와의 전쟁을 재개했고 기원전 506년에는 합려가 손무와 오자서를 대장으로 삼아 6만 대군을 이끌고 대대적인 초나라 원정에 나섰습니다. 합려의 동생인 부개의 지략과 용맹함 그리고 손무의 전략에 따라 연전연승하며 파죽지세로 초나라의 수도 영(郢)까지 함락하면서 오나라는 단숨에 초나라를 멸망 직전까지 몰아붙였습니다. 그 어떤 중원의 패자들도 초나라를 이렇게까지 궁지로 몰아세운 적이 없었기에, 이 변방의 소국이 초나라를 풍전등화의 상황까지 몰아붙인 것은 참으로 경이롭고 기이한 역사적 사건이라고 할 수 있습니다. 다시금 손무의 위대함을 절실하게 느낄 수 있습니다.

위기 상황에 빠진 초나라를 구하기 위해 충신 신포서(申包胥)는 서방의 강국인 진(秦)나라에 구원 요청을 했는데 단칼에 거절당했습니다. 어찌할 바를 모르고 진나라 궁문 밖에서 일주일 동안 쉬지 않고 대성통곡만 했습니다. 이에 진나라 애공(哀公)이 감동하여 멸망 직전인 초나라를 구하기 위해 전쟁에 참여했습니다. 그렇게 기원전 505년 진(秦)나라 군이 오나라 군을 밀어붙이면서 전세가 조금씩 역전되고 월나라 최초로 칭왕을 시작한 윤상 역시 오나라의 수도가 비었다는 전언을 받고 기습적으로 오나라를 침략했습니다. 이로 인해 전쟁의 양상이 하루아침에 뒤바뀌었습니다. 설상가상으로 합려의 동생 부개가 갑작스러운 진(秦)나라 군의 공세로 오나라 군이 당황하던 사이 오나라로 귀환하여 형이 없는 틈을 타 왕이 되고자 쿠데타를 일으켰습니다. 이 때문에 합려는 초나라 소왕(昭王)을 추격해서 제거하겠다는 뜻을 단념하고 부랴부랴 귀국하여 동생이 일으킨 난을 먼저 평정했습니다. 이렇게 초나라 멸망이라는 대업은 쿠데타를 일으키고 초나라로 도망간 동생뿐만 아니라 월나라 윤상의 침략으로 인해 눈앞에서 좌절되었습니다. 이날부터 합려와 윤상은 원수지간이 되었고 자연스럽게 오나라와 월나라는 지독한 앙숙 관계가 되었습니다.

이런 역사적인 맥락을 이해한다면 손무가 《손자병법》에서 언급한 오나라(吳)와 월나라(越)가 배(舟)를 함께(同) 탔다는 오월동주(吳越同舟)의 의미를 제대로 파악할 수 있습니다. 견원지간인 오나라 사람과 월나라 사람이 같은 배를 타게 되면 더 치열하고 맹렬하게 사투를 벌이겠지만 거센 풍랑을 만나 배가 뒤집힐 위기에 맞닥뜨리면 싸움을 그치고 서로 돕기를 좌우의 손이 협력하듯이 한다는 내용이 바로 오월동주입니다. 곧 원수지간이라 할지라도 위태로운 상황에서는 같은 목적을 이루기 위해 뜻을 같이하고 한마음으로 협력해야 한다는 의미입니다.

■ 한자와 성어 총정리

- 一 한 일   罰 형벌 벌   百 일백 백   戒 경계할 계

  一罰百戒   한(一) 사람을 벌주어 백(百) 사람에게 경계한다는
  일 벌 백 계   (戒) 뜻으로 경각심을 불러일으키기 위해서 한 사
  람을 본보기로 엄히 처벌하는 것을 이르는 말

- 吳 나라 이름 오   越 나라 이름 월   同 함께 동   舟 배 주

  吳越同舟   오(吳)나라 사람과 월(越)나라 사람이 한(同) 배(舟)에
  오 월 동 주   탄다는 뜻으로, 서로 미워하면서도 공통의 어려움
  이나 이해에 대해서는 협력하는 경우를 비유

■ 3급 관련 한자 배우기

네 그물 망   罰 벌할 벌   戒 경계할 계   同 함께/같을 동

舟 배 주

- 《예기》에서 등장하는 이상사회를 가리키는 말로, 전통 사상가들이
  제시한 사람마다 평등하고 자유로운 이상 사회를 뜻하는 2음절의
  어휘는 무엇일까요?

→ 정답 271쪽

20강
춘추오패 _ 오나라의 충신 오자서

고육지책(苦肉之策) 동병상련(同病相憐)
응시호보(鷹視虎步)

손무가 오나라 태생이 아니었던 것처럼 오자서 역시 오나라 출신이 아니었습니다. 그는 초나라의 태부(太傅)였던 충신 오사(伍奢)의 둘째 아들로 태어났습니다. 기원전 522년 초나라 평왕 때의 간신 비무극(費無極)[33]은 자신의 세력을 유지하기 위해 충신들을 차례로 제거했는데, 오자서의 아버지 오사와 형 오상 역시 희생양이 되었습니다. 비무극의 참소로 인해 두 사람이 처형되자 오자서는 초나라를 멸망시켜 부형의 원수를 갚겠다고 맹세하고 초나라를 탈출해서 송나라와 정나라를 거쳐 오나라로 망명했습니다.

기원전 704년 웅통이 스스로 초 무왕이라고 일컬으며 천하 제패

---

33 비무기라고도 한다. 진나라 애공의 누이 맹영이 초나라 평왕의 아들 건의 부인으로 간택되었으나 비무극은 평왕에게 아첨하기 위해 맹영을 평왕의 부인으로 삼게 했고, 훗날 후환이 두려워 건과 그의 스승 오사를 제거하려고 했다.

의 야심을 노골적으로 드러냈던 것처럼 오나라의 수몽(壽夢) 역시 칭왕을 시작하며 천하의 주인이 되겠다는 야망을 내비쳤습니다. 오나라는 수몽 이후 그의 첫째 아들인 제번(諸樊)이 왕위에 오르고 그 후에는 형제 계승 원칙에 따라 제번의 동생 여제(餘祭)와 여매 (餘眛)[34]가 차례로 즉위했습니다. 형제가 차례로 왕위를 계승한 이유는 계찰(季札) 때문이었습니다. 수몽이 막내아들 계찰에게 왕위를 이을 것을 권했으나 계찰이 형들 대신 나라를 받는 것은 옳지 않다고 여겨 사양했습니다. 이에 수몽은 나중에라도 계찰이 왕이 되길 바라는 마음에 형제가 계승하도록 유언을 남겼습니다. 그런데 계찰이 왕위를 사양하면서 문제가 발생합니다. 이제 순서상으로 보면 제번의 아들인 공자 광(光), 곧 합려(闔閭)가 등극하는 것이 마땅한데, 여매에 아들 요(僚)가 왕위를 계승하자 합려는 이에 불만을 품고 있었습니다. 하지만 합려는 내색을 하지 않으면서 묵묵히 요를 섬기고 있었습니다.

이를 오나라로 망명한 오자서가 눈치챘고 요를 암살할 전문가로 전제(專諸)를 천거했습니다. 기원전 515년 전제가 자신을 객으로 받아 준 합려를 위해 구운 농어 요리에 어장검을 숨기고 요리를 바치는 척하면서 요를 찔러 죽이는 데 성공하고 자신은 그 자리에서 호위병에게 살해됩니다. 결국 합려는 사촌 동생인 요를 대신하여 오나라의 왕이 되었고 오자서는 합려를 등에 업고 오나라

---

34 이매(夷眛)라고도 한다.

의 대부가 되어 초나라를 향한 복수극에 착수했습니다.

오자서의 첫 번째 미션은 위(衛)나라로 망명한 요의 아들 영웅호걸 경기(慶忌)를 제거해서 합려에게 신뢰를 얻는 것이었습니다. 그래서 경기를 제거할 인물로 요리(要離)를 천거합니다. 요리는 경기가 자신을 믿도록 하기 위해 합려에게 자신의 오른팔을 자르도록 했고 자신이 경기에게 접근하면 자신의 처자식마저 불태워 죽이도록 했습니다. 팔과 가족을 잃은 요리의 사연을 들은 경기는 그를 측은히 여겨 측근으로 삼고 합려를 치러 가는 대사에 참여시켰습니다. 출정 당일 경기가 합려를 제거하기도 전에 요리의 창이 경기의 등부터 가슴까지 관통했습니다. 경기는 고꾸라진 상태에서도 요리의 다리를 거꾸로 잡고 물속에 네 번이나 넣었다 빼기를 반복했습니다. 그리고 요리를 자신의 무릎에 앉힌 후 호탕하게 웃으면서 그를 천하의 용사라고 칭송하며 하루아침에 두 용사를 죽게 할 수는 없으니 요리를 오나라로 돌려보내라는 유언을 남기고 죽었습니다. 이때의 궤책(詭策)을 소위 고육지책(苦肉之策)이라고 합니다. 이것은 자신의 몸(肉)을 고통스럽게(苦) 하여 꾸며내는(之) 방책(策)이라는 의미인데, 일반적으로 자기의 몸이나 측근을 해하여 적을 속이는 계책이라는 뜻이고 흔히 고육지계(苦肉之計)라고도 합니다.

한편 기원전 516년에 오자서의 철천지원수라고 할 수 있는 초나라 평왕이 죽고 이어서 소왕이 즉위했는데 간신 비무극은 여전히 활개를 치며 기회가 올 때마다 충신들을 제거하는 만행을 자행했습니다. 비무극은 기원전 515년 좌윤 백극완(伯郤宛)이 모반을 꾀한다고 참소해서 백극완 일족을 멸절시켰습니다. 그의 아들 백비(伯嚭)만이 겨우 목숨을 건져 기원전 514년 오나라의 오자서에게 의탁했습니다. 이미 비무극의 참소로 가족의 죽음 그리고 오나라로의 망명이라는 동일한 경로를 경험한 오자서는 자신과 같은 아픔을 겪은 백비를 불쌍히 여기고 합려에게 백비를 천거했습니다. 백비에게 동병상련(同病相憐)을 느꼈기 때문입니다. 이렇듯 오자서와 백비의 경우처럼 같은(同) 병(病)이나 고통으로 아픔을 겪은 사람이 서로(相)에게 연민을 느끼며 가엾게(憐) 여긴다는 뜻의 성어가 동병상련입니다.

관상을 잘 보기로 유명했던 대부 피리(被離)는 백비를 평가하기를 매(鷹)의 눈매(視)를 가지고 호랑이(虎)의 걸음걸이(步)를 하고 있으니 탐욕스럽고 살인도 서슴지 않을 잔인한 응시호보(鷹視虎步)의 상이라고 우려했습니다. 이에 결코 백비를 곁에 두어서는 안 된다고 오자서에게 충고했습니다. 하지만 자신과 같은 한을 품고 있는 백비에게 이미 깊은 동정과 동질감을 느끼면서 그의 후견인이 되기를 자청했던 오자서는 그 말을 귀담아 듣지 않았습니다.

■ 한자와 성어 총정리

- 苦 쓸/괴로울 고 肉 고기 육 之 어조사 지 策 꾀 책

  苦肉之策 제 몸(肉)을 상해가면서까지(苦) 꾸며내는 방책(策)
  고 육 지 책 이라는 뜻으로, 적을 속이기 위해 자신의 몸을 괴
  롭히거나 버리는 것도 마다하지 않는 계책을 의미

- 同 같을 동 病 병 병 相 서로 상 憐 불쌍히 여길 련

  同病相憐 같은(同) 병(病)을 앓고 있는 사람끼리 서로(相) 가엾
  동 병 상 련 게(憐) 여긴다는 뜻

- 鷹 매 응 視 볼 시 虎 범 호 步 걸음 보

  鷹視虎步 매(鷹)의 눈매(視)와 호랑이(虎)의 걸음걸이(步)라는
  응 시 호 보 의미로, 험악한 관상을 의미. 오나라의 충신 오자
  서가 초나라에서 망명한 백비를 왕에게 천거하자
  피리가 한 말에서 유래

■ 3급 관련 한자 배우기

艹 풀 초 古 예 고 苦 쓸 고 姑 시어미 고 目 눈 목

見 볼 견 相 서로 상 想 생각할 상 步 걸을 보

- 사람 얼굴의 생김새라는 의미로 사람의 얼굴 생김새를 보고 점치
  는 관상과도 같은 뜻을 지닌 어휘는 무엇일까요?

→ 정답 271쪽

춘추오패 _ 오월쟁패

일모도원(日暮途遠) 와신상담(臥薪嘗膽)
심복지환(心腹之患)

손무의 신출귀몰한 전술과 병법으로 초나라와 다섯 번을 싸워 모두 승리하면서 삽시간에 초나라 수도 영을 초토화시켰던 기원전 506년의 오·초 전쟁에서 백비 역시 큰 공을 세웠습니다. 결론적으로 이 전쟁은 오자서와 백비의 한풀이 전쟁이라고 정리할 수 있는데, 평왕이 기원전 516년에 죽고 기원전 515년에는 비무극마저 처형당했기 때문에 오자서와 백비가 보복할 대상은 이미 세상에 존재하지 않았습니다.

오자서는 평왕의 아들 소왕이라도 잡아 죽이고자 했으나 몽진(蒙塵)을 떠난 뒤였기 때문에 평왕의 무덤을 파헤쳐 관을 끌어냈습니다. 그리고 17년 동안 품고 있었던 한을 뿜어내며 혼신의 힘을 다해 평왕의 시신을 채찍으로 내리치고 또 내리쳤습니다. 그렇게 자그마치 300번을 매질하는 동안 평왕의 주검은 피와 살점이 엉겨서 진득거렸고 힘주어 후려칠 때마다 그 파편들이 오자서의 얼굴에 튀었습니다. 그렇게 온 사방에 유혈이 낭자하여 차마 눈 뜨고 볼 수 없는 광경이 연출되었습니다. 산에 피신해 있다가 이 소식을 전해들은 오자서의 옛 친구 신포서는 섬기던 군주의 시신을 훼손하여 욕보인 행동은 천리를 거스른 만행이니 오자서에게 반드시 천벌이 내릴 것이라고 인편을 통해 비난하고 진(秦)나라에 원조를 요청하기 위해 떠났던 것입니다. 신포서의 말을 전해들은 오자서는 "날(日)은 저물어(暮) 가는데 갈 길(途)이 멀어서(遠) 다급한 마음에 도리에 어긋난 행동을 할 수밖에 없었다"라고 변론했습니다. 여기에서 유래한 성어가 일모도원(日暮途遠)입니다. 대개 할 일은 많지만 시간이 없음을 비유하는 말로 쓰입니다. 오자서에게 궁극적으로 가야 할 길은 무엇이었을까요? 그것은 초나라의 멸망을 지켜보는 것이었습니다. 부관참시하듯 평왕에게 복수를 했지만 아직 성이 차지 않았던 오자서는 평왕의 아들 소왕을 죽이고 더 나아가 초나라를 멸해야 모든 한을 풀 수 있었습니다.

충직한 신포서의 노력으로 초나라는 멸망은 면했지만 더 이상 예전의 초강대국은 아니었습니다. 제나라에서 진나라 그리고 초나라로 패자의 왕관이 이어진 것처럼 이제 새로운 패자 합려에게 그 왕관을 넘기고 빛나는 주연의 자리까지 양보해야 하는 날이 온 것입니다.

오나라의 합려는 손무와 오자서라는 양 날개를 단 호랑이가 되어 춘추 말기를 포효하며 열국을 떨게 만드는 패자가 되었습니다. 그런데 불공대천(不共戴天)의 원수이자 오랜 숙적이었던 월나라 왕 윤상이 기원전 497년에 죽고 그 아들 구천(句踐)이 뒤를 이으면서 새로운 국면에 접어들게 됩니다. 합려는 월나라가 국상을 치르는 틈을 타서 맹공을 퍼부어 월나라를 멸망시킬 계획을 세웠습니다. 초나라 멸망이라는 꿈을 좌절시킨 10년 전의 원한을 풀기 위해 손무의 반대에도 불구하고 기원전 496년 월나라로 쳐들어갔습니다. 그러나 합려는 지속된 승리에 도취되어 어느 순간부터 자만에 빠져 적을 우습게 여기다가 불의의 일격을 당하게 됩니다.

합려는 취리(檇李)[35]에서 구천의 군대와 맞서게 되는데 월나라의 천재 전략가 범려(范蠡)는 사형수 300여 명을 뽑아 오나라 군사가 보는 앞에서 차례로 목을 베어 자결하도록 하는 엽기적인 계책을 썼습니다. 그 장면을 보고 오나라 군사들은 경악하면서 기가 꺾여 전의를 상실했습니다. 그렇게 오나라 군이 망연자실하며 넋을 놓고 구경하던 틈을 타 월나라 군이 급습하여 대승을 거두었습니다. 합려는 이 전투에서 손가락과 발가락[36]에 화살을 맞아 부상을 입고 그 후유증과 패배에 대한 정신적인 충격으로 아들 부차에게 복수를 부탁하고 얼마 못 가서 눈을 감았습니다. 19년의 즉위 기간 동안 남방의 초나라와 중원의 강대국을 연이어 꺾으며 천하를 호령했던 패자 합려의 시대가 기원전 496년에 허망하게 막을 내렸습니

---

35 휴리(檇李)라고도 한다.
36 손가락 부상이라고도 전하는데 특정한 부위가 아니었던 것으로 보는 것이 타당하다.

다. 그 아쉬움을 달래기라도 하듯이 장례 사흘째 되는 날에 백호가 나타나 그의 무덤 위에 꿇어앉았다는 전설로 인해 그곳을 호랑이 언덕, 곧 호구(虎丘)라 부르고 있습니다.

한편 부차는 아버지의 유지를 받들기 위해 삼년상을 치르는 동안 장작더미(薪)에 누워서(臥) 잠을 청하는 와신(臥薪)의 생활을 하며 복수심을 불태웠습니다. 하루라도 초심을 잃지 않기 위해 침실에 들어설 때마다 신하들에게 "부차야! 아버지의 원수를 잊었느냐!"라고 외치도록 했습니다. 그러면서 오자서를 상국(相國)으로, 백비를 태재로 삼아 월나라를 공격할 만반의 준비를 하였습니다. 이 소문을 들은 월나라 구천은 후환을 없애기 위해 대부 범려의 만류에도 불구하고 기원전 494년에 부차를 우습게 보고 선제공격을 하다가 대패했습니다. 부차는 파죽지세로 월나라 군사를 포위시킨 후 궤멸시켰습니다. 살아남은 부하 5천을 데리고 회계산(會稽山)으로 도망친 구천은 오나라 군사들에게 겹겹이 포위되자 부인을 죽이고 최후의 결전을 벌이기로 결심했습니다. 그때 대신 문종(文種)이 이르기를 과거 탕왕과 문왕은 각각 하대와 유리에 감금되었고 소백은 거나라로 망명하고 문공은 적 땅으로 달아났지만 고난의 시간을 견뎌 끝내 왕과 제후가 될 수 있었다고 설명했습니다. 이를 타산지석 삼아 백비에게 뇌물을 주어 우선 목숨을 건진 후 후일을 도모하자고 구천을 설득했습니다. 구천은 그 뜻을 수용하고 백비에게 금은보화를 보냈고, 백비는 뇌물을 받고 부차에게 구천을 살려줄 것을 권유했습니다. 승리에 한껏 도취된 부차는 아버지의 원수를 갚겠다던 다짐을 잊고 결국 오자서의 거센 반대에도 불구하고 구천이 오나라에 와서 속죄할 것을 조건으로 살려주었습니다.

구천은 얼마 후[37] 문종에게 나라를 지키게 하고 범려와 함께 오나라로 갔습니다. 구천은 죄수복을 입고 노예 생활을 하며 합려의 묘지기 일을 보고 왕후와 함께 삭발까지 당하는 치욕을 견뎌야 했습니다. 그리고 부차가 외출을 할 때면 범려를 밟고 수레를 탔는데, 그 말고삐를 잡는 것 또한 구천의 일이었습니다.

한편 월나라에 남아 국정을 돌봤던 문종은 백비에게 지속적으로 미녀와 금은보화를 보내어 구천을 월나라로 돌려보내도록 진언해 달라고 간청했습니다. 자신의 종노릇하면서 구천이 진심으로 속죄했다고 생각한 부차는 이번에도 오자서의 반대를 무릅쓰고 백비의 말에 따라 기원전 491년 구천을 월나라로 돌려보냈습니다. 백비의 도움으로 월나라로 돌아온 구천은 기필코 원수를 갚을 것을 맹세하고 회계의 치욕을 잊지 않기 위해 도읍을 제기(諸曁)에서 회계로 옮겼습니다. 그리고 무명옷을 입고 고기반찬 없이 잡곡만 먹었다고 전합니다. 과거 부차가 그랬던 것처럼 돗자리 대신 섶나무(薪)에 누워(臥) 잤습니다. 게다가 침실[38]에 쓰디쓴 곰의 쓸개[39]를 달아놓고 눕고 일어날 때마다 그 쓸개(膽)를 혀로 핥으며(嘗) 회계

---

37 즉시 갔다고도 하고 2년 정도 후라고도 한다.
38 식탁이라고도 한다.
39 돼지 쓸개라고도 한다.

산의 치욕을 잊지 않겠다고 매번 다짐했습니다. 무려 20년 가까이 쓸개를 맛보며 복수심을 마음에 새긴 것입니다. 이렇듯 부차의 3년간의 와신(臥薪)과 구천의 18년 정도의 상담(嘗膽) 생활을 합쳐 와신상담(臥薪嘗膽)이라는 고사성어가 완성되었습니다. 이는 원수를 갚거나 마음먹은 일을 이루기 위해 온갖 어려움과 괴로움을 참고 견디는 것을 뜻합니다.

구천은 상담의 기간 동안 정병 육성에 힘쓰고 갖가지 계책을 써서 부국강병을 꾀하였으며 오나라를 멸할 수 있는 모든 방법을 간구했습니다. 때론 부차의 환심을 사서 경계심을 없애기 위해 문종의 미인계 책략에 따라 범려를 시켜 기원전 489년 월나라 최고의 미인인 서시(西施)와 정단(郑旦)을 시서예(詩書禮)와 음주가무에 능하도록 교육한 후 부차에게 바쳤습니다. 서시는 강가에서 빨래하다가 맑은 강물에 얼굴이 비치기라도 하면 물고기(魚)가 그녀의 아름다움에 취해 헤엄치는 것도 잊고 강바닥으로 가라앉았다고(沈) 해서 침어(沈魚)라는 수식어가 붙는 여성이었습니다. 이런 절세미녀 서시와 정단은 일종의 미녀 스파이였던 셈인데, 말희와 달기 그리고 포사와 같은 역할을 해서 부차의 총기를 흐리게 만드는 것이 목적이었습니다. 냉철한 판단과 통찰력을 소유하고 있었던 오자서만이 하나라와 상나라는 각각 말희와 달기로 인해, 서주 또한 포사로 말미암아 멸망했으니 서시를 거절해야 한다고 간언했습니다. 하지만 부차는 더 이상 아버지를 위해 와신을 하던 그날의 부차가 아니었습니다.

　오자서는 부차가 제나라 정벌을 나설 때마다 제나라는 하찮은 위협에 지나지 않지만 월나라는 오나라를 집어삼킬 흉계를 도모하고 있다고 지적했습니다. 당장 제거하지 않으면 병입고황(病入膏肓)처럼 가슴(心)이나 배(腹)에 번져 쉽게 치료할 수 없는 질병(患)인 심복지환(心腹之患)이 될 것이라고 경고했습니다. 특히 오나라가 대외 정벌에 나설 때 그 뒤를 칠 것이 자명하니 반드시 멸해야 한다고 거듭 간언했습니다. 부차와 의견 충돌이 잦아지면서 오자서는 부차의 눈 밖에 나게 되고, 백비의 모함과 참소로 기원전 484년 결국 부차에게 자결을 명받게 됩니다. 대부 피리의 안목이 적중했음을 보여주는 장면입니다. 오자서의 유일한 실수라면 피리의 말을 듣지 않고 사사로운 정에 이끌려 백비의 인물됨을 꿰뚫어 보지 못한 것입니다. 오자서는 오나라가 월나라에 멸망하는 것을 볼 수 있도록 자신의 눈알을 도려내서 동문, 곧 월나라 쪽 성문에 걸어 달라고 당부하고 죽습니다. 부차는 그 말을 듣고 크게 분노해 오자서의 시신을 말가죽으로 만든 술자루인 치이(鴟夷)에 담아 강물에 던져 버렸습니다.

　비록 정적 관계였지만 월나라의 범려는 평소 오자서의 재능과 안목을 높이 샀기 때문에 충신의 비참한 죽음을 애통히 여기며 오자서를 추모하기 위해 나중에 이름까지 치이자피(鴟夷子皮)로 개명했다고 전합니다.

■ 한자와 성어 총정리

• 日 날 일 暮 저물 모 途 길 도 遠 멀 원

日暮途遠
일 모 도 원   날(日)은 저물고(暮) 갈 길(途)은 멀다는(遠) 뜻으로,
할 일은 많지만 시간이 없음을 비유하는 말

• 臥 누울 와 薪 섶나무 신 嘗 맛볼 상 膽 쓸개 담

臥薪嘗膽
와 신 상 담   섶나무(薪) 위에서 잠자고(臥) 쓸개(膽)를 핥는다는
(嘗) 뜻으로, 복수를 위해 인내한 부차의 와신(臥薪)
과 구천의 상담(嘗膽)을 더한 성어. 목적을 달성하
기 위해 어떤 어려움과 괴로움도 참고 견디는 것을
의미

• 心 심장/마음 심 腹 배 복 之 어조사 지 患 근심 환

心腹之患
심 복 지 환   가슴(心)이나 배(腹)에 생긴 병(患)이라는 뜻으로, 쉽
게 치료하기 어려운 질병을 의미

■ 3급 관련 한자 배우기

暮 저물 모 慕 그리워할 모 墓 무덤 묘 患 근심 환

歲 해 세

• 한 해가 끝날 무렵이라는 의미의 2음절 어휘는 무엇일까요?

→ 정답 271쪽

춘추오패 _ 월나라 구천

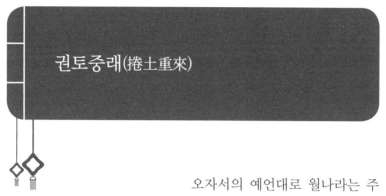

권토중래(捲土重來)

　　　　　　　　　　　　　오자서의 예언대로 월나라는 주
도면밀하게 오나라를 멸망시키기 위한 수순을 밟고 있었습니다.
오자서가 죽기 1년 전인 기원전 485년 오나라의 속국이라고 자청
하던 월나라는 거짓으로 흉년이 들었다고 보고하고 오나라에서 1
만 섬의 곡식을 빌렸습니다. 이때도 오자서만이 결코 빌려주면 안
된다고 맹렬히 반대했으나 아무 소용이 없었습니다. 월나라는 영
악하게도 곡식을 살짝 익혀서 갚았기 때문에 그것으로 씨를 뿌린
오나라 땅에서는 싹이 트지 않아 대기근이 발생해 백성이 기아에
허덕이게 되었습니다. 이것은 흉계에 능한 문종(文種)의 계책이었
는데 오나라에서는 기근의 원인도 정확하게 파악하지 못했습니
다. 월나라가 교언영색하며 신하국 행세를 감쪽같이 연기했기 때
문에 오자서를 제외하고는 그 누구도 복수를 꿈꾸는 월나라의 복

심을 눈치 채지 못했습니다. 이후 오자서의 예견대로 월나라가 오나라의 근간을 송두리째 뒤흔든 사건이 발생합니다.

과거 기원전 494년 월나라에 대승을 거둔 부차는 계속 북진하여 기원전 484년에는 전통의 강국 제나라를 공격해 애릉(艾陵)에서 10만 명의 제나라 군사를 궤멸시키고, 기원전 482년에는 황지(黃池)에서 제후들을 모아 회맹을 주도했습니다. 이것이 부차를 춘추시대 네 번째 패자로 보는 근거가 됩니다. 하지만 이 자리는 패자의 지위를 놓고 진(晉)나라와 옥신각신하였을 뿐, 사실상 구천이 부차가 없는 오나라를 침공하여 태자들을 처형할 수 있는 기회만 제공하였기 때문에 패업을 달성했다고 인정하기에는 무리가 있습니다. 월나라 군의 기습으로 본국의 오나라 군이 패했다는 충격적인 소식을 전해들은 부차는 다급히 귀국해야 했는데 만반의 복수극을 준비해 왔던 월나라의 습격에 본국의 병사들은 이미 속수무책으로 당한 후였습니다. 부차의 군대 역시 먼 길을 달려와서 지친 상태였기 때문에 전쟁을 감행하는 것 자체가 무리수였습니다. 그래서 복수는커녕 비굴하게 예물을 바치면서 화친을 맺는 일에 급급했습니다. 죽은 오자서의 예언처럼 월나라는 역시 심복지환(心腹之患)같은 화근이었던 것입니다. 이 사건으로 인해 제나라를 제압하고 진나라와 맹주 자리를 놓고 대결하던 부차의 권위는 실추되고 그 기세도 하루아침에 추풍낙엽처럼 떨어지고 말았습니다.

승기를 잡은 구천과 범려는 표면적으로는 화친을 맺고 오나라를 완전히 멸할 수 있을 날을 기약하며 후일을 도모했습니다. 마침내 기원전 477년 대대적인 오나라 정벌에 나서게 됩니다. 진(晉)나라와의 오랜 소모전으로 인해 국력이 쇠할 대로 쇠한 오나라였기에 월나라를 막아내기에는 역부족이었습니다. 구천은 승승장구하며 파죽지세로 진군하여 오나라 군을 고소산(姑蘇山)에 몰아넣고 2년 정도 포위했습니다. 기원전 473년 더 이상 버틸 수 없었던 부차는 사신을 보내는데, 부차가 보낸 사신은 웃통을 벗고 무릎으로 기어서 구천을 향해 다가가 부차의 전언을 아뢰었습니다. 회계에서 부차가 구천을 용서해줬던 것처럼 지금 부차의 죄를 구천이 용서해줄 것을 간곡히 애원하는 내용이었습니다. 굴욕적인 자세로 간절하게 강화를 요청했지만 범려가 매몰차게 반대하며 사신을 돌려보냈습니다. 하지만 부차를 가엾게 여긴 구천은 비록 부차의 화친 제안은 거절했지만 회계산 동쪽 작은 용동 땅에 봉해주겠다는 선심을 썼습니다. 패자에서 소읍의 사(士) 같은 초라한 신세로 전락하게 될 자신의 처지를 비통하게 여긴 부차는 생과 사의 갈림길에 섰습니다. 월나라의 복수를 우려하며 언제나 경계해야 한다고 간언했던 충신 오자서의 말을 따르지 않고 간신 백비의 말만 들었던 자신의 어리석음을 자책했습니다. 오자서를 생각하면 할수록 뼈저린 비통함과 한탄이 깊어지고 한편으로는 아무도 곁에 없다는 지독한 외로움이 밀려오자 오자서가 걸었던 길을 따르기로 결심했습니다. 부차는 죽어서도 오자서를 볼 면목이 없다는 통한의 말을 남기고 천으로 눈을 겹겹이 가리고 스스로 목을 베어 다시는 돌아올 수 없는 사(死)의 길로 떠났습니다. 이때 천 대신 소매로 눈을 가렸다는 이야기도 전합니다. 춘추오패에 포함될 수도 있었던 인물이라는 점을 고려한다면 합려와 부차의 죽음은 그 명성에 어울리지 않게 지극히 비참하고 초라해 보입니다.

길고 길었던 오월쟁패는 기원전 473년에 모욕적인 치욕을 견뎌내고 재기에 성공한 구천의 승리로 마무리됩니다. 이는 치욕을 견딜 수 있는 근성만 있다면 황무지와 불모지에서도 얼마든지 다시 성공할 수 있다는 사실을 보여줍니다. 후일을 도모하지 못한 부차의 나약한 의지가 안타깝기도 하지만 구천 역시 회계산에서 모든 것을 포기하고 죽음을 불사했던 점을 감안한다면 결국 삶에서 중요한 것은 치욕을 이겨낼 수 있도록 옆에서 격려해주는 범려와 문종 같은 벗이 있느냐가 권토중래(捲土重來)를 가능하게 하는 결정적인 조건이라고 생각합니다. 만약 손무가 은퇴하여 부차 옆을 떠나지 않았다면 혹은 오자서가 살아서 부차를 옆에서 보필했더라면 역사는 새로운 국면으로 전개되었을지도 모릅니다.

부차와 구천의 이야기에서 살펴본 권토중래는 초나라 항우의 최후에서 유래했습니다.

만당 시인 중에서 작은 두보로 불리는 두목의 〈제오강정(題烏江亭)〉이라는 시에 "수치를 가슴에 안고 참을 줄 알아야 사나이라네. 소용돌이 치듯 흙먼지(土) 말면서(捲) 다시(重) 쳐들어왔다면(來) 결과는 알 수 없었을 것을…"이라는 구절이 있습니다. 이는 서른 한 살의 나이에 창창한 미래를 땅에 묻어 버린 항우에 대한 아쉬움을 노래한 한시입니다. 여기에 나오는 권토(捲土)는 무수한 기마병이 흙먼지를 일으키며 달려오는 모습을 형상화한 것입니다. 돌돌 감아 말다(捲)라는 한자의 기본 뜻을 살려 해석해 보면 그 의미가 더 살아납니다. 돗자리(席)를 만다(捲)는 뜻의 석권(席捲)은 빠른 기세로 영토를 휩쓸거나 세력 범위를 넓힌다는 의미입니다. 이 석권을 권토중래에 적용하여 땅을 돌돌 감아올리는 장면을 연상해 보면 힘을 회복해 강렬한 기세로 쳐들어온다는 의미가 실감나게 느껴질 것입니다. 그러므로 권토중래는 비록 실패하고 또 실패하더라도 포기하지 않고 실력을 키워서 거듭 도전하는 근성의 혼이나 불굴의 정신을 상징합니다. 구천은 권토중래했기에 패자의 나라 오나라를 물리칠 수 있었고 더 나아가 서주(徐州) 땅에서 회맹을 주최할 수 있었습니다. 이때 주나라 천자가 월나라 구천을 패자로 공표했는데, 이는 구천이 자타공인 명실상부한 춘추시대 마지막 패자임을 만방에 선포한 것입니다.

■ 한자와 성어 총정리

• 捲 말 권   土 흙 토   重 거듭 중   來 올 래

捲土重來
권 토 중 래

흙먼지(土)를 일으키며(捲) 다시(重) 돌아옴(來). 권토
(捲土)는 무수한 기마병이 흙먼지를 일으키며 달려
오는 모습을 형상화한 것. 즉 실패하고 실패하더
라도 포기하지 않고 실력을 키워 거듭 도전하는 근
성의 혼이나 불굴의 정신을 상징

■ 3급 관련 한자 배우기

重 무거울 중   卷 책 권   捲 말 권   倦 게으를 권

且 또 차

• 중요하고 크다는 의미를 가진 3음절이나 5음절의 어휘는 무엇일
까요?

→ 정답 271쪽

춘추오패 _ 춘추시대의 폐막

장경오훼(長頸烏喙) 토사구팽(兎死狗烹)
엄이도종(掩耳盜鍾) 칠신탄탄(漆身吞炭)

　　　　　　　　　　합려에게 손무와 오자서가 있었
다면 구천에게는 범려와 문종이 있었습니다. 손무를 제외하고 오
자서, 범려, 문종의 공통점은 초나라 출신이라는 점이 이색적입니
다. 이렇듯 춘추 말기는 초나라 출신 책사들이 초나라가 아닌 오
나라와 월나라에서 천하의 패권을 놓고 다퉜다는 사실이 무척 흥
미롭습니다. 왜냐하면 만약 이런 인재들이 초나라에서 중용되어
초나라를 위해 분투했다면 춘추시대 말의 역사는 완전히 새롭게
재편됐을 가능성이 크기 때문입니다.

　그런데 초나라의 범려와 문종은 왜 고국을 떠나야 했을까요? 범
려는 가난한 집안에서 태어났지만 박학다식하고 재능이 많은 인재
였습니다. 그러나 당시 초나라에서는 귀족이 아니면 출세하기 어
려웠기 때문에 친구 문종과 함께 월나라로 망명하여 구천을 보좌

했습니다. 지금의 관점으로 보면 조국의 배신자라고 낙인찍을 수 있는 일이지만 춘추시대까지만 해도 국가나 민족의 개념이 상대적으로 흐릿했고, 유세객 문화 자체가 자기를 등용한 주군을 위해 그동안 갈고 닦은 재주와 재능을 맘껏 펼치는 것이기에 얼마든지 용인할 수 있는 일이었습니다.

그런데 이 두 명신의 운명은 구천이 패업을 달성한 후 극명히 엇갈립니다. 패자가 된 구천이 언젠가부터 자신을 홀대하자 범려는 구천의 관상을 은밀하게 살펴보았습니다. 구천의 목은 학처럼 길고 입은 새 부리처럼 돌출된 상이었는데, 예부터 학처럼 목(頸)이 길고(長) 까마귀(烏) 부리(喙)처럼 입이 튀어나온 장경오훼(長頸烏喙)의 상과는 고난과 환란은 같이 할 수 있어도 성취의 기쁨을 함께 공유할 수 없다고 전해 왔기 때문에 범려는 구천의 곁을 떠나기로 결심했습니다. 단지 그 이유만은 아니었을 것입니다. 손숙오처럼 통찰력과 선견지명이 있었던 범려였기에 오랜 세월 구천과 동고동락하면서 그의 인물됨을 충분히 판단하고 내린 결정이었다고 보는 게 더 타당합니다.

범려는 기원전 470년 제나라로 가서 치이자피(鴟夷子皮)로 개명한 후 농사를 지어 거부가 되었습니다. 재상의 자리까지 올랐지만 오래도록 높은 벼슬을 하는 것은 상서롭지 못하다는 호구지계(狐丘之戒)의 가르침에 따라 다시 도(陶) 땅으로 몸을 숨겼습니다. 그곳에서 도주(陶朱)로 다시 개명했는데 사람들이 그를 도주공(陶朱公)이라 칭한 것으로 보면 그곳에서도 그의 비범함은 숨길 수가 없었던 것 같습니다. 범려는 도 땅에서 상업으로 거부가 되었다고 사마천은 전하고 있는데, 여기에서 도주지부(陶朱之富)란 말이 유래했습니다. 말 그대로 도주공(陶朱)의(之) 부(富)란 뜻인데, 매우 큰 부를 일컬을 때 주로 쓰입니다. 이는 곧 갑부와 같은 개념입니다.

범려와 함께 전문적인 훈련을 받은 원조 미녀 스파이 서시 역시 월나라를 떠나 행복하게 살았다는 이야기가 전해지는데, 이는 해피엔딩을 꿈꾸는 사람들이 만들어낸 가상의 이야기일 가능성이 큽니다.

한편 월나라를 떠나기 전 범려는 친구 문종의 안위가 걱정되어 "교활한 토끼가 죽어서 사냥이 끝나면 잘 달리던 충성스런 사냥개는 삶아 먹힌다"라는 내용이 적힌 편지를 보내서 속히 월나라를 떠날 것을 권하였습니다. 하지만 문종은 그동안의 고생을 영화로운 삶으로 보상받고 싶었기에 그 뜻을 받아들이지 않았고, 결국 기원전 469년 반역의 뜻이 있다는 간신의 참소로 인해 구천에게 자결을 명받게 되었습니다. 이 문종의 죽음에서 유래한 토사구팽(兔死狗烹)은 토끼(兔)가 죽으면(死) 사냥개(狗)는 잡혀서 삶아진다(烹)는 뜻인데, 이는 목적을 달성하고 나면 그 목적에 이용된 사람이나 도구가 버려진다는 의미입니다. 보통 유방 및 한신과 관련한 성어로 알려져 있지만 토사구팽의 원조는 바로 구천과 범려 그리고 문종입니다. 손숙오나 범려처럼 공이 지나치게 높으면 도리어 위태롭고 위험할 수 있다는 호구지계의 가르침을 문종이 마음에 새기고 있었다면 토사구팽으로 허망하게 삶을 마감하지 않았을 것입니다.

지금까지 순자(荀子)의 견해에 입각해서 제나라 환공, 진나라 문공, 초나라 장왕, 오나라 합려, 월나라 구천에 이르기까지 300년이 넘는 춘추시대를 춘추오패의 발자취로 조망해 보았습니다. 이젠 춘추시대를 보내고 전국시대를 맞이할 차례입니다.

그런데 춘추시대와 전국시대를 가르는 획기적인 사건이 있습니다. 앞에서 진(晉)나라 평공 후반기의 치세는 백성들의 형편을 돌보지 않아 민심이 한(韓)·위(魏)·조(趙) 삼가(三家)로 넘어가는 계기가 되었고, 이는 춘추시대의 막을 내리는 도화선이 되었다고 언급한 적이 있었습니다. 당시의 상황을 좀 더 자세히 알아보면, 춘추 말기에는 중원의 강국인 진나라가 날로 쇠약해지고 제후의 권력마저 잃게 되자 조정의 실권을 제후가 아닌 세력 있는 여섯 가문, 즉 범씨(范氏)·중행씨(中行氏)·지씨(智氏)·한씨(韓氏)·위씨(魏氏)·조씨(趙氏)가 장악하고 있었습니다. 이들을 소위 육경(六卿)이라고 부르는데, 권력투쟁 과정에서 가장 강력하고 야심이 컸던 지씨를 필두로 한씨와 위씨 그리고 조씨 가문만이 남게 되었습니다. 그러다 기원전 453년에 한·위·조 삼가는 연합하여 가장 강대한 지씨를 제거하면서 거대한 지씨의 땅을 나누어 가지게 되었습니다. 이것이 바로 한·위·조 삼가가 진(晉)나라를 삼분(三分)했다는 삼가분진

(三家分晉)의 전말입니다.

일찍이 노(魯)나라에서도 이러한 하극상을 찾아볼 수 있었고 춘추시대 후반에 들어서 쉽게 볼 수 있는 현상인데, 50년 후 이 사건은 더욱 특별해집니다. 기원전 403년 주나라 천자가 한·위·조 삼가의 회유와 압박에 못 이겨 그들을 정식 제후로 승인해 이들은 완전히 독립된 삼국으로 자립하게 됐습니다. 그리고 기원전 376년에는 한·위·조 삼진(三晉)이 진나라 정공(靖公)을 폐위하면서 한때 전통의 강대국이자 중원의 패자이기도 했던 진나라가 역사의 뒤안길로 사라지게 되는 사건이 발생했습니다. 이 시점이 전국시대의 출발점인데, 앞에서 밝혔듯이 유향이 저술한《전국책》에서 기원전 403년의 충격적인 사건을 시작으로 기원전 222년까지를 주로 다루고 있기에 책명을 따서 전국시대라고 부릅니다.

육경의 권력투쟁부터 삼가분진의 과정에서 만들어진 성어 하나를 살펴보겠습니다. 지씨 중심의 사가(四家) 연합군에 의해 범씨 집안이 망하자 그 혼란을 틈타 범씨 집안에 대대로 내려오는 유명한 종을 훔치려는 자가 있었습니다. 그런데 종이 너무 무거워 들고 갈 수 없자 종을 깨뜨려 조각으로 옮기려고 망치로 종을 세게 내리쳤습니다. 순간 천지가 진동하는 소리가 울려 퍼졌는데 깜짝 놀란 도둑은 자신의 귀를 꽉 막았습니다. 자기 귀에만 들리지 않으면 다른 사람들 역시 듣지 못할 것으로 생각했기 때문입니다. 여기에서 귀(耳)를 막고(掩) 종(鐘)을 훔친다(盜)는 의미의 엄이도종(掩

耳盜鐘)이 유래했습니다. 종(鐘) 대신 방울(鈴)을 써서 엄이도령(掩耳盜鈴)이라고도 합니다. 모든 사람이 그 잘못을 다 알고 있는데도 얕은꾀를 써서 남을 속이려 하거나, 잘못을 하고도 남의 비판이나 지적을 듣고 싶어 하지 않음을 이를 때 인용되는 성어입니다.

이어서 지씨와 관련한 성어 하나를 더 알아보겠습니다. 지씨의 우두머리 지요(知瑤)[40]는 조씨의 종주인 조무휼(趙無恤)[41]과 그 집안을 멸족 직전까지 몰아갔다가 오히려 기원전 453년 한(韓)·위(魏)·조(趙) 연합군에 의해 멸망하게 되었고 조무휼은 지요의 두개골을 요강으로[42] 만들어서 쌓인 원한을 풀었습니다. 지요가 죽자 그의 가신 예양(豫讓)의 활약상이 시작되었습니다. 선비는 자기를 알아주는 이를 위해 목숨을 바친다는 명언을 남긴 예양은 원래 범씨와 중행씨의 신하였는데 그들이 자신을 홀대하자 지요의 신하가 되어 국사(國士)[43]의 대우를 받던 인물이었습니다. 주인의 두개골이 변기로 사용된다는 소식에 격분한 예양은 조무휼을 암살해서 지요의 원수를 갚고자 했습니다. 예양은 미장이로 변장해 변소의 칠을 하면서 조무휼을 죽일 기회만을 엿보고 있었는데 눈치 빠른 조무휼에게 그만 발각되고 말았습니다. 그런데 뜻밖에도 조무휼은 자신을 죽이려고 했던 예양을 살려줬습니다. 자신을 국사(國士)로 대접한 지백의 은혜에 보답하고자 원수를 갚는다는 예양의 말을 들

---

40 대개 지백(知伯) 혹은 지백(智伯)이라고 한다.
41 시호인 조양자(趙襄子)로 더 알려져 있다.
42 술잔이라고도 한다.
43 국사 : 제후들은 자신을 위협하는 공경대부(公卿大夫) 대신 사계급이나 서민 중에서 뛰어난 인재를 선발하여 물심양면으로 극진히 우대했는데 그렇게 선택받은 사람들이 바로 국사(國士)이다.

은 조무휼이 그를 충신으로 여겨 훈방한 것입니다. 조무휼과 그 측근에게 얼굴이 알려져 복수가 어렵게 된 예양은 숯을 삼켜서 목소리를 바꾸고 온몸에 옻칠을 해서 나병 환자로 변장하는 기상천외한 고육지계를 생각해 냈습니다. 완벽한 위장이 끝나자 그 아내조차 그를 알아보지 못하게 되었습니다. 어느 날 예양은 조무휼을 암살하려고 다리 밑에서 그 행차를 기다리고 있었는데 또다시 발각되어 붙잡히게 되었습니다. 더는 봐줄 수 없었던 조무휼은 예양을 죽이라고 명령했습니다. 그런데 예양은 조무휼에게 입던 옷을 벗어달라고 간청한 후 그 옷을 받아서 칼로 세 번 내리쳤습니다. 그러고는 이제야 지백을 만나서 원수를 갚았다고 아뢸 수 있을 것 같다고 말한 후에 스스로 목숨을 끊었습니다. 구천이 부차의 신하를 자청한 후 복수했던 것처럼 예양도 얼마든지 조무휼을 섬기는 척하다가 원수를 갚을 수도 있었지만 두 마음을 품고 주군을 섬기다가 배신하는 교활한 방법을 부끄럽게 여겼던 예양은 그렇게 자신만의 정공법을 선택한 것이었습니다. 몸(身)에 옻칠(漆)을 하고 숯(炭)을 먹으며(呑) 아무도 자신을 알아볼 수 없도록 만들어서 복수를 준비한다는 칠신탄탄(漆身呑炭)이 여기에서 유래한 것인데 와신상담(臥薪嘗膽)과 고육지계(苦肉之計)를 결합한 처절한 복수방법이라고 할 수 있습니다.

■ 한자와 성어 총정리

- 長 길 장　頸 목 경　烏 까마귀 오　喙 부리 훼

  長頸烏喙
  장 경 오 훼
  목(頸)이 길고(長) 입이 까마귀(烏) 부리(喙) 같이 뾰족한 얼굴의 관상으로, 어려운 시절은 함께할 수 있어도 즐거움은 같이 누릴 수 없는 인물을 의미

- 兎 토끼 토　死 죽을 사　狗 개 구　烹 삶을 팽

  兎死狗烹
  토 사 구 팽
  토끼(兎)가 죽으면(死) 토끼를 잡던 개(狗)를 삶아(烹) 먹는다는 뜻. 곧 필요할 때는 요긴하게 쓰다가 쓸모가 없어지면 버린다는 것을 의미

- 掩 가릴 엄　耳 귀 이　盜 도둑 도　鐘 쇠북 종

  掩耳盜鐘
  엄 이 도 종
  도둑이 귀(耳)를 가리고(掩) 종(鐘)을 훔친다는(盜) 뜻으로, 나쁜 일을 하고도 다른 사람의 비난을 듣기 싫어한다는 의미

- 漆 옻칠할 칠　身 몸 신　呑 삼킬 탄　炭 숯 탄

  漆身呑炭
  칠 신 탄 탄
  몸(身)에 칠(漆)을 하고 숯(炭)을 삼키면서(呑) 복수에 성공하기 위해 기회를 엿보는 고육지책

■ 3급 관련 한자 배우기

長 길 장　烏 까마귀 오　嗚 탄식할 오　歹 부서진 뼈 알

死 죽을 사

- 이집트 신화에 나오는 영원히 죽지 않는다는 전설의 새와 같이, 어떠한 어려움이나 고난에 빠져도 굴하지 않고 이겨 내는 사람을 비유적으로 이르는 말은 무엇일까요?

→ 정답 271쪽

24강 전국시대 개관 _ 봉건제의 와해

삼가분진(三家分晉)

　　　　　　주나라의 종법제도(宗法制度)를 중심으로 삼가분진(三家分晉)의 의미를 정리하고 그것이 전국시대에 미친 영향에 대해 살펴보면 춘추시대와 달라진 전국시대의 정치·사회적인 특징들을 알 수 있습니다. 종법(宗法)이란 조상이 같은 집안이 준수하여야 하는 규칙을 의미하는데, 가장 핵심적인 원칙은 본처가 낳은 맏아들인 적장자에게 계승권이 주어진다는 것입니다. 이 종법제도는 주나라의 주공 단이 만들어 보급했는데 권력 계승과 관련한 분쟁과 갈등을 미연에 방지하기 위해 계승권자를 미리 정해 놓은 제도라고 할 수 있습니다. 상나라의 제후국에 불과하던 서쪽의 주족이 상나라를 멸하고 중원의 새로운 천자가 되었기 때문에 주공 단의 입장에서는 주족 역시 또 다른 역성혁명의 희생자가 될 수 있다고 우려해 하극상을 통제하기 위한 예방책으로 고안했습니다.

이 종법제도는 대종(大宗)과 소종(小宗)으로 이루어져 있는데, 혈통을 대대로 이어 가는 적장자는 대종의 지위를 누릴 수 있고, 나머지 아들들은 소종이 되어 적장자인 대종을 받들어야 한다는 것이 봉건제의 근간을 이루고 있습니다. 좀 더 자세하게 설명하면, 주나라 지배층의 신분 구조는 천자 – 제후 – 경대부 – 사를 기본으로 구성되어 있습니다. 여기서 천자는 왕을 지칭하고, 제후는 공을 가리킵니다. 주나라는 천자의 나라이기 때문에 주나라의 군주는 왕이라고 칭해야 하고, 제나라와 진나라 같은 제후국의 군주는 환공이나 문공처럼 공이라는 칭호를 써야 했습니다. 왕과 제후의 관계는 주 왕실을 예로 들어 살펴보겠습니다. 주나라 무왕에게는 세 아들이 있었는데 첫째 아들 희송(姬誦)이 적장자였기 때문에 무왕의 뒤를 이어 성왕으로 등극할 수 있었습니다. 이때 왕이 될 수 있는 적장자 성왕이 바로 대종입니다. 반면 왕이 될 수 없는 나머지 아들들은 제후의 신분을 부여받아 대종인 성왕을 섬겨야 하는 소종이 됩니다.

제후와 경부대의 관계는 제후국인 진(晉)나라를 예로 들어 살펴보겠습니다. 성왕의 막내 동생 희우(姬虞)는 항렬이 세 번째라서 이름 우(虞) 앞에 숙(叔)을 붙여 숙우(叔虞)라고 불리는데, 큰형 성왕에게 당(唐) 지역의 땅을 하사받았기 때문에 보통 당숙우(唐叔虞)라고도 합니다. 그런데 당숙우의 아들인 섭부(燮父)가 당공의 자리에 올랐을 때 도읍을 진수(晉水)로 옮기면서 국호를 진(晉)으로 바꾸어 진 공이 되었습니다. 여기서 당숙우의 아들인 섭부는 적장자의 자격 으로 대종의 지위에 오르게 되고 나머지 아들들은 제후가 될 수 없는 소종이 되어 그 아래 신분인 경대부나 사의 신분을 부여받게 됩니다.

마찬가지로 경대부의 적장자는 대종의 지위를 얻어 경대부를 이어받게 되고, 그 나머지 형제들은 소종이 되어 그 아래 신분인 사가 됩니다. 사는 가장 하층 귀족으로 경대부의 가신이거나 제후 의 말단 신하에 해당하는데, 당시의 사는 문사(文士)뿐만 아니라 전 문직 군인이라고 할 수 있는 무사(武士)까지 포함하는 개념이었습 니다. 이후 전국시대에 이르러 사의 무계중심이 무사에서 문사로 넘어가게 되면서 무사의 의미는 점차 사라지게 됩니다. 그리고 봉 건제도의 붕괴로 경대부의 개념 또한 차츰 사라지는데 전국시대에 이르면 사가 권력의 중심에서 제후의 측근으로 활약합니다. 급기 야 한나라 때부터는 대부 앞에 사가 붙어 사대부(士大夫)라는 용어 까지 유행합니다. 그 후 통상적으로 사는 독서에 힘쓰는 학자를, 대부는 정치에 능한 관리를 의미하게 되면서 학자 출신의 관리를 사대부로 부르게 된 것입니다. 이들 사대부가 은퇴하면 덕스러운 인품과 빼어난 학문적 깊이를 칭송하여 사군자(士君子)라고 불리는 데, 현직에 있을 때는 정치적인 역량을 마음껏 발휘하고 은퇴 후 에는 학자나 문화 예술인으로서 각종 창작 활동에 전념했습니다.

조선시대 시가 문학의 주된 담당층이 사대부였던 이유도 이러한 맥락에서 이해할 수 있습니다.

　대부와 사의 관계를 정리하면서 함께 짚고 넘어가야 할 것이 경대부의 개념입니다. 보통 경과 대부를 묶어서 경대부로 언급하는데, 경과 대부는 재력과 세력으로 판가름됩니다. 곧 강력한 권세와 넓은 영토 그리고 많은 가신과 재력을 지닌 귀족은 경이 되고, 모든 면에서 상대적으로 약소하다면 대부가 됩니다. 그래서 최상위 상급자 대부를 일반적으로 상대부(上大夫)라고 하는데 이는 곧 경과 같은 급이 됩니다. 참고로 공자의 죽기 전 공식적인 신분은 하대부(下大夫)였으니 상위 무사 계급 정도에 해당합니다.

　정리하자면 왕은 절대적인 대종인 반면에, 공경대부는 상대에 따라 대종과 소종이 되는 야누스적인 지위라고 할 수 있습니다. 즉 제후는 왕에 대하여 소종이 되지만 경·대부·사를 상대로 대종이 되는 것이고, 마찬가지로 경은 제후를 보필해야 하는 소종이지만 대부·사 위에 있는 대종입니다. 대부와 사의 관계도 마찬가지입니다. 거꾸로 말하면 소종인 사는 대종인 대부에게, 소종인 대부는 대종인 경에게, 소종인 경은 대종인 공에게, 소종인 공은 대종인 왕에게 충성을 맹세하고 평생 섬기는 것이 종법제도의 핵심입니다. 이 종법제도를 토대로 주나라는 신분 체제의 균열이나 전복 없이 정치·사회·경제 질서를 안정적으로 유지해 나갈 수 있었습니다.

이러한 개념을 바탕으로 삼가분진 사건을 다시 한 번 살펴보겠습니다. 한·위·조 삼가(三家)는 경의 지위에 있었기 때문에, 대종인 제후를 보필해야 하는 소종이었습니다. 다시 말하면 대종인 진나라 제후에게 충성을 맹세한 신하인 것입니다. 그런데 이들이 기원전 453년 진나라 애공 때 권력 투쟁으로 진나라 지백의 영토를 삼분하고 독자적인 세력으로 활동하면서 진나라 애공을 대종으로 받드는 소종의 책무를 거부하였습니다. 급기야 기원전 403년에는 천자를 회유하고 압박해서 결국 경이 아닌 제후로서 승인받게 되는데, 이는 하극상으로 한·위·조 삼가(三家)가 진(晉)나라처럼 한·위·조 삼국(三國)으로 인정받은 역사적인 사건입니다. 그리고 더 나아가 기원전 376년에는 한·위·조 삼국이 진나라의 정공(靖公)을 폐위시키면서 진나라를 멸망시켜 역사의 뒤안길로 사라지게 했습니다.

　그러므로 기원전 403년에 한·위·조 삼가의 하극상이 공식화된 사건은 종법제도를 바탕으로 세워진 봉건제에 직격탄을 날리며 봉건제의 와해 및 해체를 선포하는 신호탄이 되었습니다. 왜냐하면 하극상이 공인되면서 삼가가 삼국으로 인정받는 현장을 온 천하가 목격하게 되어 이제 강력한 사는 언제든 힘을 키워 대부를 범할 수 있고, 대부 역시 경을, 경 역시 제후를, 제후 또한 역량이 된다면 얼마든지 왕의 자리에 오를 수 있다는 의식을 싹틔웠기 때문입니다. 그러므로 삼가분진과 그를 공식적으로 승인한 사건은 대종·소종을 근간으로 하는 봉건제도의 종언을 선언하는 것이었습니다. 소종은 대종을 떠받들어야 하는 종속의 존재가 아니라 막강한 힘을 키워서 궁극의 대종 자리에까지 오르는 가교의 개념이라는 의식이 확산되었습니다. 이에 봉건체제 하에서 더 이상 소종의 도리를 이행하려고 하는 자는 줄어들고 어떻게든 군사적인 역량을 키워 신분 상승을 꾀하는 데만 힘쓰게 되는 시대가 도래했습니다.

한마디로 요약하면 삼가분진은 전국시대의 성격을 규정짓는 단초가 되는 사건이자 축소판이라고 말할 수 있습니다. 왜냐하면 삼가가 진나라를 삼분하고 스스로 제후국임을 표방하면서 주 왕실에 의해 공식적으로 제후의 지위를 얻고 진나라마저 멸망시킨 과정은 전국시대의 모형이자 흐름이기 때문입니다. 곧 삼가가 스스로를 삼경(三卿)이 아닌 삼공(三公)이라고 내세우다가 진나라를 폐망시킨 것처럼, 여러 제후국 역시 자신을 공이 아닌 왕이라고 칭하면서 소종의 도리를 저버리고 얼마든지 주 왕실을 멸망시킬 수 있다는 점에서 삼가분진은 전국시대의 청사진이라고 할 수 있습니다. 즉 삼가분진에서 소종이었던 한·위·조 삼가는 전국시대의 제후국에 비유되고, 대종이었던 진(晉)나라는 곧 주나라에 대응되는 것이기 때문에 머지않아 주 왕실이 진(晉)나라처럼 멸망하게 될 것은 명약관화했습니다. 실제로 기원전 221년 진시황의 진(秦)나라가 춘추전국시대를 통일하기도 전에 이미 주 왕실처럼 왕을 칭하며 독자적으로 활동하다가 기원전 256년에 주나라를 멸망시켰습니다. 이렇듯 삼국(三國)이 진(晉)나라를 멸망시킨 것은 후에 진(秦)나라가 주나라를 폐위시키는 사건의 복선인 것입니다.

　그럼 전국시대와 춘추시대는 결정적으로 어떤 차이가 있을까요? 우선 전국시대는 춘추시대의 존왕양이(尊王攘夷)와 계절존망(繼絕存亡)과 같은 통치 질서나 시대정신이 완전히 무너지고 사라진 시기입니다. 강력한 힘을 가진 자가 하극상으로 천자의 자리까지 오를 수 있는 시대로 접어들었기 때문에 존왕양이를 실천하는 제후는 더 이상 찾아보기 어려웠습니다. 힘이 강한 제후는 힘이 약한 제후를 폐위시키고 그렇게 정복한 나라를 병합해 가면서 끝까지 살아남는 유일한 나라가 되어야 했기 때문에 계절존망의 정신을 구현하는 것 역시 기대할 수 없었습니다. 말 그대로 약육강식의 시대로 접어든 것인데, 마지막 남은 일국(一國)으로 천자의 자리에 오르기 위해서는 대외적으로 군사력에 의한 세력 확장을 꾀하는 군국주의(軍國主義) 정책을 추진해야 했습니다. 대내적으로는 나라 안의 하극상을 제어하기 위해 경대부들의 세력을 견제하는 데 정신을 집중해야 했습니다. 모든 나라(國)가 상하좌우 닥치는 대로 물고 뜯는 전쟁(戰)의 소용돌이 속으로 휘말려 들어가고 있었기 때문에 말 그대로 전국시대(戰國時代)가 된 것입니다. 제후들은 자신에게 위협이 될 수 있는 경대부보다는 사나 평민 출신의 인재들을 과감히 등용하여 세력 확장에 만전을 기할 수밖에 없었습니다. 이것이 바로 사가 역사적으로 영향력 있는 통치 세력으로 급부상하게 된 배경입니다. 행정적 차원에서는 끊임없는 정복 전쟁의 결과로 증가하는 현(縣)을 효율적으로 관리하기 위해 군(郡)이라는 상위 행정 조직을 두어 십여 개의 현을 하나의 군으로 묶어 통치하는 군현제(郡縣制) 방식을 채택했습니다. 춘추시대 초나라에서 시작된 멸국치현(滅國治縣)의 현(縣)제도가 전국시대에 가속화 되면서 군현제로 자리 잡았기 때문에 그 여파로 지방의 자율적인 통치를 보장해주던 봉건제가 무너졌습니다. 곧 춘추시대의 봉지는 제후의 소유였으나 전국시대에는 봉건제가 무너지면서 모든 토지가 정복 군주의 소유가 되었습니다. 그로 인해 중앙에서 지방관을 파견하여 현과 군을 직접 다스리는 중앙집권적인 지방행정제도가 출현하였습니다.

■ 한자와 성어 총정리

• 三 석 삼 家 집 가 分 나눌 분 晉 진나라 진

三家分晉
삼 가 분 진
한 · 위 · 조 삼가(三家)가 진(晉)의 지씨 일족을 멸하
고 그 땅을 나누어(分) 차지한 후, 주 천자에게 제후
로 승인받은 사건. 삼가가 삼국(三國)으로 인정받은
이 사건은 종법제도를 바탕으로 세워진 봉건제의
와해 및 해체를 알리는 신호탄이 됨

■ 3급 관련 한자 배우기

分 나눌 분 粉 가루 분 紛 어지러울 분 貝 조개/돈 패

貧 가난할 빈 身 몸 신

• 개인의 사회적인 위치나 계급 혹은 사회관계를 구성하는 서열을
뜻하는 어휘는 무엇일까요?

→ 정답 271쪽

전국시대 _ 한나라의 멸망

수주대토(守株待兎)

춘추시대 초기 주 왕실로부터 봉해진 대부분의 제후국은 전국시대에 들어 강력한 나라들에 병합되었고 궁극에는 소수의 강대국만 남게 되었습니다. 춘추시대 말에 존재했던 14개 정도의 나라는 전국시대에도 대부분 존재하는데 상대적으로 약소국이었던 노(魯)·송(宋)·위(衛)·월(越)·추(鄒)·설(薛)·파(巴)·촉(蜀)을 제외한 일곱 개의 강대국을 전국칠웅(戰國七雄)이라고 부릅니다.

춘추오패의 다섯 나라에서 오나라와 월나라를 제외하고 소공석이 봉지로 받았던 연(燕)나라를 추가해 더욱 연장시키면 전국칠웅이 됩니다. 다시 말하면 환공의 제(齊)나라, 문공의 진(晉)나라, 장왕의 초(楚)나라, 합려와 부차의 오(吳)나라, 구천의 월(越)나라를 중심으로 목공의 진(秦)나라와 양공의 송(宋)나라 등이 춘추오패에 들어갈 수 있는데 이 중에서 기원전 473년 월나라에 멸망한 오나라와 기원전 306년 초나라에 멸망한 월나라는 제외됩니다. 그리고 상나라의 후예인 송나라는 칭왕을 하며 양공 시절의 부흥을 기대했으나 기원전 286년 초·제·위 연합군에 의해 멸망하기까지 흥망성쇠를 거듭했을 뿐 눈에 띌 만한 두드러진 성과를 남기지 못해서 전국칠웅에 꼽히지 못합니다. 문공의 진(晉)나라는 한·위·조 삼진으로 삼분되었으니, 이를 종합해서 정리한다면 서방 목공의 진(秦)나라, 남방 장왕의 초나라, 진(晉)나라를 모태로 한 한·위·조 삼진(三晉), 환공의 제나라 그리고 새로 추가된 연나라가 바로 전국칠웅에 속합니다.

이러한 전국칠웅 중의 하나인 진(秦)나라가 춘추전국시대를 통일했다는 것은 잘 아실 것입니다. 전국시대의 성어는 진나라에 가장 먼저 멸망한 나라부터 순서대로 알아보겠습니다. 그 과정에서 전국시대를 보다 통시적이고 입체적으로 읽어낼 수 있을 것입니다. 과연 전국칠웅 중에서 진나라의 첫 번째 희생양이 된 나라는 어느 나라일까요? 흥미롭게도 삼진(三晉)이 그 주인공입니다. 삼진 중에서도 기원전 230년 한(韓)나라가 맨 처음 진나라에 항복했습니다. 제(齊)나라 위왕(威王)과 위(魏)나라 혜왕(惠王)이 기원전 344년 칭왕을 시작하고 기원전 323년 조나라와 더불어 한나라 선혜왕 역시 칭왕을 하며 강국으로의 도약을 꾀하였지만 여의치 않았고 멸망하고 말았습니다. 한나라는 전국칠웅 가운데서도 가장 약체였기 때문에 천하통일을 꿈꾸던 진나라가 6국을 멸망시키기 위해서는 힘이 약한 한나라부터 먼저 정복하는 것이 상식적인 판단이었습니다.

그런데 진나라가 한나라를 선택한 이유는 따로 있었습니다. 한나라의 폐망을 언제나 우려했던 한나라 공자 한비(韓非)는 순자(荀子)의 문하에서 공부했는데, 스승과는 정반대의 길을 걸어 법가 학파를 대표하는 인물이 되었습니다. 그는 사념적이고 비현실적인 유가 및 묵가 학설에 반대하면서 법가 사상을 집대성하여 법가의 이상을 토대로 나라를 부강하게 만드는 비책을 담은《한비자(韓非子)》를 저술한 것으로도 유명합니다. 비록 말더듬이였으나 학문에 뛰어나서, 법가를 하나의 사상 체계로 완성하여 도가·유가·묵가·법가·명가·음양가 등의 육가에 당당히 이름을 올리게 한 사상가이기도 합니다.

후에 진시황이 된 진나라 영정(嬴政)[44]은 천하통일을 위해 인재를 모집하고 있었는데《한비자》의 〈고분편(孤憤篇)〉과 〈오두편(五蠹篇)〉 등을 읽고 이 글을 쓴 자와 교유하며 논할 수만 있다면 죽어도 여한이 없겠다고 말했습니다. 한비를 통일대업에 반드시 필요한 인재라고 생각한 진시황은 한비를 얻기 위해 기원전 234년 한나라를 공격했습니다. 그리고 기원전 233년 드디어 꿈에도 그리던 한비를 만나게 되어 진시황은 매우 기뻐했습니다. 그런데 날이 갈

---

44 성은 영(嬴)이고, 씨(氏)는 조(趙), 이름은 정(政)이다. 장양왕 아들로 조(趙)나라 수도 한단(邯鄲)에서 태어났다. 13세에 왕위를 계승하여 39세에 황제로 칭했다.

수록 한비의 유세가 글로 접할 때보다 탁월하지 못하다고 여겼고 게다가 그가 한나라 공자였기 때문에 그를 믿어야 할지를 고민했습니다. 그때 한비와 같은 동문이었던 진(秦)나라의 이사(李斯)가 자신보다 유능한 한비에게 밀려날 것을 염려하여 한비는 한나라에 유리한 계책만을 낼 것이고 살려두면 후에 큰 화가 될 것이라고 모함했습니다. 결국 이사의 계략으로 인해 한비는 투옥되어 독약을 마시고 생을 마감했습니다.

진시황이 읽고 반했다는 《한비자》 중 〈오두편〉에 나오는 성어를 하나 소개하겠습니다. 송(宋)나라에 한 농부가 밭을 갈고 있었는데 토끼 한 마리가 달려가더니 밭 가운데 있는 그루터기에 머리를 들이받고 목이 부러져 죽었습니다. 그걸 본 농부는 토끼를 시장에 팔아 돈을 얻었는데 다음에도 토끼가 달려와 죽을 것을 기대하고 쟁기를 놓아둔 채 그루터기만을 바라보고 있었습니다. 그러나 토끼는 다시 나타나지 않았고 결국 농부는 송나라 사람들의 웃음거리만 되고 말았다는 이야기입니다. 그루터기(株)를 지키며(守) 하염없이 토끼(兎)를 기다린다(待)는 의미의 수주대토(守株待兎)가 여기에서 유래했습니다. 보통 한 가지 일에만 얽매여 발전을 모르는 어리석은 사람을 비유하는 말이지만, 한비가 이 이야기를 통해 말하고자 하는 것은 따로 있었습니다. 수주대토는 요순의 이상적인 왕도정치야말로 시대에 뒤떨어진 사상임을 신랄하게 비판하는 것인데, 과거의 도덕주의만 지향한다면 토끼가 와서 그루터기에 부

딪혀 죽기만을 기다리는 어리석음을 범하는 것과 다를 바가 없다
는 뜻에서 수주대토를 언급한 것이었습니다. 곧 옛날 통치 방식만
을 지속적으로 고집한다면 농부처럼 비웃음과 조롱을 당하게 된다
는 말이었습니다. 여기에서 어리석은 농부란 바로 유가, 도가, 묵
가의 사상가들을 비유합니다. 한비는 시대의 상황에 맞지 않게 그
들이 제시하고 있는 요순이나 황제(黃帝)[45] 그리고 우임금 등의 가
르침만 따르라고 강요하는 것은 바로 수주대토의 고지식함을 답습
하는 것이라고 지적한 것입니다.

---

45 황제 : 중국 고대 전설상의 제왕

■ 한자와 성어 총정리

- 守 지킬 수 株 그루터기 주 待 기다릴 대 兎 토끼 토

守株待兎
수 주 대 토

그루터기(株)를 지키며(守) 토끼(兎)를 기다린다는
(待) 뜻으로, 어떤 착각에 사로잡혀 안 될 일을 고
집하고 있는 어리석음이나 완고함을 의미

■ 3급 관련 한자 배우기

寸 마디 촌 村 마을 촌 討 칠 토 付 줄 부 府 관청 부
守 지킬 수

- 아버지의 형제를 이르거나 부르는 말로 특히 결혼하지 않은 남
자 형제를 이르거나 부르는 말은 무엇일까요?

→ 정답 271쪽

26강

전국시대 _ 인상여와 염파

완벽귀조(完璧歸趙)   문경지교(刎頸之交)
교주고슬(膠柱鼓瑟)   지상담병(紙上談兵)

　　　　　　　　　　한나라에 이어 기원전 228년 멸
망한 조(趙)나라는 완벽귀조(完璧歸趙)·문경지교(刎頸之交)·교주고
슬(膠柱鼓瑟)·지상담병(紙上談兵)이라는 성어로 그 흥망성쇠를 논할
수 있습니다. 먼저 완벽귀조에 대해 알아보기 위해서 화씨벽(和氏
璧)이라는 구슬 이야기를 살펴보겠습니다.

　춘추시대 초나라 사람 변화(卞和)가 초나라 여왕에게 훌륭한 보
석의 원석을 바쳤는데 옥 감정가가 처음 보는 돌이라 보석임을 알
아보지 못하고 평범한 돌이라고 판정했습니다. 이에 여왕은 분노
하여 변화의 왼쪽 발목을 잘라 버렸습니다. 여왕이 죽고 무왕이
즉위하자 변화는 다시 그 원석을 바쳤습니다. 이번에도 보물이 아
니라는 판정을 받고 나머지 한쪽 발목도 잘리고 말았습니다. 무왕
에 이어 문왕이 즉위하자 다시 그 원석을 바치려 했는데 다리가

없어 갈 수가 없자 변화는 원석을 안고 피눈물을 흘리면서 통곡을 했습니다. 문왕이 그 이야기를 듣고 보석 명장에게 그 돌을 가공하도록 했는데 돌 속에 박힌 눈부신 옥이 천하의 보물로 탄생했습니다. 이 보물은 그 후 화씨벽, 곧 화씨의 구슬이라고 불렸고 문왕은 변화에게 봉록을 내렸습니다.

전국시대에 이르러 강대해진 진(秦)나라가 조나라를 여러 번 침략했으나 조나라의 대장군 염파로 인해 정복의 뜻을 이루지 못하던 차에, 화씨벽이 조나라 혜문왕(惠文王)의 손에 들어갔다는 소식을 듣게 되었습니다. 기원전 283년 진나라 소양왕(昭陽王)은 화씨벽을 빼앗기 위해 진나라 열다섯 성과 바꾸자고 제안했습니다. 혜문왕과 염파 장군이 상의한 끝에, 만일 소양왕의 제안을 받아들이면 성은 받지도 못하고 구슬만 뺏길 것이 분명하고, 만약 제안을 거절하면 그것을 트집 잡아서 또다시 침략할 것이 자명하다는 결론을 내렸습니다. 한마디로 진퇴양난의 상황이었습니다.

어찌할 바를 모르고 있을 때 환관 무현(繆賢)이 문제를 해결할 적임자로 자신의 식객(食客)인 인상여(藺相如)를 천거했습니다. 사신으로 간 인상여는 진나라 소양왕을 알현하고 화씨벽을 바쳤는데, 소양왕이 성을 줄 뜻이 없다는 것을 단번에 알아챘습니다. 그래서 구슬에 잘 보이지 않는 흠이 딱 하나 있으니 보여주겠다면서 구슬을 돌려받았습니다. 그러고는 노기에 찬 눈빛으로 성을 주지 않고 구슬만 빼앗을 생각이라면 화씨벽을 땅에 던져서 산산조각 내고 자신 역시 기둥에 머리를 박고 자결하겠다고 위협했습니다. 소양왕은 즉시 지도를 보여주며 열다섯 성을 주겠다는 시늉을 했는데 인상여는 소양왕의 복심을 간파하고 꾀를 하나 내었습니다. 닷새 동안 목욕재계하면서 보물을 받을 의식을 준비한다면 그 후에 바치겠다고 한 것이었습니다. 그렇게 시간을 번 인상여는 자신의 수족을 시켜 화씨벽을 조나라로 돌려보냈습니다. 5일이 지난 후 소양왕은 구빈대례(九賓大禮)라는 큰 예를 갖추어 인상여를 다시 접견했는데 화씨벽이 이미 조나라로 간 것을 알고 진노하여 인상여를 처형하려고 했습니다. 인상여는 자신이 진나라에서 죽게 되면 진나라 왕의 탐욕이 온 세상에 알려질 것이고, 진나라는 그 누구도 믿을 수 없는 나라로 낙인찍힐 것이라고 침착하게 말했습니다. 소양왕은 그 말을 듣고 인상여를 조나라로 돌려보낼 수밖에 없었고 다시는 화씨벽에 대한 말은 입 밖에 꺼내지 않았습니다. 여기에서 바로 완벽귀조라는 성어가 유래했습니다. 이는 구슬(璧)을 온전하게(完) 조나라(趙)로 돌려보내다(歸)라는 의미인데, 원래의 물건을 조금도 상하지 않게 하여 완전한 상태로 주인에게 돌려주는 것을 비유하는 말입니다. 요즘은 빌린 물건을 정중히 돌려보낼 때도 완벽귀조라는 말을 쓰고 있습니다. 참고로 완벽(完璧)이란 흠이 없는 구슬이란 뜻도 되고 구슬을 온전히 보존한다는 의미도 있는데, 소위 결함이 없이 완전하다라는 의미의 완벽하다라는 말은 바로 화씨벽에서 기원했습니다. 참고로 조나라가 망한 뒤 진시황은 화씨벽을 가지고 구정을 대신할 전국옥새를 만들었습니다.

조나라로 돌아온 인상여는 상대부(上大夫)가 되었는데 그의 활약은 그때부터 본격적으로 시작되었습니다. 기원전 279년에는 소양왕이 혜문왕을 민지(澠池)로 초청해 화친을 청했습니다. 혜문왕은 인상여를 데리고 진나라로 떠났는데 주연 자리에서 진나라 왕의 강요로 혜문왕이 비파를 타게 되었고 사관에 의해 그 사건이 굴욕적으로 기록되었습니다. 인상여가 속으로 격분하여 소양왕에게 조나라 왕의 흥을 돋우기 위해 장구를 두드릴 것을 청했습니다. 소양왕이 완강히 거부하자 인상여는 만일 소양왕이 장구를 치지 않으면 자신의 목을 찔러 그 피를 뿌리겠다고 협박했습니다. 할 수 없이 소양왕은 성의 없이 장구를 툭 내리쳤습니다. 인상여는 즉각 진나라 왕이 조나라 왕의 흥을 돋우기 위해 장구를 두드렸다는 사실을 빼놓지 말고 적으라고 사관에게 소리쳤습니다. 이 일로 인해 인상여는 조나라에 돌아와 상경(上卿)의 자리에 오르게 되었습니다.

그런데 뜻밖의 곳에서 문제가 발생했습니다. 인상여의 벼슬이 갑자기 높아지자 호구의 노인이 말한 인유삼원의 대상이 되어 주변의 시샘을 받게 된 것입니다. 그중에서도 상장군 염파는 자신은 목숨을 걸고 조나라를 위해 싸웠는데 세 치 혀로 재주를 부리는 자가 자신보다 높은 벼슬에 오르게 된 것에 분개하며 불만을 토로했습니다. 인상여를 만나기만 하면 반드시 망신을 주겠다고 벼르고 있었는데, 인상여가 그 말을 전해 들었습니다. 그날부터 인상여는 염파를 피하면서 조회에도 나타나지 않았습니다. 가신들은 인상여의 행동이 비겁하다며 비난했습니다. 그러자 인상여는 진나라 왕에게도 호통을 쳤던 자신이 염파 장군을 피하는 이유는 조나라의 안녕과 번영을 위해서라고 설명했습니다. 곧 조나라의 두 호랑이인 자신과 염파가 싸우게 되면 한쪽은 반드시 죽게 될 것인데, 그렇게 되면 진나라가 기뻐하며 쳐들어올 것이기에 피한다는 것이었습니다. 이 이야기를 전해 들은 염파 장군은 스스로 웃통을 벗고 형구(荊具)를 짊어진 채 인상여를 찾아가 꿇어 엎드려 사죄하며 채찍으로 자신을 후려치길 청했습니다. 인상여는 염파를 일으켜 세우며 염파가 곧 조나라이고 조나라가 곧 염파라고 말했습니다. 그 말을 들은 염파는 인상여를 위해서라면 자신의 목을 치더라도 결코 후회하지 않겠다고 말했고, 인상여 역시 염파를 위해서라면 기꺼이 목을 내놓겠다고 다짐했습니다. 두 사람은 그날 이후 목(頸)이 베일(刎) 지경의 위험에서도 생사를 같이하는 절친한 사이(交)가 되었는데 문경지교가 바로 여기에서 유래했습니다. 문경지교는 관중과 포숙아의 관포지교(管鮑之交)와 함께 참된 우정을 상징하는 춘추전국 시대의 대표적인 성어입니다. 문경지교의 두 주인공과 조사(趙奢)라는 명장으로 인해 조나라는 강력한 진나라의 공세를 가뿐히 막아낼 수 있었는데, 문제는 혜문왕 다음으로 효성왕(孝成王)이 즉위하고 명장 조사가 죽으면서 시작되었습니다.

기원전 269년 한나라의 상당(上党)을 두고 명장 조사와 전투를 벌이다 대패한 경험이 있었던 진나라는 조사가 죽었다는 소식을 듣자마자 진나라 장수 왕흘(王齕)을 보내어 기원전 262년부터 기원전 260년까지 상당을 공격해 마침내 함락시켰습니다. 여든을 넘긴 염파는 조사를 대신해 20만 군을 이끌고 상당으로 파견되어 장평에서 적과 마주하게 되었습니다. 백전노장인 염파는 장기전에 돌입해 방어만 하면서 시간을 끌었습니다. 진나라 군이 군량미가 떨어지면 퇴각할 것을 알았기 때문입니다. 그때 진나라 책사 범저(范雎)는 꾀를 내어서, 진나라 군은 진나라를 겁내는 늙은 염파보다는 조사의 아들 조괄이 장군이 될까 봐 몹시 두려워한다는 헛소문을 퍼뜨렸습니다. 어리석은 효성왕은 적의 간계에 넘어가 조괄을 대장으로 임명하려고 했습니다. 현명한 인상여는 실전 경험이 부족한 조괄의 통솔 능력은 기러기발을 아교풀로 붙이고 거문고를 타는 것처럼 융통성이 없어 문제가 될 수 있다고 간언했습니다. 인상여의 지적처럼, 거문고(瑟)를 탈(鼓) 때는 기둥(柱)처럼 서 있는 기러기발을 자유롭게 옮겨 가면서 음조를 조정하고 조율해야 하는데, 좀 더 편하게 연주하기 위해 기러기발(柱)에 아교(膠)풀을 발라 고정시키면 소리를 제대로 내지 못해 시간이 지날수록 엉터리 연주가 될 수밖에 없습니다. 여기에서 교주고슬(膠柱鼓瑟)이 유래했습니다. 경직되고 융통성 없는 방법으로 현실은 고려하지 않고 터무니없이 일을 진행하는 것을 가리킵니다. 이는 꽉 막히고 고지식한 고집불통을 이르는 말로도 쓰이는데 조괄처럼 이론에만 밝을 뿐 실전 능력이 부족한 사람을 비판할 때 종종 인용됩니다. 조괄은 아버지 조사가 전해준 병서만 읽었기에 병법을 변통할 줄 모르니 인상여는 그를 결코 중용해서는 안 된다고 강력하게 반대했습니다. 하지만 효성왕의 뜻을 꺾을 수는 없었습니다. 소식을 들은 조괄의 어머니는 조정으로 달려가서 조사가 죽기 전에 남겼던 유지를 전했습니다. 자신의 아들은 종이 위에서 병서를 달달 외웠을 뿐, 실제적으로 응용할 능력이 부족해서 만약 조나라의 군사(軍師)를 조괄에게 맡기면 크게 위태로워질 것이라는 내용이었습니다. 종이(紙) 위(上)에서 병법(兵)을 논한다(談)는 지상담병(紙上談兵)이 여기서 유래했습니다. 현실성이 없는 탁상공론적인 지식으로만 무장했으면서 주제도 모르고 기고만장한 사람을 지적할 때 주로 쓰입니다. 조괄의 지상담병스러움을 우려해도 효성왕이 뜻을 돌이키지 않자, 조괄의 어머니는 패전에 대한 책임을 아들에게 묻지 않겠다는 약속을 받고 집으로 돌아갔습니다.

40만이 넘는 대군을 이끄는 장군이 된 조괄은 진나라에서 급파한 백전노장 백기와 맞붙게 되었습니다. 조사와 인상여의 우려대로 조괄은 참모들의 조언은 모두 무시한 채 자기 이론대로만 싸우다가 결국 활에 맞아 죽고 말았습니다. 장군이 죽자 40만 대군이 하루아침에 진나라의 포로가 되었습니다. 그런데 수많은 포로를 먹일 식량을 걱정했던 백기는 소년병 240여 명만 조나라로 돌려보내고 나머지 포로를 몽땅 생매장 하는 만행을 저질렀습니다. 이 끔찍한 참극에 천하가 경악했고 범저마저 백기의 잔악함에 등을 돌렸습니다. 백기는 내친김에 조나라 수도 한단(邯鄲)으로 진군해 조나라를 멸망시키고자 했는데, 소대(蘇代)의 이간계에 넘어간 범저가 백기를 소환해 그 뜻을 이루지는 못했습니다. 이때부터 강력했던 인상여와 염파의 조나라는 걷잡을 수 없이 쇠락의 길로 내달리며 결국 기원전 228년[46]에 진나라의 침공을 받아 멸망했습니다.

---

46 조가(趙嘉)가 개건했으나 기원전 222년 완전히 멸망했다.

■ 한자와 성어 총정리

- 完 완전할 완   璧 구슬 벽   歸 돌아갈 귀   趙 조나라 조

  完璧歸趙
  완 벽 귀 조
  구슬(璧)을 온전히(完) 조(趙)나라로 돌려보낸다(歸)
  는 뜻으로, 물건을 완전한 상태로 원래의 주인에
  게 돌려주는 것을 비유

- 刎 목 벨 문   頸 목 경   之 어조사 지   交 사귈 교

  刎頸之交
  문 경 지 교
  목(頸)을 베어(刎) 줄 수 있을 정도로 절친한 사귐(交)

- 膠 아교 교   柱 기둥 주   鼓 두드릴 고   瑟 거문고 슬

  膠柱鼓瑟
  교 주 고 슬
  거문고의 기둥(柱)을 아교(膠)로 붙여놓고 거문고(瑟)
  를 탄다는(鼓) 뜻으로, 규칙만 고수하여 융통성이
  없는 꼭 막힌 사람을 이르는 말

- 紙 종이 지   上 위 상   談 말씀 담   兵 병사 병

  紙上談兵
  지 상 담 병
  종이(紙) 위(上)에서 병법(兵)을 말한다는(談) 뜻으로,
  이론에만 밝을 뿐 실천적인 능력이 부족함을 이르
  는 말

■ 3급 관련 한자 배우기

元 으뜸 원   完 완전할 완   談 말씀 담   斤 도끼 근

兵 병사/군사 병

- 학교나 병원에서 문제를 해결하거나 궁금증을 풀기 위하여 서로
  의논하는 것을 무엇이라고 할까요?

→ 정답 271쪽

27강 전국시대 _ 삼진의 멸망

누란지위(累卵之危)　원교근공(遠交近攻)
청운직상(靑雲直上)　애자필보(睚眦必報)
삼인성호(三人成虎)

　　　　　　　　　　한나라와 조나라에 이어 삼진(三
晉)의 마지막 나라인 위(魏)나라는 기원전 225년에 멸망했습니다.
삼진이 지리적으로 사방의 공격에 노출되어 있다는 것이 주요 원
인이었지만, 위나라 출신 범저가 진나라로 망명한 것이 더 결정적
인 이유라고 할 수 있습니다.

　공경대부를 찾아가 자신의 학식과 의견을 선전하며 돌아다니는
사람을 유세객(遊說客)이라고 하고, 세력 있는 공경대부 밑에서 문
객 노릇을 하는 사람은 식객(食客)이라고 부릅니다. 활동 양상으로
보면 식객은 정적이고 유세객은 동적입니다. 인상여처럼 식객으
로 생활하다가 재능을 인정받게 되면 유세객으로 파견되어 공을
세울 수 있는 기회를 얻는데, 만일 두각을 나타내면 바로 정계에
입문하기도 합니다. 이러한 식객이나 유세객들은 대부분 자신의

지식을 통해 부와 명예를 얻어 재상의 자리까지 오르기를 꿈꾸었습니다. 천하를 주유했던 제자백가(諸家百家) 역시 일종의 유세객이었고 운이 좋아 출세하면 맹자처럼 부와 명성을 얻고, 여의치 않으면 공자처럼 후학을 양성하든지 학문에 정진하는 삶을 살게 되는 것입니다.[47] 참고로 손무나 오자서처럼 타국에서 공경(公卿)의 높은 지위에 오르게 되면 객경(客卿)이라고 부릅니다.

범저는 집이 가난해서 위나라 중대부(中大夫) 수가(須賈)의 식객으로 생활하고 있었습니다. 기원전 270년에 위나라 소왕(昭王)이 수가를 제나라의 사신으로 보냈는데 수가는 범저의 비범함을 알아보고 그로 하여금 자신을 수행하도록 했습니다. 제나라 양왕은 강단 있고 기개가 넘치는 범저를 자기 사람으로 만들고 싶어서 수많은 황금과 술을 상으로 주었으나 강직했던 범저는 그것을 사양했습니다. 그런데 제나라 왕이 범저를 융숭하게 대접하고 상급자인 수가를 박대하자, 귀국 후에 수가는 위나라 재상인 위제(魏齊)에게 범저가 제나라와 내통하여 기밀을 팔았다고 모함하였습니다. 억울하게도 범저는 혹독한 고문을 당하여 이가 빠지고 얼굴뼈가 주저앉았습니다. 얼마나 심하게 두들겨 맞았는지 가슴뼈까지 부러질 정도였습니다. 범저는 죽은 척해서 화장실에 버려졌는데 빈객들이 범저의 시신에 오줌을 갈겨 욕보이기까지 했습니다. 구사일생으로 그곳을 빠져나온 범저는 가족들에게 자신의 시신 앞에서 통곡하며 장례를 치르라

---

47 오늘날에 비유하면 식객이나 유세객은 연예계 데뷔전의 연습생이라고 할 수 있고, 정계에 입문해 이름을 날리게 되면 한류스타급의 대우를 받는 구조였다.

고 말하고 이름을 장록(張祿)으로 바꾼 후 친구 정안평(鄭安平)의 도움을 받아 아무도 모르게 숨어 살았습니다.

그렇게 은인자중하던 중 위나라에 사신으로 와 있던 진(秦)나라 왕계(王稽)에게 정안평이 접근해 장록을 추천했고, 장록의 인물됨을 단번에 알아본 왕계는 장록을 진나라로 데려가서 소양왕에게 천거했습니다. 진나라는 지금 계란(卵)을 쌓아놓은(累) 듯 위태로운(危) 누란지위(累卵之危)의 형국이기에 자신을 얻어야만 진나라가 안전할 수 있다고 유세하는 장록의 말을 듣고 소양왕은 일개 유세객이 진나라의 운명에 대해 왈가왈부하는 것을 못마땅하게 여겼습니다. 이미 초나라와 제나라를 대파하며 승승장구하고 있던 소양왕은 장록의 말을 터무니없게 여기고 그를 만나 보지도 않고 객사에 머물게 했습니다.

1년 정도 지나서 소양왕의 숙부였던 양후(穰侯)가 제나라를 공격한다는 소식을 들은 장록은 상소문을 올리고 1년 만에 소양왕과 정식으로 독대하게 되었습니다. 장록은 양후가 한·위 두 나라를 건너뛰고 제나라를 공격하고자 하는 것은 자신의 영토만을 넓히려는 심사이니 결코 좌시하면 안 된다고 간언했습니다. 진나라가 천하의 주인이 되기 위해서는 천하로 통하는 중추인 한·위를 먼저 병합하고 그 후에 조나라, 초나라, 제나라 등을 정복해야 한다고 역설했습니다. 곧 먼(遠) 나라와 친교(交)를 맺고 가까운(近) 나라를 공격해야(攻) 한다는 원교근공(遠交近攻)의 전략을 처음으로 설파한 것입니다. 장록 이전까지는 가까운 나라와는 사귀고 멀리 있는 나라를 치는 것이 일반적인 외교 노선이었기 때문에, 소양왕은 장록의 책략에 감탄하며 바로 객경으로 삼았습니다.

장록, 즉 범저는 버려져 오줌을 맞던 신세에서 일순간에 진나라의 객경이 되었습니다. 이 같은 경우를 청운직상(靑雲直上)이라고 하는데, 청운(靑雲)은 하늘에 떠 있는 푸른(靑) 구름(雲)처럼 높은 명예나 벼슬을 뜻하고, 직상(直上)은 일직선으로(直) 올라간다는(上) 의미입니다. 그래서 지위가 낮은 곳에서 높은 곳으로 단번에 높이 올라감을 비유할 때 청운직상했다고 합니다.

전국칠웅 중에서 삼진이 가장 먼저 멸망하게 된 것은 위나라의 범저가 진나라의 장록으로 둔갑했기 때문입니다. 장록의 책략에 따라 소양왕은 곧바로 원교근공 방책으로 이웃 나라인 한나라와 위나라 침공에 만전을 기하였는데, 그 소식이 각국으로 전해지자 위나라에서는 전쟁을 막기 위해 과거 범저의 원수 수가를 진나라에 파견했습니다. 장록은 이 사실을 알고 남루한 행색으로 수가에게 접근했습니다. 수가는 죽은 줄 알았던 범저가 살아 있는 것을 보고 깜짝 놀랐습니다. 남의 집 종 생활을 하면서 보낸다는 범저의 말을 들은 수가는 춥겠다며 범저에게 두꺼운 명주 솜옷을 내주고 음식을 대접하였습니다. 이로 인해 수가에 대한 복수심으로 활활 불타올랐던 장록의 마음이 조금 누그러졌는데, 여기서 명주(綈) 솜옷(袍)의(之) 의리(義)라는 뜻의 제포지의(綈袍之義)가 유래하였습니다. 곧 명주 솜옷을 선물

하면서 의리 있는 행동을 했다는 말인데, 이는 옛 정을 잊지 않고 동정과 자비를 베푸는 상황을 언급할 때 쓰입니다.

수가는 노비 생활을 하고 있다던 범저가 곧 장록임을 알게 되었습니다. 그래서 무릎을 꿇고 범저에게 용서를 빌었는데 그때 범저는 수가에게 그의 죄가 어느 정도인지 물었습니다. 이 답변 하나에 수가의 목숨이 결정 나는 순간이었습니다. 수가는 대성통곡하면서 머리털을 모두 뽑으면서 일일이 세어 봐도 헤아리기 어렵다고 답했습니다. 여기에서 머리카락(髮)을 다 뽑아도(擢) 헤아리기(數) 어렵다(難)라는 탁발난수(擢髮難數)가 나왔습니다. 이는 지금도 지은 죄가 헤아릴 수 없이 많다는 것을 표현할 때 쓰입니다. 범저는 수가의 손을 묶게 한 후 소의 여물을 먹이고 모든 죄를 용서해 주었지만, 위제만은 용서할 수가 없었습니다. 당장 위제의 머리를 베어서 보내지 않으면 즉시 군대를 출동해 위나라를 멸하겠다고 호통을 쳤습니다. 위제는 자신이 죽였던 범저가 장록이라는 소식을 듣고 다급하게 조나라 평원군에게 몸을 피했습니다.

하지만 범저가 세력을 뻗쳐 위협해 오자 다시 위나라 신릉군에게 몸을 의탁하러 가는 길에 결국 자결했습니다. 이렇듯 원한을 풀기 위해 끝까지 쫓아가 복수한다는 의미에서 눈(睚)흘김(眦)도 반드시(必) 갚는다(報)라는 의미의 애자필보(睚眦必報)가 나왔습니다. 반면 범저는 자신이 미천하고 어려웠을 때 조력자가 되어주었던 양계를 하동의 태수로, 정안평을 진나라의 장수로 천거할 정도로 작은 은혜라도 잊지 않았습니다. 이렇게 은원 관계가 확실했던 그의 태도에서, 신세진 은혜는 반드시 갚는다는 일반지은(一飯之恩)이 유래했습니다. 한(一)끼의 밥(飯)을 얻어먹은 은혜(恩)라는 뜻으로, 작은 은혜도 잊지 않고 갚을 경우에 사용합니다. 지금까지 장록으로 살아야 했던 범저의 파란만장한 인생사를 통해 삼진의 결정적인 멸망 원인을 살펴봤습니다.

끝으로 위나라 관련한 대표 성어를 알아보겠습니다. 위나라는 조(趙)나라와 강화를 맺고 외교 관례상 태자를 조나라에 인질로 보내야 했습니다. 위나라 혜왕(惠王)은 방총을 수행원으로 보냈는데, 방총은 떠나기 전에 삼인성호(三人成虎)의 교훈을 혜왕에게 전하고자 했습니다. 한 사람이 호랑이가 시장에 나타났다고 말하면 쉽게 믿지 못하겠지만 세 사람이 차례로 호랑이가 나타났다고 말하게 되면 누구라도 반드시 믿게 될 것이라고 말했습니다. 여러 대신들이 자신에 대해 근거 없는 모함을 지속하겠지만 그 어떤 말도 믿지 말고 진실만을 봐줄 것을 간곡히 부탁했습니다. 혜왕은 그렇게 하겠다고 말했으나, 여러 신하들이 방총에 대해 수차례 참소하자 결국 방총을 믿지 못하게 되었습니다. 방총은 인질에서 풀려난 후에도 입궐하지 못했으며 평생 혜왕을 알현하지 못했습니다. 여기에서 유래한 성어가 바로 세(三) 사람이(人) 호랑이를(虎) 만든다(成)는 삼인성호입니다. 사실이 아닌 거짓된 말도 여러 번 반복하면 진실인 것처럼 믿게 된다는 의미입니다.

■ <u>한자와 성어 총정리</u>

• 累 묶을 누 卵 알 란 之 어조사 지 危 위태할 위

累卵之危
누 란 지 위
여러 개의 알(卵)을 쌓아(累) 놓은 것처럼 위태위태한(危) 형편을 의미

• 遠 멀 원 交 사귈 교 近 가까울 근 攻 칠 공

遠交近攻
원 교 근 공
멀리(遠) 있는 나라와는 사귀고(交), 가까운(近) 나라는 공격함(攻)

• 靑 푸를 청 雲 구름 운 直 곧을 직 上 윗 상

靑雲直上
청 운 직 상
청운(靑雲)은 높은 명예나 벼슬을 뜻하고, 직상(直上)은 일직선으로 올라가는 것을 의미하므로, 지위가 일직선으로 높이 올라감을 비유

• 睚 눈초리 애 眦 흘길 자 必 반드시 필 報 갚을 보

睚眦必報
애 자 필 보
눈흘김(睚眦)도 반드시(必) 갚는다(報)는 뜻으로, 도량이 극히 좁은 것을 비유

• 三 석 삼 人 사람 인 成 이룰 성 虎 범 호

三人成虎
삼 인 성 호
세(三) 사람(人)이 호랑이(虎)를 만듦(成). 거짓된 말도 여러 번 되풀이하면 참인 것처럼 여겨짐을 의미

■ 3급 관련 한자 배우기

丹 붉을 단 靑 푸를 청 危 위태할 위 直 곧을 직 士 선비 사
志 뜻 지

• 청운의 뜻이란 의미로, 높은 지위에 올라 입신출세하고 싶은 마음을 이르는 말은 무엇일까요?   → 정답 271쪽

28강
전국시대 _ 초나라의 멸망

조진모초(朝秦暮楚) 거세개탁(擧世皆濁)

기원전 473년 춘추시대 말에 오
나라는 월나라에 망하고 월나라 또한 구천 사후에 서서히 쇠락의
길을 걸었지만 초나라는 다시 세력을 회복하였습니다. 기원전 306
년에 초나라 회왕이 월나라를 멸하고 양쯔강 중·하류를 모두 차
지하면서 다시 강국으로 도약했습니다. 지리적으로 볼 때, 전국칠
웅 중에서 가장 넓은 영토를 자랑하는 초나라는 적의 공격에 대한
방어가 쉽지 않았습니다. 남방에 고립된 형세라 중원으로의 진출
역시 매우 불리하다는 지리적 한계를 안고 있었지만 전국시대 초
강자인 제(齊)나라와 당당히 격돌할 정도의 국력을 자랑했습니다.
하지만 회왕 때의 전성기를 정점으로 쇠퇴했고 회왕은 멸망의 단
초가 되는 인물이 되었습니다.

전국시대 말 혜문왕(惠文王) 때에 이르러 진(秦)나라는 다른 6국

을 위협할 정도로 강성해졌습니다. 진나라의 동진을 막아내는 것이 정치·군사적인 화두였는데, 그 해법으로 초·제를 중심으로 6국이 연합하여 진을 막아내자는 소진의 합종(合縱)과 그것을 깨기 위한 장의의 연횡(連橫)이 서로 대결하였습니다. 여기서 합종의 종(縱)은 세로를 의미하는데 남북을 뜻하고, 연횡의 횡(橫)은 가로의 의미로 동서를 뜻합니다. 합종이란 남북(縱) 방향으로 동방의 6국(초·한·위·조·제·연)이 연합(合)하여 진나라에 대항하려는 것이고, 연횡이란 동서(橫) 방향으로 진나라와 연이어(連) 동맹을 맺어 다른 나라를 공격하자는 외교 전술이었습니다.

이렇게 제후들 사이를 오가며 여러 국가를 종횡으로 합쳐야 한다는 합종책과 연횡책을 논했던 제자백가의 분파를 종횡가(縱橫家)라고 하는데, 귀곡자의 문하에서 수학한 소진과 장의 등이 대표적인 인물입니다. 합종을 대표하는 사람은 소진인데, 그는 가장 먼저 연(燕)나라로 가서 멀리 떨어져 있는 진나라보다는 가까이 위치한 조나라와 친해져야 한다고 설득합니다. 멀리 있는 진나라는 연나라를 공격하기 어렵지만 가까이 있는 조나라는 연나라를 치기가 쉽기 때문에 가장 위협적인 존재인 조나라와 동맹을 맺으면 연나라의 근심은 사라질 것이라고 설득했습니다. 그 후 한나라·위나라·조나라 왕을 만나서 진나라를 섬기며 소의 꼬리가 되기보다는 닭의 머리가 되자고 제안했습니다. 제나라 왕을 만나서는 진나라가 제나라 깊숙이 침입하려고 해도 한나라와 위나라가 후방을 교

란할까 두려워 제나라를 공격하지 못하는 형국이니 6국이 합종해서 진나라 눈치를 보지 않는 강국의 면모를 회복하자고 주장했습니다. 끝으로 초나라 왕을 찾아서 6국이 합종을 하면 모든 나라가 초나라를 섬길 것이지만, 연횡을 하면 초나라는 진나라를 섬겨야 할 것이라고 회유했습니다. 마침내 소진은 기원전 333년에 합종을 완성하고 6국의 재상이 되었습니다. 하지만 6국은 동상이몽으로 서로의 이해관계가 충돌하면서 전쟁이 끊이지 않았기 때문에 기원전 328년 소진은 6국 군주에게 다시 유세하며 합종을 공고히 하고자 했습니다.

기원전 317년 소진이 그를 시기하고 음해하는 제나라의 대신들에게 처형당하면서 합종은 그 효력을 상실하기 시작했습니다. 소진의 주장처럼 6국의 영토는 진나라의 다섯 배나 되고 6국의 병사는 진나라의 열 배가 되기 때문에 6국이 한 몸이 되는 합종은 진나라를 대적할 수 있는 최상의 방도였습니다. 실제로 진나라는 기원전 333년 이후 10년이 넘도록 동방 침략을 가속화하지 못했다는 점에서 소진의 합종이 진나라의 동방 진출을 막아내는 최고의 외교전술이었다고 할 수 있습니다.

이러한 소진의 합종을 깨기 위해 동분서주했던 인물이 소진의 벗인 장의였습니다. 그의 첫 번째 목표는 초나라 회왕이었습니다. 전국 시대 말에 진나라에 대항할 수 있는 나라는 오직 초나라와 제나라였기 때문에 두 나라의 동맹을 깰 수만 있다면 진나라의 중원 제패는 시간문제라고 판단하고 먼저 초나라에 접근했던 것입니다. 하지만 초나라에는 오자서 같은 충신인 굴원이 있었기 때문에 쉽지 않았습니다. 그래서 친진파인 상관대부 근상과 왕자 자란 등을 매수해서 좌도대부 굴원을 참소하여 실각하도록 충동질했습니다. 굴원은 26세에 초나라 좌도대부가 될 정도로 회왕의 총애를 받던 인물이었습니다. 근상과 자란은 평소 그를 시기했기 때문에 장의의 지시에 따라 굴원을 모함했습니다. 분별력이 없던 회왕은 굴원이 전횡을 일삼는다는 거짓 참소에 진노하며 굴원을 멀리했습니다. 그렇게 친제파인 굴원이 좌천되면서 본격적인 문제가 발생합니다.

기원전 313년에 장의는 굴원이 없는 틈을 타 초나라가 만약 제나라와 단교만 한다면 상(商)과 오(於) 근방의 6백 리의 땅을 주겠다고 거짓 제안을 했는데 어리석은 회왕은 그 말을 믿고 수락했습니다. 제나라는 배신감을 느끼고 진나라와 손을 잡았습니다. 합종에 균열이 생기기 시작한 것입니다. 회왕은 제나라와 단교한 후에야 비로소 장의에게 속았다는 것을 깨달았습니다. 그래서 10만 대군을 이끌고 진나라를 멸하러 출병했으나 진나라와 제나라 연합군에 오히려 대패하면서 8만여 명의 군사를 잃고 한중(漢中) 6백 리 땅까지 빼앗기고 말았습니다. 회왕으로 인해 초나라는 하루아침에 회생이 불가능할 정도가 되고 말았습니다. 그제야 지난날의 선택을 후회하며 다시 굴원을 기용하여 제나라 사신으로 보내 사태를 수습했지만 장의의 의도대로 이미 합종에는 큰 균열이 생겼습니다. 기원전 328년 위나라가 진나라에 항복하고 진나라와 동맹을 맺으면서 시작된 연횡은 기원전 311년 장의에 의해 연나라가 진나라와 동맹을 맺음으로써 완성되었습니다. 합종이 완성되었다고 해서 6국이 협력만 했던 것이 아니었듯 연횡이 완성되었어도 부분적인 합종은 존재했습니다.

당시 각국은 자국의 이익에 따라 합종에도 가입하고, 연횡에도 가입하였기 때문에 아침(朝)에는 진(秦)나라로 달려가 진나라를 섬기고 저녁(暮)에는 초(楚)나라로 달려가 초나라를 섬긴다는 조진모초(朝秦暮楚)라는 말까지 유행할 정도였습니다. 조진모초는 일정한 주소가 없이 유랑하거나 이해관계에 따라 만남과 헤어짐을 반복하는 이합집산(離合集散)을 포괄하는 의미로 쓰이고 있습니다.

진나라에 농락당하고 땅까지 빼앗긴 초나라 회왕에게 진나라 소양왕은 진·초 혼인을 제의하며 화친을 목적으로 무관(武關)에서 만날 것을 제의했습니다. 서신에는 친선적인 맹약을 맺자는 내용이었으나 굴원은 진나라는 결코 믿을 수 없는 나라이기에 회왕이 무관으로 가는 것을 말렸습니다. 하지만 친진파 자란 등이 진나라와 친교를 맺어야 한다고 주장하자 회왕은 굴원의 말을 듣지 않고 무관으로 갔습니다.

기원전 299년 회왕이 진나라 무관에 이르자, 소양왕은 회왕에게 초나라 검중(黔中) 땅을 넘기라고 협박했습니다. 회왕이 이를 거절하자 그를 함양에 연금시키고 속히 땅을 바치고 회왕을 데려갈 것을 초나라에 통보했습니다. 그 소식을 들은 초나라 대신들은 모두 격분하며 그 요구를 거절했고 회왕에 이어 경양왕(頃襄王)을 즉위시켰습니다.

진나라에 거듭 기만당한 회왕은 진나라에 억류되어 3년 동안의 포로 생활 끝에 기원전 296년 객사하여 싸늘한 주검만이 초나라로 돌아왔습니다. 굴원은 회왕을 죽게 만든 자란을 비난하다가 또다시 모함을 받아 양쯔강으로 추방되었습니다. 굴원은 이렇게 좌천되어 떠돌았던 시기에 여러 시가 작품을 저술했습니다. 유향(劉向)이 굴원의 작품과 후인들의 작품을 묶은 책《초사》는《시경》과 더불어 중국 고대 문학의 원류라고 할 수 있습니다. 그래서 굴원을 초사문학(楚辞文学)의 창시자라고 부르는 것입니다. 굴원이 지은 〈어부사(漁父辭)〉에 등장하는 고사성어를 살펴보겠습니다.

굴원이 간신들의 모함을 받아 버슬에서 쫓겨나 강을 거닐며 시를 읊고 있었는데 어느 날 한 어부가 굴원을 알아보고 무슨 까닭으로 여기까지 이르게 됐는지 물었습니다. 굴원은 세상이 모두 탁한데 자신만 홀로 맑고, 모든 사람들이 취했는데 본인만 혼자 깨어 있어 그렇게 됐다고 답했습니다. 그러자 어부는 성인(聖人)이란 사물에 얽매이거나 막히지 않고 능히 세상이 변하는 대로 함께 변할 수 있는 존재라고 말했습니다. 여기서 유래한 성어가 온(擧) 세상(世)이 다(皆) 혼탁하다(濁)는 의미의 거세개탁(擧世皆濁)이고 세상의 변화에 맞추어 함께 변화해 간다는 의미의 여세추이(與世推移)입니다. 안타깝게도 굴원은 기원전 278년 진나라 백기가 초나라의 수도 영을 함락하자 멱라수(汨羅水)에 몸을 던졌습니다. 오자서의 죽음이 월나라의 패망을 상징하듯이, 굴원의 죽음 역시 초나라의 멸망을 함의한다고 할 수 있습니다. 초나라 역시 굴원 사후 55년 뒤인 기원전 223년에 사라지게 됩니다.

■ 한자와 성어 총정리

- 朝 아침 조 秦 진나라 진 暮 저물 모 楚 초나라 초

  朝秦暮楚
  조 진 모 초
  아침(朝)에는 진(秦)나라에 있다가 저녁(暮)에는 초
  (楚)나라로 간다는 의미로, 일정한 거주지나 주소
  가 없이 유랑하거나 이쪽에 붙었다 저쪽에 붙었다
  하는 것을 비유적으로 이르는 말

- 擧 들/다 거 世 세상 세 皆 다 개 濁 흐릴 탁

  擧世皆濁
  거 세 개 탁
  온(擧) 세상(世)이 다(皆) 흐리다는(濁) 뜻. 곧 지위의
  높고 낮음을 막론하고 모든 사람이 다 바르지 않음
  을 의미

■ 3급 관련 한자 배우기

朝 아침 조 潮 조수/생각의 흐름 조 與 더불 여 擧 들 거

思 생각할 사

- 한 시대의 일반적인 사상의 흐름을 무엇이라고 할까요?

  → 정답 271쪽

전국시대 _ 연나라와 제나라

매사마골(買死馬骨)　어부지리(漁父之利)
앙천대소(仰天大笑)　돈제일주(豚蹄一酒)

연나라는 기원전 222년에 패망하였습니다. 연나라는 우리 조상들과 관련이 많은 나라인데, 연 소왕(昭王) 때 진개(秦開)가 고조선(古朝鮮)을 침략한 적도 있습니다. 기원전 195년에 무리 1,000명을 이끌고 고조선에 망명한 위만 역시 연나라 사람이었습니다. 지리적으로 볼 때, 연나라는 중원에서 멀리 떨어진 벽지에 고립되어 있어서 발전이 쉽지 않았고 서쪽으로는 조나라, 남쪽으로는 제나라의 위협에 시달려야 했습니다. 하지만 전국시대 중후반기부터 강대국으로 성장하며 기원전 323년 위왕(威王) 때 칭왕을 시작했습니다. 그런데 기원전 314년 연나라의 내란을 틈타 제나라가 장군 광장을 보내 침공하여 50일 만에 연나라 영토의 반 이상을 차지하게 됩니다. 그 후 연나라는 제나라에 복수를 하기 위해 인재를 모으고 소대의 계책에 따라 겉으로는 제나라와 화친하는 척하면서 속으로는 와신상담하며 칼을 갈았습니다. 마침내 기원전 284년, 낙의(樂毅)[48]가 진(秦)·초(楚)·한(韓)·위(魏)·조(趙)·연(燕)의 6국 연합군을 이끌고 대대적인 복수에 성공했습니다. 제나라는 이로 인해 거의 멸망 직전까지 이르렀고, 진나라에 의해 다섯 나라들이 하나씩 패망해 가는 것을 수수방관하는 외교노선을 취할 수밖에 없었습니다. 비록 후련하게 복수는 했지만 제나라의 손발을 묶어 버리는 일이 이렇게 6국의 순망치한으로 이어질 것을 상상하지 못했던 것입니다.

6국의 힘이 하나씩 쇠락하면서 기원전 227년 연나라 희왕(喜王)의 아들인 태자 단(丹)은 군사력으로 진나라를 제압할 수 없다는 것을 깨닫고 진시황을 암살하기 위한 계획을 세웠습니다. 그래서 일찍이 진나라가 탐내던 독항(督亢) 땅의 지도에 독을 바른 비수를 숨겨서 진나라에 멸망당한 위나라의 장수 형가(荊軻)에게 전달했습니다. 형가는 지도를 설명하는 척하면서 진시황을 죽일 의도였습니다. 그런데 독항 땅의 지도만으로는 진시황을 독대하기가 쉽지 않다고 판단한 형가는 번오기(樊於期)의 목을 요구하게 됩니다. 진나라 장수 번오기는 진시황을 상국 여불위[49]의 소생으로 여기고 진정한 영씨(嬴氏) 군주를 다시 세워서 왕통을 바로잡아야 한다는 명

---

48 악의라고도 한다.
49 대부호였던 여불위는 조나라에 볼모로 잡혀 있던 진나라 자초에게 자신의 첩까지 바치며 왕이 될 수 있도록 후원했다. 자초는 즉위하여 장양왕이 되었고, 여불위는 공로를 인정받아 승상의 자리에 올랐다. 이후 최고의 상국이 되었으나 태후의 간통사건에 연루되어 자살하였다. 번오기는 진시황의 생부가 여불위라고 보았다.

분을 내세우며 반란을 일으켰다가 실패하여 연나라로 망명해 몸을 숨기고 있었습니다. 번오기는 형가가 진시황의 의심을 사지 않고 접근하기 위해서는 엄청난 현상금이 걸려 있는 자신의 목이 필요하다는 것을 알고 기꺼이 목을 베어 형가에게 바쳤습니다. 이제 모든 준비가 끝났습니다. 그런데 형가의 거절에도 불구하고 태자 단이 진개의 손자 진무양(秦舞陽)을 부사로 천거하여 동행하게 되었습니다. 진무양은 진시황을 알현하자마자 식은땀을 흘리며 벌벌 떨었을 뿐 그 어떤 기여도 하지 못했습니다. 오직 형가만이 고군분투했으나 진시황의 칼에 넓적다리가 잘리게 되었고 결국 암살 계획은 수포로 돌아갔습니다. 이 일로 인해 진시황은 격노하여 기원전 226년부터 대대적인 연나라 정벌을 감행했습니다. 연나라 희왕은 태자 단의 목을 진시황에게 바치면서까지 선처를 구했으나 진시황은 추호의 망설임도 없이 기원전 222년에 연나라를 멸망시켰습니다.

한편 기원전 221년 가장 마지막으로 멸망한 전통의 강대국 제나라는 전국시대에 들어 나라의 주인이 바뀌게 됩니다. 앞에서 기원전 672년, 손무의 조상인 진(陳)나라 공자 진완이 진나라 유민들을 데리고 제나라로 망명하여 성을 전(田)으로 바꾸었다고 했습니다. 기원전 386년에 그의 후손 전화(田和)가 제나라 강공(康公)을 하극상으로 몰아내고 주나라 천자에게 정식으로 승인받아 제후가 되었습니다. 이렇게 전씨가 제나라 제후가 되었기 때문에 강태공 후손이 다스리던 제나라는 강제, 전씨가 다스린 제나라는 전제라고 불렀습니다. 전제는 위왕(威王)·선왕(宣王) 때 최전성기를 구가했습니다. 그리고 민왕(湣王) 때는 거듭된 승리에 도취되어 기원전 288년 진(秦)나라 소왕과 잠시나마[50] 각각 서제(西帝)와 동제(東帝)로 칭하며 전국칠웅의 왕들과 차별화를 시도하기도 했습니다.

당시 상나라의 후예인 송(宋)나라의 강왕은 제나라와 초나라 그리고 위나라를 제압하며 승승장구했으나 걸왕처럼 포악하고 주색을 즐겼기 때문에 걸송(桀宋)이라고 불렀습니다. 기원전 286년 제나라 민왕이 초·위와 연합하며 걸송의 송나라를 멸하고 땅을 3등분했습니다. 하지만 민왕은 도의를 저버리고 초·위를 기습하여 송나라의 모든 땅을 독식했기 때문에 두 나라의 원한을 샀고 이미 밝혔듯이 기원전 284년, 낙의가 이끄는 6국 연합군에 의해 대패하면서 걷잡을 수 없이 나락으로 떨어졌습니다. 그렇게 세가 기울어진 제나라는 진(秦)나라의 동진을 관망하는 정책을 취할 수밖에 없는 신세로 전락했습니다. 그러다 결국 모든 나라가 다 망하는 것을 지켜본 후 기원전 221년 진(秦)나라에 의해 마지막으로 멸망하는 국가가 되었습니다.

이제 연나라 및 제나라와 관련한 성어를 살펴보겠습니다. 연나라는 기원전 314년에 발발했던 제나라의 침략에 대한 복수를 위해 국력을 키우고 인재를 중용하는 데 애썼습니다. 그때 연나라의 소

---

50 2개월 정도였다.

왕이 곽외(郭隗)에게 인재를 얻는 방법을 물었는데, 곽외는 어떤 임금이 천리마를 얻었던 비법을 소개했습니다. 한 임금이 천리마를 얻고자 해도 얻지 못했는데 한 하급 관리가 왕을 위해 천리마의 뼈를 비싼 값에 샀다는 소문을 내 천리마를 가진 사람들이 하나둘 나타나 천리마를 손쉽게 얻었다는 이야기였습니다. 곽외는 죽은(死) 천리마(馬)의 뼈(骨)를 산다(買)는 매사마골(買死馬骨)의 이야기를 통해 죽은 뼈 같은 자신을 후대하며 중용한다면 천하의 인재들이 몰려올 것이라고 설명했습니다. 곧 이미 죽은 천리마의 뼈는 쓸모가 없지만 그것을 비싼 값에 사들이자 진짜 천리마를 가진 사람들이 나타났던 것처럼, 자신처럼 나이 많고 우둔한 사람을 연나라 왕이 귀하게 등용한다는 소문이 퍼지면 천하의 인재들은 알아서 찾아올 것이라는 의미였습니다. 곽외의 매사마골의 논리대로 기원전 311년 악의나 추연(鄒衍) 그리고 극신(劇辛) 같은 유능한 인재들이 앞다투어 연나라를 찾아왔고 그들은 제나라에 복수하고 부국강병을 이루는 데 일조하였습니다.

연나라와 관련한 마지막 성어는 소진의 동생 소대와 관련한 것입니다. 지리적으로 연나라는 서쪽으로는 조나라에 이웃해 있고 남쪽으로는 제나라와 맞닿아 있어서 두 나라의 위협에서 자유로울 수 없었습니다. 연나라는 기원전 314년의 치욕을 되갚아 주기 위해 제나라와 혈투를 벌였습니다. 그 와중에 흉년이 들자 그 틈을 타 조(趙)나라까지 연나라를 침공한다는 소식을 듣게 되었습니다.

연나라는 당혹스러움을 감추지 못했는데, 마침 연나라에서 체류하고 있던 소대가 연나라 소왕의 명을 받아 조나라 혜문왕을 방문했습니다. 소대는 도요새가 조개의 속살을 먹으려고 하자 조개가 껍데기로 그 부리를 물면서 서로 싸우는 와중에 어부가 모두 손에 넣게 되었다는 이야기를 했습니다. 마찬가지로 조나라가 연나라를 침공해 국력을 소모하면 진나라가 기다렸다는 듯이 두 나라를 침략할 것이라고 역설했습니다. 혜문왕은 소대의 말에 설득되어 연나라 침략을 단념했습니다. 어부(漁父)가 둘 다 잡아 이익(利)을 얻었다는 어부지리(漁父之利) 이야기로 연나라와 조나라의 전쟁을 막았던 것입니다. 그래서 지금까지도 이해관계로 두 사람이 서로 싸우는 사이에 엉뚱한 사람이 애쓰지 않고 모든 이익을 가로채는 상황을 어부지리라고 표현합니다.

어부지리와 맥을 같이 하는 성어는 제(齊)나라에서도 확인할 수 있습니다. 제나라가 위(魏)나라를 치려고 하자 순우곤(淳于髡)이 한자로(韓子盧)라는 발빠른 명견과 동곽준(東郭逡)이라는 재빠른 토끼 이야기를 했습니다. 한자로는 동곽준(東郭逡)을 잡기 위해 힘차게 쫓기 시작했는데 힘이 다해 둘 다 지쳐 쓰러질 때까지 추격을 지속하다가 지나가는 농부에 의해 사로잡혔다는 이야기였습니다. 제나라 위왕(威王)은 둘이 다투는 사이에 농부가 힘을 들이지 않고 횡재를 하게 됐다는 이야기를 듣고 진(秦)나라와 초(楚)나라를 염두에 두고 위나라 정벌의 뜻을 거두었습니다. 이를 개(犬)와 토끼(兔)

의 다툼(爭)이라는 의미의 견토지쟁(犬兔之爭)이라고 하는데, 농부(田父) 입장에서는 힘들이지 않고 이익을 얻어 공적(功)을 쌓은 것이기에 전부지공(田父之功)이라고도 합니다. 두 이야기가 나온 시점을 고려한다면, 소대가 순우곤의 견토지쟁을 어부지리로 각색해서 활용했다고 볼 수 있습니다.

순우곤과 제나라 위왕은 초나라 장왕과 오거의 불비불명(不飛不鳴)을 인용하기도 했습니다. 밤낮 주색에 빠져 있던 위왕에게 대부 순우곤이 3년이 지나도록 날지도 울지도 않은 새에 관해 묻자 위왕은 초나라 장왕의 답변을 원용해서 3년을 날지 않았으니 한 번 날면 하늘을 찌를 것이고 한 번도 울지 않았으니 한 번 울면 세상을 놀라게 할 것이라고 답했습니다. 그 후 72현의 현령을 소집하여 신상필벌(信賞必罰)로 내정을 정비하고 손무의 후손인 손빈을 등용해 부국강병에 성공하여 기원전 334년 칭왕을 하며 최전성기를 맞이했습니다. 소대나 순우곤 그리고 위왕 모두 역사적인 선례에서 해법을 찾아서 전국시대를 돌파한 인물로 볼 수 있습니다.

특히 순우곤은 신분이 천하고 몸집 역시 작고 허약한 체구였지만 사리를 꿰뚫는 통찰력뿐만 아니라 넘치는 재치와 익살을 지니고 있었습니다. 그래서 《사기》에서는 우맹의관의 고사와 함께 〈골계열전〉에서 그를 다루고 있습니다. 천한 신분에서 대부의 지위까지 올랐던 순우곤과 관련한 성어를 좀 더 살펴보겠습니다. 기원전 349년 초나라의 대군이 제나라에 침공했을 때 위왕은 황금 100근과 각종 보물을 수레 열 대에 실어서 조나라에 구원병을 청해오도록 순우곤에게 맡겼습니다. 조나라에 보낼 예물을 보고 순우곤은 관의 끈이 끊어질 정도로 하늘(天)을 우러러(仰) 큰 소리(大)로 웃었습니다(笑). 위왕은 왜 그렇게 앙천대소(仰天大笑)하는지 물었습니다. 순우곤은 한 농부가 돼지 족 하나와 술 한 잔을 올려놓고 대풍년을 기원하던 모습이 생각나 웃었다고 답했습니다. 미미한 제물을 바치면서 호화스럽고 사치스러운 바람을 기원하는 농부의 모습이 떠올라 웃었다는 의미인데 이는 본인을 빗댄 것임을 눈치채고 위왕은 그제야 부끄러워하며 황금 1,000근과 흰 구슬 10쌍 그리고 각종 보물을 수레 100대에 가득 실어 보냈습니다. 조나라 왕이 그 예물을 받고 정병 10만과 전차 1,000대를 지원해 주어 초나라 군은 바로 철군했습니다. 돼지(豚) 족(蹄) 하나에 술(酒) 한(一) 잔이라는 돈제일주(豚蹄一酒)라는 성어가 여기에서 유래했는데 작은 성의로 많은 것을 구하려는 경우에 사용됩니다. 주는 것은 적고 탐하는 것은 많음을 비유하는 말입니다.

■ 한자와 성어 총정리

• 買 살 매 死 죽을 사 馬 말 마 骨 뼈 골

買死馬骨
매 사 마 골
죽은(死) 말뼈(馬骨)를 돈 주고 산다는(買) 뜻으로, 귀중한 것을 손에 넣기 위해 먼저 하찮은 데부터 투자하는 지혜를 의미

• 漁 고기 잡을 어 父 아비 부 之 어조사 지 利 이로울 리

漁父之利
어 부 지 리
어부(漁父)의(之) 이익(利)이란 뜻으로, 쌍방이 다투는 사이 엉뚱한 제삼자가 이득을 챙긴다는 말

• 仰 우러러볼 앙 天 하늘 천 大 큰 대 笑 웃을 소

仰天大笑
앙 천 대 소
하늘(天)을 쳐다보고(仰) 크게(大) 웃음(笑). 곧 어이가 없어 크게 웃는 모습을 의미

• 豚 돼지 돈 蹄 발굽 제 一 한 일 酒 술 주

豚蹄一酒
돈 제 일 주
돼지(豚) 발굽(蹄)에다 술(酒) 한(一) 잔이라는 뜻으로 작은 것으로 너무 큰 것을 얻으려고 하는 경우를 빗대어 쓰는 말

■ 3급 관련 한자 배우기

買 살 매 賣 팔 매 魚 물고기 어 漁 고기 잡을 어

春 봄 춘

• 옛 기생들이 술과 연정을 판다는 의미의 어휘는 무엇일까요?

→ 정답 271쪽

전국시대 _ 진시황의 진(秦)나라

이목지신(移木之信) 조로지위(朝露之危)

시작은 미약하였으나 끝이 가장 창대한 나라는 진(秦)나라였습니다. 춘추오패의 제(齊)·진(晉)·초(楚)·오(吳)·월(越) 그리고 진(秦)나라를 제외한 전국칠웅의 나라는 대체로 시작은 창성했지만 끝이 미약했습니다. 이미 살폈듯이 기원전 313년 어리석은 회왕으로 인해 남방의 강대국 초나라의 국운은 쇠했고, 기원전 284년 낙의가 이끄는 6국 연합군에 의해 제나라 역시 회생 불가능한 상태가 되어 버렸습니다. 기원전 262년에 진나라 소양왕은 범저를 승상으로 삼아서 원교근공(遠交近攻)의 외교 전술에 따라 멀리 있는 제·초 등과 외교 관계를 맺고 가까운 삼진(三晉)을 공격했습니다. 삼진 중에서 가장 강성했던 조나라가 기원전 260년 교주고슬(膠柱鼓瑟)의 조괄로 인해 국운이 나락으로 떨어지고, 이를 시작으로 기원전 230년 한나라가 멸망하면서 순망치한(脣亡齒寒)을 재현이라도 하듯이 기원전 221년까지 조·위·초·연·제 6국이 약 10년 동안 차례로 패망하면서 진나라가 550여 년 동안 지속되었던 춘추전국시대를 마감하고 새로운 시대의 주인공으로 탄생했습니다.

　서쪽의 변방에서 서융의 방위를 위해 자작의 나라로 봉해질 때까지만 해도 오랑캐 취급을 받던 진(秦)나라가 춘추전국시대를 통일할 것이라고는 그 누구도 상상할 수 없었을 것입니다. 심지어는 진나라의 최전성기를 이끌었던 목공 역시 자신의 나라가 천자의 나라 위에 설 것이라고는 꿈도 꾸지 못했을 것입니다. 돌이켜 보면 초나라는 이미 기원전 704년 춘추시대 초에 본격적으로 칭왕을 시작했지만 진나라는 전국시대 들어서 기원전 324년 효공의 아들인 혜문왕(惠文王) 때 비로소 왕으로 칭하기 시작했습니다. 서쪽 변방에 고립된 탓에 정치·경제·문화의 발전 속도 역시 더뎠던 진나라가 어떻게 위대한 패업을 달성할 수 있었을까요?

　지리적으로 볼 때 서방의 진나라는 언제든 동쪽으로 진출하기가 수월했고 적의 침략에 방어하기에도 유리한 천혜의 요새였습니다. 춘추시대까지는 춘추오패의 강성한 대국이 버티고 있어서 이러한 이점을 잘 살리지 못하고 고립된 형국을 유지했으나 강국들의 국력이 점차 쇠하면서 효공과 그의 아들 혜문왕이 지리적인 이점을 살려 중원 정복의 야심을 노골적으로 드러내기 시작했습니다. 단순히 이러한 지리적인 장점만으로 천하통일이 가능했던 것은 아닙니다. 훌륭한 군주와 위대한 신하들의 결속이 강국이나 이상사회에 근접한다는 정치공학적 원칙에 기초해서 본다면, 훌륭한 진나라 왕들과 진나라를 강력한 법제 국가로 만든 상앙, 연횡책으로 합종책을 파한 장의, 원교근공책의 범저 그리고 천부적인 정치·경제·언어 전문가인 이사 같은 훌륭한 객경(客卿)들이 위대한 대업을 완성한 토대라고 할 수 있습니다. 이 중에서 그동안 언급되지 않았던 인물인 상앙(商鞅)을 살펴보겠습니다.

상앙은 위(衛)나라 출신으로, 성(姓)은 희(姬), 씨(氏)는 공손(公孫), 이름은 앙(鞅)이었기 때문에 공손앙으로 불렸습니다. 위나라를 떠나 위(魏)나라의 재상 공손좌(公孫痤)의 식객으로 생활했을 때, 공손좌가 위나라 혜왕에게 공손앙을 천거한 적이 있었습니다. 공손좌는 공손앙을 반드시 중용해야 함을 강조하기 위해 만약 공손앙을 재상으로 삼지 않는다면 다른 나라에 망명해서 위나라에 큰 해를 입힐 것이니 반드시 죽여야 한다고 진언했습니다. 그런데도 혜왕은 공손앙을 등용하지 않았습니다. 기원전 362년 진(秦)나라에서 훌륭한 인재를 초빙하여 우대한다는 초현령(招賢令)을 공포하자 공손앙은 진 효공을 만나기 위해 진나라로 망명하였습니다. 공손앙은 효공을 네 번 알현하면서 그 재능과 학식을 인정받았고 몇 년 후 좌서장(左庶長)이 되어 진나라의 제도 개혁을 책임지게 되었습니다.

공손앙은 제도를 개혁하는 새로운 법령을 만들기는 했으나 백성이 그 법을 믿고 따르게 할 방도를 찾지 못해 심사숙고하고 있었습니다. 그러다가 백성의 신임을 얻기 위해 수도 남문에 세 길쯤 되는 나무 기둥을 세워두고 누구든지 그 기둥을 북문으로 옮기기만 하면 십 금(十金)을 상으로 준다는 방을 써 붙였습니다. 그 말을 믿었던 사람이 없었기 때문에 기둥을 옮기는 사람 역시 아무도 없었습니다. 그래서 상금을 오십 금(五十金)으로 올렸더니 어떤 사람이 반신반의하면서 나무 기둥을 북문으로 옮겼습니다. 공손앙은 그 자리에서 바로 상금을 주었습니다. 이 소식이 전해지자 진나라의 백성들은 좌서장 공손앙은 식언하지 않고 한 번 말한 것은 반드시 지키는 사람이라고 확신하게 되었습니다. 그 후 공손앙은 새로운 법령을 공포했는데, 이날부터 새로운 진나라로 탄생하게 됩니다. 이렇게 나무를 옮긴 자에게 상금을 준 사건은 진나라가 강력한 법치 국가로 도약할 수 있게 한 초석이 되었습니다. 나무(木)를 옮기게(移) 하는(之) 믿음(信), 곧 나무(木)를 옮기는(移) 일로 백성들이 위정자를 믿게(信) 한다는 이목지신(移木之信)이 여기에서 유래했습니다. 이는 남을 속이지 않고 약속을 반드시 지킨다는 뜻으로 사용됩니다.

공손앙의 변법이 시행된 후 기원전 352년에 진 효공이 공손앙을 대량조(大良造)에 임명했습니다. 공손앙은 2년 후인 기원전 350년에 여러 대신들의 반대에도 불구하고 두 번째 개혁을 단행하는데 곧바로 문제가 발생합니다. 신법에 따르면 죄인을 숨겨주면 같은 형벌을 받게 되는데 태자 사(駟)가 사형선고를 받은 왕족을 보호해주자 이것을 어떻게 처리할지 세상의 이목이 집중되었습니다. 사형수를 숨겨준 태자 역시 사형 죄에 해당하게 되는데, 당시 규정에 따르면 태자를 죽이는 것은 불가능했기 때문이었습니다. 이에 공손앙은 태자를 대신해서 그를 보좌하는 장공자 건(虔)에게는 코를 베는 의형(劓刑)을 내리고, 태자의 사부 공손고에게는 죄명을 이마에 문신으로 새기는 묵형(墨刑)을 내렸습니다. 이 일로 인해 그 누구도 감히 법을 어길 생각을 못했는데, 그렇게 10년이 지나자 진나라는 모든 면에서 더 부강한 강국으로 발전할 수 있었습니다. 군사력도 점점 강력해지면서 드디어 기원전 340년 당시 위세를 떨치고 있었던 위(魏)나라와 당당히 맞설 정도가 되어 전쟁을 치르게 되었습니다.

공손앙은 친분이 있던 위나라 공자 앙(卬)이 지휘관이라는 사실을 전해 듣고 편지를 보내 화친을 제의했습니다. 공자 앙 역시 기뻐하면서 초청에 임했는데, 도착하자마자 매복해 있던 병사들에게 사로잡혀 포로가 되었습니다. 하루아침에 지휘관을 잃은 위나라는 혼란에 빠졌고 결국 진나라 군에 대패하면서 공손앙은 손쉽게 서하 땅을 얻었습니다. 이 공로로 상(商)나라 열다섯 개 성읍을 봉지로 받고 상군(商君)의 칭호까지 하사받았기 때문에 이때부터 상앙으로 불리게 되었습니다. 상앙은 훌륭한 군사는 자신의 양심을 위해 속임수를 꺼리지 않는다는 《손자병법》의 모략을 그대로 적용해서 간단하게 위나라를 이길 수 있었는데, 위나라 혜왕은 그제야 과거 공손좌의 말을 따르지 않은 것을 깊이 탄식하며 후회했다고 전합니다. 진나라의 여러 성군과 상앙·장의·범저·이사의 만남으로 통일 진(秦)이 탄생한 것인데, 만약 상앙이 없었다면 그 과업은 달성되지 못했든지 수백 년 뒤로 미뤄졌을 가능성이 큽니다. 즉 상앙을 진나라로 망명시킨 혜왕의 결정이 춘추전국시대의 막을 내린 단초가 된 것입니다.

　진나라에서 효공을 등에 업고 상군의 칭호까지 하사받으며 승승장구하던 상앙에게 감당하기 어려운 문제가 생겼습니다. 기원전 338년 상앙의 후견인이라고 할 수 있는 진 효공이 죽고 상앙에게 깊은 원한을 품고 있었던 태자 사가 혜문왕으로 즉위한 것입니다. 이미 효공이 죽기 몇 달 전 덕망 높은 선비 조량(趙良)은 상앙이 법을 강력하게 집행한 부작용으로 복수심에 불타는 사람이 많으니 상앙의 목숨은 쉽게 소멸하는 아침이슬(朝露)의(之) 위태로움(危)과 같다고 직언했으나 상앙은 그 말을 가볍게 여겼습니다. 여기서 유래한 조로지위(朝露之危)는 생명이나 지위가 아주 불확실하여 쉽사리 끝나는 상태를 의미할 때 사용되는 성어입니다. 위대한 상앙도 오랜 승리에 도취되어 자신이 처한 현실이 조로지위의 상황임을 간파하지 못했습니다. 결국 혜문왕은 여러 대신의 모함과 참소를 구실로 삼아서 상앙의 가족과 친족까지 다 죽였습니다. 그리고 상앙의 사지는 수레에 묶고 찢어 죽이며 건과 공손고의 복수를 끝냈습니다. 토지를 대량으로 개간하여 농업 생산량을 증대시키고, 6

국에 대항할 만한 강력한 정병을 육성하고, 군현제를 진나라 각지에 도입하여 강력한 중앙집권체제를 구축하면서 천하통일의 토대를 이룬 상앙이 자신이 만들어낸 법령의 부작용으로 역사의 현장에서 아침이슬처럼 사라진 순간이었습니다. 수레에 몸을 묶어 찢어 죽이는 거열형(車裂刑)을 고안한 창시자가 바로 상앙이었는데 자신이 창안한 형벌로 비참하게 생을 마감하게 된 것입니다.

하지만 진나라는 이런 영웅들을 자양분으로 삼아 6국을 멸하며 천하의 주인이 될 수 있었는데, 그 최고의 수혜자이자 주인공인 진시황은 자신과 6국의 군주는 근본적으로 차별이 있어야 한다고 생각했습니다. 이미 기원전 309년 진나라 무왕 때 재상(宰相)·집정(執政)·정승(政丞) 등의 호칭 대신 왕을 받드는 재상이라는 의미의 승상(丞相)이라는 호칭을 사용했는데, 이와 마찬가지로 6국이 모두 사용하는 왕 대신 황제(皇帝)라는 칭호를 사용하면서 최초의(始) 황제(皇帝), 곧 시황제(始皇帝)로 등극하고자 했습니다. 여기서 황(皇)은 찬란하게 빛난다는 의미를 내포하고, 제(帝)는 자연계와 인간계를 지배하는 최고의 신이라는 뜻을 함축하고 있습니다. 이는 전설의 제왕 삼황오제(三皇五帝)에서 따온 것인데, 이제 진나라의 군주는 천명을 받는 하늘의 아들이 아니라, 신에 버금가는 존재인 황제로 받들어지기 시작한 것입니다. 시황제의 명령은 하늘의 신처럼 떠받들어지면서 군현제를 통해 지방의 말단에 이르기까지 황제가 백성들을 지배하는 시대가 도래했습니다.

난세 중의 난세로만 알려져 있는 춘추전국시대는 철저하게 실력과 재능으로만 평가받던 시대였고, 열린 신분체제 하에서 뜻을 품은 자가 신분의 벽을 초월하며 마음껏 천하를 꿈꿀 수 있는 역동적이고 생기가 넘치던 시대였습니다. 중국역사상 그 어디에서도 찾아볼 수 없는 이 낭만과 로망의 시대는 진나라의 강력한 전제군주정의 시작으로 혈통과 신분이 중시되는 계급사회로 진입하면서 역사의 뒤안길로 사라지게 되었습니다.

■ 한자와 성어 총정리

- **移** 옮길 **이** **木** 나무 **목** **之** 어조사 **지** **信** 믿을 **신**

  移木之信
  이 목 지 신

  나무(木)를 옮기게(移) 하는(之) 믿음(信). 위정자가 나무 옮기기로 백성들에게 믿음을 얻었다는 말

- **朝** 아침 **조** **露** 이슬 **로** **之** 어조사 **지** **危** 위태할 **위**

  朝露之危
  조 로 지 위

  아침(朝) 이슬(露)과 같은 위험(危)이라는 뜻으로, 위험에 처한 불확실한 삶을 비유한 말

■ 3급 관련 한자 배우기

  各 각각 **각** **路** 길 **로** **露** 이슬 **로** **多** 많을 **다** **移** 옮길 **이**

- 일이나 형편이 시간의 경과에 따라 변하여 나가거나 그런 경향을 무엇이라고 할까요?

  → 정답 271쪽

대한검정회 한자 자격증 3급 특강

3급 대비 한자 1000

3급 대비 한자 1000

1강 한자 이론

1. 한자의 형성 과정

① 갑골문 ② 금문 ③ 전서 ④ 예서 ⑤ 해서 ⑥ 한자 용어의 유래 – 원나라 때 '문자'에서 '한자'로

2. 설문해자(說文解字)

중국 최초의 자전으로 문자를 해설한 최초의 책이다. 서기 100년부터 시작해 서기 121년에 완성했다. 총 9,353자가 수록되어 있으며 540개의 부수가 나온다.

3. 부수(部首) – 문자 발생 원칙을 알 수 있도록 의미를 나타내는 자를 부수로 선정한다.

1) 자전과 부수

1615년 《자휘》 214부수의 효시
1716년 《강희자전》 214부수
1937년 《사해》 250부수. 1979년 개정판에 간체자 반영
1994년 《한어대사전》 200부수

2) 부수 분류 법칙

① 문자학적 원칙 – 恕
② 검자법적 원칙 – 寶, 寒, 辯
* 부수란 한자를 정리·배열하기 위한 방법일 뿐이므로 따로 외울 필요가 없는 개념이다.

4. 육서(六書) – 한자의 성립을 6가지로 나누어 설명한 분류법으로 후한 시대 중국음으로 정해진 것인데 현대 중국인도 분류할 수 없는 개념이다.

5. 획수 – 연필이나 볼펜이 아닌 붓글씨 쓸 때의 획수이기 때문에 언급하는 것이 무의미하다. 예를 들어 比은 5획으로 써야 하는데 붓글씨 획수라서 4획으로 되어 있다.

6. 획순

① 위에서 아래로 쓴다.(예 川)
② 왼쪽에서 오른쪽으로 쓴다.(예 三)
③ ㄱ, ㄴ 은 한 획으로 긋는다.
④ 가로획과 세로획이 교차할 때는 가로획을 먼저 긋는다.(예 占)
⑤ 삐침(丿)과 파임(乀)이 어우를 때는 삐침을 먼저 한다.(예 乂, 大)
⑥ 좌우 대칭일 때는 가운데 획을 먼저 긋는다.(예 小)
⑦ 오른쪽 위의 점은 맨 나중에 찍는다.(예 代, 犬)
⑧ 몸(口 에운담, 큰입구 몸)을 먼저 긋고 제일 나중에 닫는다.(예 國)
⑨ 글자 전체를 꿰뚫는 획은 나중에 긋는다.(예 中, 母)
⑩ 받침(辶)은 맨 나중에 쓴다.(예 建)

2강

一 한 일 나뭇가지 하나를(一) 옆으로 뉘어 놓은 모양

二 두 이 나뭇가지 두(二) 개를 옆으로 뉘어 놓은 모양

厂 언덕 엄 언덕(厂)의 모양

广 집 엄 집(广)의 모양

尸 주검 시 쪼그리고 앉은 사람(尸)의 모습인데 산 사람(尸)과 죽은 사람(尸)을 포함해서 집(尸)의 모양으로도 사용

戶 집 호 한쪽 면만 있는 지게문(戶)에서 집(戶)으로 의미 확대

宀 집 면 지붕과 두 기둥을 그린 모양

亠 돼지해머리 두 '돼지 해(亥)' 글자의 머리 부분인데 갓(亠) 쓴 사람으로 풀이

水/氷/氵 물 수 굽이쳐 흐르는 물(水)의 흐름을 그린 모양

永 길 영 사람이 물(水)속에서 오래(永) 잠수하고 있는 모습인데 물(水)이 길게(永) 이어진(二) 것으로 풀이

川/巛 내 천 언덕(丨) 사이로 거세게 흐르는 냇물(丨) 모양

州 고을 주 냇물(川) 사이에 있는 모래톱이(丶) 고을이(州) 된 것

氵/氷/冰 얼음 빙 물(水) 위에 떠 있는 얼음(冰) 덩어리 두 개의(氵) 모양

疒 병 녁 침상에 누워 있는 환자의 모습인데 집(广)이 얼음(氵)처럼 차가워서 병(疒)에 걸린 것으로 풀이

耳 귀 이 귀(耳)의 모양

口 입 구 입(口) 벌린 모양

品 물건 품 여러 물건(口)을 모아둔 모양

凵 입 벌릴 감 뚜껑이 없는 그릇의 모양인데 입(口)을 크게 벌린(凵) 것으로 풀이

甘 달 감 단맛이 느껴지는 위치를 혀에 표시한 모양(甘) 혹은 입에 든 달콤한 열매(甘)를 의미

匚 상자 방 상자(匚)의 모양

區 지경/나눌 구 물건(品)을 종류별로 상자(匚)에 나눈(區) 모양

囗 큰입구몸, 에워쌀 위 물건이나 지역을 에워싸는 테두리(囗)

曰 가로 왈 입(口)을 벌려 말하는 모양인데(曰) 가운데 획(一)은 말소리를 의미

日 해 일 떠오른 둥근 해(日)의 모양인데 가운데 획(一)은 흑점의 모양이 변한 것

白 흰/아뢸 백 손톱이나 사람 머리 혹은

쌀알이라는 설이 있으나, 찬란하게 빛나는(丶) 태양(日)의 밝고 흰(白) 광선으로 풀이

百 일백 백 흰 백(白)에 '한 일(一)'을 추가해서 일백(百)을 완성한 것으로 풀이

昌 창성할 창 태양(日)과 그 그림자(日)의 모양인데 태양빛이 잘 뻗어 나가기 때문에 창성하다(昌)의 의미

唱 노래/부를 창 입에서(口) 창성하게(昌) 울려 퍼지는 노랫소리(唱)

人/亻/儿 사람 인 직립 보행하는 사람의 (人) 옆모습(人)

仁 어질 인 사람이(亻) 등에 짐을(二) 지고 견디는 모양인데 두(二) 사람(亻)이상이 모였을 때 필요한 어진(仁) 인격으로 풀이

千 일천 천 사람(亻) 밑에 선(一)을 그어서 천(千)이라는 수를 표시

舌 혀 설 입(口)에서 혀(千)가 움직이는 모양인데 입(口)에서 천(千) 번 이상 움직이는 혀(舌)로 풀이

活 살 활 혀가(舌) 마르지 않도록 물을(氵) 마셔야 사는(活) 것

宿 잠잘 숙, 별자리 수 집(宀)에서 돗자리(百) 펴고 자는(宿) 사람(亻)인데 집(宀)에서 많은(百) 사람(亻)이 자고(宿) 있는 것으로 풀이

言 말씀 언 입(口)에서 움직이는 혀(言)의 모양인데 혀를(言) 움직이며 말한다는 (言) 의미가 파생

信 믿을/편지/통신 신 사람(亻)의 말(言)은 믿을(信) 수 있어야 한다는 의미

訓 가르칠 훈 냇물에서 묵형을 당하는 죄수에게 올바른 삶을 가르치는 모습인데 냇물(川) 흐르듯 순리에 맞게 사는 법을 알려주며(言) 가르친다는(訓) 것으로 풀이

兄 형 형 입(口)으로 소리를 내며 일을 지시하는 사람(儿) 혹은 입(口)을 크게 벌려 신에게 대표로 기도하는 사람(儿)인 형(兄)

月 달 월 초승달(月) 혹은 반달(月)의 모양

夕 저녁 석 달(月)이 뜨기 시작하는 저녁(夕)을 의미

名 이름 명 앞이 보이지 않는 저녁에(夕) 입으로(口) 서로의 이름을(名) 밝힌다는 의미

明 밝을 명 창틀(日)에 달(月)이 떠 밝은(明) 것인데, 해(日)와 달(月)이 모두 하늘에 걸쳐 있는 밝은(明) 아침으로 풀이

夜 밤 야 사람(亻)의 몸(月)에서 달(月) 뜬 밤(夜)처럼 어두운 겨드랑이를 의미하는데 갓을(亠) 벗고 사람이(亻) 잠자는 달(月) 뜬 밤으로(夜) 풀이

卜 점 복 불붙인 꼬챙이를 거북 배딱지에 갖다댈 때 갈라지는(卜) 모양으로 점(卜)을 치는 일

兆 조짐/조 조 갈라지는 금을 통해 얻은 점괘로 조짐(兆)을 파악하는 것인데 수많은 일을 묻기 때문에 조(兆)의 의미 파생

占 점/점령할 점 갈라진(卜) 모양을 입(口)으로 풀어하여 점을 치는(占) 것

店 가게 점 자리를 차지하고(占) 상권을 점령한(占) 집이라서(广) 가게로(店) 풀이

外 바깥 외 저녁(夕)에 점(卜)을 치는 것은 예외적인 경우라서 점괘가 바깥으로 벗어남을 의미

❓ 편지글에서, 친구 사이에 상대편을 높여 이르는 이인칭 대명사는?

✔ 정답 271쪽

3강

十 열 십 열 개를 기본으로 묶은(十) 모양. 풀이나(十) 손의(十) 의미로도 사용

丰 예쁠 봉 풀이 예쁘게(丰) 우거진(丰) 모양 혹은 예쁜(丰) 나무의(丰) 모양

計 셀/꾀 계 입(言)으로 열(十)을 센다는(計) 의미

卒 군사/죽을/마칠 졸 군사들이 입는 갑옷의 모양인데 10명(十) 단위로 조직된 사람(人)들의 무리인 군사(卒)로 풀이

肉 고기 육 고기(肉)를 자른 단면의 모양

月 육달월 고기(月)를 자른 단면의 모양

有 있을 유 손(十)에 있는(有) 고기(月)를 권하는 모습

多 많을 다 고기(月)가 많다는(多) 의미

朋 벗 붕 조개를 실로 꿰어놓은 모양인데 육체적으로(月) 함께 붙어 다니는 두 친구(朋)로 풀이

手/扌 손 수 손가락 다섯 개를 그린 손(手)의 모양

拜 절 배 곡식이(丰) 잘 자라도록 절하며(拜) 손으로(手) 비는 것 혹은 손(手)으로 풀(丰)을 뽑게 되면 절(拜)을 하는 자세가 되는 것으로 풀이

毛 털 모 짐승 꼬리에 있는 털(毛)의 모양

尾 꼬리 미 사람(尸) 털이(毛) 있는 꼬리를(尾) 달고 있는 모습인데 사냥이나 제의를 위해 꼬리를(尾) 장식한 것

ヨ/十/艹/丿/乀/乂 손

丑 소 축 손(ヨ)으로 물건을 잡는 모양인데 가차되어 소(丑)의 뜻으로 굳어짐

爪 손톱 조 물체를 집어 들려고 하는 손(爪)의 모양인데 일반적으로 손동작(爪)을 의미

父 아버지 부 손(乂)에 돌도끼(丿 乀)를 들고 사냥을 나가는 아버지(父)의 모습

又 또 우 물체를 집어 올리려는 오른손(又)의 모양인데 보통 손동작을 의미

友 벗 우 손(ナ)과 손(又)을 함께(又) 써서 일하는 친구(友) 혹은 서로 손을 맞잡은 친구(友)로 풀이

度 법도/정도 도, 헤아릴 탁 집(广)에 사는 사람 수(廿)의 정도를(度) 손(又)으로 헤아리는(度) 것으로 풀이

攵/攴 칠 복 손에 북채 등을 쥐고 북을 치는(攵) 모습인데 일반적으로 손동작(攵)을 의미

夂 뒤져서 올 치 머뭇거리며 걷는(夂) 것인데 주로 발동작을(夂) 의미

冬 겨울 동 실 끝의 모양에서 기원된 것인데 계절 중 제일 나중에 걸어오면서(夂) 얼음(冫)을 만드는 겨울(冬)으로 풀이

右 오른 우 오른손을 펼친 모양인데 입(口)에 밥 넣을 때 사용하는 오른손(右)으로 풀이

散 흩을 산 삼실을 흩어내는(散) 모양 혹은 손(攵)으로 고기(月)를 여러(廿) 조각으로 흩어내는(散) 것

石 돌 석 언덕(厂)에서 돌(口)을 캐내는 모양(石) 혹은 돌로(厂) 판 구덩이(口)로 풀이

工 만들 공 손잡이 달린 연장(工)의 모양으로 무엇인가를 만들(工) 때 사용

江 강 강 공~궁~(工) 소리를 내며 흐르는 물줄기인(氵) 장강인데(江) 물(氵)이 모여 만든(工) 강(江)으로 풀이

左 왼 좌 왼손을 펼친 모양인데 오른손을 도와 물건을 만드는 왼손(左)으로 풀이

巨 클 거 손잡이(口)가 달린 큰(巨) 연장(工)

心/小/忄 심장/마음 심 심장(心)의 모양

必 반드시 필 칼로 반드시(必) 잘리는 사물의 모양 혹은 곡식을 재는 도구의 모양인데 심장(心)에 칼(丿)이 꽂히면 반드시(必) 죽게 되는 것으로 풀이

山 뫼/메/산 산 뾰족하게 솟은 산(山)의 세 봉우리를 그린 모양

仙 신선 선 사람이(亻) 산에(山) 들어가 신선이(仙) 되고 싶은 것으로 풀이

密 빽빽할/은밀할 밀 잘 드는 칼은 반드시 산속 같이 은밀한 장소에 보관해야 한다는 것 혹은 속세와 격리된 산(山)에 위치한 집(宀)은 반드시(必) 나무가 빽빽한(密) 은밀한(密) 장소라고 풀이

三 석 삼 나뭇가지 세(三)개를 옆으로 뉘어 놓은 모양

彡 터럭 삼 머리털(彡)의 모양

四 넉 사 입 벌려 숨 쉬는 모양인데 사람(儿)을 중심으로 본 동(丨)서(丨)남(丨)북(丨) 사방(四)으로 풀이

五 다섯 오 다섯 개를 묶은 모양

吾 나 오 다섯(五) 살이 되면 자신(吾)에 대한 자아개념이 생기는 것으로 풀이

悟 깨달을 오 '마음 심(忄)'을 추가하여 깨달음을(悟) 나타냄

語 말씀 어 일관된 논증을 의미하는데 내(吾)가 한 말(言)에 대한 반론의 말(語)을 주고받는 것으로 풀이

話 말할/이야기 화 두 사람이 각자의 혀(言舌)를 움직이며 대화하는 모습

❓ 비슷한 또래로서 서로 친하게 사귀는 사람은?

✔ 정답 271쪽

4강

六 여섯 륙 집의 윤곽을 나타내는 한자인

데 엄지와 새끼손가락을 뺀 나머지 세 손가락을 주먹 쥐듯 굽히면 양손을 더해서 여섯이 되는 것으로 풀이

七 일곱 칠 숫자 칠(七)

宅 집 택 집과(宀) 발음부호인 '부탁할 탁(乇)'이 결합한 것인데 일곱(七) 개 방에 여러 식구들이 모여(宀) 사는 집으로(宀) 풀이

八 여덟/나눌 팔 양쪽으로 나눈(八) 모양

九 아홉 구 구부린 팔뚝(九) 모양인데 팔을 구부려서 많은(九) 물건을 모으는 모양

丸 알 환 둥근 알의(丸) 모양으로 풀이

甲 갑옷 갑 거북의 배딱지나(甲) 갑옷(甲) 혹은 방패의(甲) 모양

田 밭 전 구획이 정리된 밭(田)의 모양

數 셀/셈 수 여성(女)이 밭(甶)에서 수확한 작물을 머리 중심(中)에 이면서 손(女)으로 그 양을 헤아리는(數) 것

艹/十/屮/艸 풀 초 땅에서 돋아난 풀(艹)의 모양

土 흙 토 흙으로(土) 쌓아 놓은 단의 모양인데 땅에(〔〕) 풀이(十) 돋아난 모양에서 흙으로(土) 풀이

士 선비 사 춘추시대까지만 해도 작은 도끼(土)를 들고 전쟁에 참여했던 계급이 사(土)였는데 하나(一)를 들으면 열(十)을 아는 선비(士)로 풀이

坐 앉을 좌 땅에(土) 두 사람이(人) 마주보고 앉은(坐) 모습

旦 새벽 조 병사들이 해가(日) 뜨는 새벽에(旦) 기상하는 것 혹은 풀밭에(十) 해가(日) 떠오르는 새벽(旦)

卓 높을 탁 높이(卓) 뜬 태양(日)을 보고면(卓) 시일의 날씨를 점치는 것인데 아침(旦)에 점(卜)을 치면 정확도가 높아지는(卓) 것으로 풀이

草 풀 초 해(日)가 떠서 풀밭(草)을 비추는 것

朝 아침 조 달(月)과 떠오르는 해(日)가 풀밭(十)에 비추고 있는 아침(朝)

古 예 고 입(口)으로 십(十) 년 전의 옛일(古)을 전하는 것으로 풀이

苦 쓸/괴로워할 고 풀(艹)이 오래되어서(古) 쓴(苦) 것으로 풀이

固 굳을 고 오래(古) 에워싸서(囗) 굳은(固) 것으로 풀이

個 낱/하나 개 사람(亻)이 굳은(固) 주검의 수

故 원인/예 고 옛날(古)에 했던 동작(攵)이 현재 결과의 원인(故)이라고 풀이

居 살/앉을 거 사람이(尸) 의자에(古) 오래(古) 앉은(居) 모습 혹은 집에서(尸) 사람이(尸) 오래(古) 살고(居) 있는 것으로 풀이

湖 호수 호 예(古)부터 달(月)이 반사돼 보이던 호수(湖)

若 같을 약 산발하고 손을 들고 있는 모습인데 풀(艹)처럼 헝클어진 머리를 오른쪽(右)으로 가지런히 넘겨서 전체적으로 같은(若) 모양으로 만든 것으로 풀이

乙 새 을 풀이 자라는 모양 혹은 새 모양(乙)

乾 하늘/마를 건 풀이(乙) 솟아오르듯 태양이(日) 떠 있는 하늘인데 사람이(人) 동경하는 곳으로 새가(乙) 날고 풀밭에(十) 내리쬐는 해가(日) 있는 하늘로(乾) 풀이

弓 활 궁 활(弓)의 모양

引 끌/당길 인 화살(丨)을 활(弓)에 걸고 당기는(引) 모양

竹 대나무 죽 대나무 잎사귀(竹)의 모양

第 차례 제 대나무(竹)로 만든 활(弓)을 가죽으로 차례차례(第) 감은 것으로 풀이

弟 아우 제 차례(第)라는 의미에서 형 다음인 아우(弟)의 의미 파생

大 큰 대 어른이 두 팔을 벌리고 서 있는

모습에서(大) 크다는(大) 의미가 파생

太 클 태 사람이 큰 언덕 위에 서 있는 모습인데 상대적인 의미의 '큰 대(大)' 아래 점을 찍어 절대적인 의미의 '클 태(太)'를 만든 것

夫 사내/지아비 부 스무 살이 되면 큰(大) 남자의 머리가 풀어지지 않도록 동곳 같은 것으로 고정한 모습에서 사내(夫)라는 의미 파생

扶 도울 부 사내(夫)가 손(扌)으로 일을 도와주는(扶) 것

犬 개 견 개의(犬) 모양

伏 엎드릴 복 사람(亻) 앞에 개(犬)가 엎드린(伏) 모양

器 그릇 기 개고기(犬)를 그릇(㗊)에 담은 모양으로 풀이

誤 그릇될 오 큰(大) 사람이 고개를 삐딱하게 하고 물건(口)을 이고 가는 것인데 말(言)이 삐딱해서 그릇되다는(誤) 의미

因 인할 인 돗자리에 큰 사람이 누운 모습인데 어떤 원인으로(因) 사람의(大) 영토가(口) 크게(大) 된 것으로 정리

恩 은혜 은 큰(大) 지역을(口) 통치하는 사람이 진실한 마음으로(心) 은혜를(恩) 베풀어야 하는 것으로 풀이

❓ 남과 시비하거나 남에게서 헐뜯는 말을 듣게 될 운수는?

✅ 정답 271쪽

5강

天 하늘 천 큰(大) 사람 위에 존재하는 공간인(一) 하늘(天)

无 없을 무 '無'의 본자인데 하늘보다(天) 높은 없는(无) 것으로 정리

夭 일찍 죽을/어릴 요 사람(大)이 빠르게 걷는 모습(夭) 혹은 춤을 추며 교태를 부리는 모습(夭)인데 빠르게 걷는다는 의미에서 일찍 죽는다는(夭) 뜻이 파생

笑 웃을 소 대나무(竹) 조각으로 구운 개의(夭) 털을 긁어내고 웃으면서(笑) 먹는 모습

木 나무 목 땅(一) 아래 나무뿌리와 그 위에 줄기(丨) 모양

林 수풀 림 나무(木)가 무성한 숲(林)

不 아닐 불, 부 땅(一) 밑에 뿌리만 있고 줄기나 가지가 올라오지 아니한(不) 모양

否 아닐 부 입(口)으로 아니라고(不) 부정하는(否) 것

杯 잔 배 과하게 많이 마시면 안(不) 되는 나무(木) 술잔(杯)의 술

困 곤할 곤 밀폐(口) 공간에 갇혀 있어서 나무(木)가 잘 자라지 못해 곤한(困) 것으로 풀이

東 동녘 동 물건을 담은 자루의 모양인데 해(日)가 떠서 나무(木)에 걸려 있는 동쪽(東) 방향으로 풀이

朴 순박할/성 박 나무(木)가 갈라진(卜) 것이 자연스럽다는 것에서 순박하다는(朴) 의미로 풀이

操 잡을 조 나무(木) 위에서 지저귀는(口) 새를 손(扌)으로 잡은(操) 것으로 풀이

休 쉴 휴 사람(亻)이 나무(木) 그늘 아래에서 쉬는(休) 모습

來 올 래 밀이나 보리의 모양인데 사람(人)들이 쉬기 위해 나무(木) 그늘을 찾아 온(來) 것으로 풀이

麥 보리 맥 뿌리가(夂) 강조된 보리(麥) 모양인데 여러 사람이 와서(來) 보리(麥)밟기(夂) 하는 것으로 풀이

床 평상 상 집(广)에서 나무(木)로 만든 침상(床)으로 사용하는 평상(床)

未 아닐 미 무성한 가지의 모양인데 나무의(木) 가지가(一) 다 자라지 않은(未) 모양

味 맛 미 다 익지 아니한(未) 설익은 열매를 입(口)으로 맛보는(味) 것으로 풀이

妹 누이 매 다 자라지 않은(未) 어린 여성(女)인 누이(妹)

朱 붉을 주 다 자라지 아니한(未) 나무(木)를 베어(丿) 붉은(朱) 염료를 채취하는 모습

末 끝 말 나뭇(木)가지(一) 끝(末)

本 근본 본 나무(木)의 뿌리 부분을 표시해서(一) 근본(本)의 뜻을 나타냄

米 쌀 미 이삭에 붙어 있는 벼(禾)의 낱알(米)

禾 벼 화 이삭이 잘 익어서 고개 숙인 벼(禾)의 모양

和 화할 화 관악기를 조화롭게 부는 모양인데 벼(禾)를 나누어 먹고(口) 화목하다는(和) 의미로 풀이

香 향기 향 벼(禾)를 수확해서 그릇(日)에 담아 놓은 모양에서 쌀밥의 향기(香)를 강조

番 차례 번 차례차례 찍힌 짐승 발자국의 모양인데 벼(禾)와 쌀(米)을 수확하기 위해 밭(田)에 씨를 차례로(番) 뿌리는 것으로 풀이

秘 숨길 비 벼로(禾) 무기를(必) 숨기거나 곡식을(禾) 신의 제단에 바치는 것인데 소중한 벼는(禾) 반드시(必) 숨겨(秘) 보관하는 것으로 정리

移 옮길 이 많은(多) 벼이삭이(禾) 넘실거리며 움직이는 모양 혹은 벼(禾)를 많이(多) 수확하기 위해 옮겨(移) 심는 것으로 정리

阝(阜) 언덕 부 언덕을 오를 수 있도록 만든 계단(阝)의 모양인데 한자의 왼쪽에 나옴

阝(邑) 고을 읍 한자의 오른쪽에 나올 때는 고을(邑)이라는 뜻

陸 뭍 륙 언덕에 있는 집의 모양인데 사람이(儿) 사는 언덕과(阝) 땅으로(土) 이뤄진 뭍을(陸) 의미

目 눈 목 눈알(口)에 테두리(口)가 그려진 눈(目) 모양

艮 그칠 간 등 뒤에 시선이 고정되어(艮) 바라보고(艮) 있는 모습

眼 눈 안 한쪽 눈(目)과 다른 쪽 눈(艮)

恨 한할 한 마음(忄)의 한(恨)이 눈(艮)에 서려 있는 한스러운(恨) 상태

根 뿌리 근 땅 속에 고정되어(艮) 있는 나무의(木) 뿌리(根)

銀 은 은 눈동자(艮)처럼 하얀 금속(金)인 은(銀)으로 풀이

限 한계 한 보초병이 언덕에서(阝) 지경의 한계를(限) 눈을(艮) 크게 뜨고 살피는 것

退 물러날 퇴 뒤를 돌아보며(艮) 물러가는(辶) 것으로 풀이

❓ 업신여기거나 냉대하여 흘겨보는 눈은?

✅ 정답 271쪽

6강

良 좋을 량 궁궐의(良) 시설이 좋다는(良) 의미인데 시력이(艮) 초롱초롱 빛나는(丶) 좋은(良) 건강 상태로 정리

郎 사내 랑 궁에서 일하는 벼슬아치인데 마을에서(阝) 힘 좋은(良) 사내로(郎) 풀이

廊 행랑 랑 일 잘하는 사내인(郎) 하인들이 거처하는 방(广)

朗 밝을 랑 궁궐은(良) 밤에도 달빛(月) 같은 조명 시설로 전체적으로 밝게(朗) 유지한다는 것으로 풀이

浪 물결 랑 헤엄치기 좋은(良) 물결로(浪) 풀이

食 먹을 식 그릇에 음식이 담겨 있고 뚜껑으로(人) 닫혀 있는 모양인데 사람이(人) 좋아하는(良) 먹을(食) 것으로 정리

面 낯/얼굴 면 눈(目)을 중심으로 얼굴선(口)을 그린 얼굴(面)

算 셀 산 대나무로(竹) 만든 주판의(目) 알을 손으로(卄) 튕겨 수를 세는(算) 것.

見 볼 견, 뵐 현 사람(儿)이 눈(目)으로 보는(見) 모습

看 볼 간 손을(手) 눈에(目) 올리고 보는(看) 것

硯 벼루 연 먹이 잘 갈리는지 보면서(見) 정성스럽게 가는 돌(石)

規 법 규 어른이(夫) 되어 판단하여 보는(見) 것이 올바른 기준이나 법이(規) 되는 것으로 정리

冂 성 경 성의(冂) 모양으로 정리

同 같을/함께 동 함께 일하고 먹는 것인데 같은(同) 혈족의 사람들이(口) 성에(冂) 모여(一) 함께(同) 사는 것으로 정리

洞 마을/동굴 동, 꿰뚫을 통 물이(氵) 있는 곳에 함께(同) 만들어진 마을(洞) 사이를 냇물이(氵) 관통하는(洞) 모양

火/灬 불 화 이글이글 타오르는 불의(火) 모양.

光 빛 광 불을(火) 들고 시중드는 사람(儿) 혹은 불을(火) 꺼뜨리지 않고 불빛이(光) 살아 있도록 관리해야 하는 사람의(儿) 모습

炭 숯 탄 산에서 구한 돌이나 숯으로 불을 피우는 모양인데 산과(山) 언덕에(厂) 있는 나무에 불을(火) 피워 얻은 숯(炭)으로 풀이

災 재앙 재 홍수와(巛) 화재(火)가 재앙이라는(災) 의미

炎 불꽃 염 불에서(火) 일어나는 기운(炎)

談 말씀 담 모닥불(炎) 피우고 지속되는 대화(談) 혹은 불꽃(炎) 튀는 대화(談) 또는 물처럼 깨끗한(淡) 대화(談)

秋 가을 추 귀뚜라미를 잡아서 불에 태우는 벼를(禾) 수확하고 불을(火) 지르는 가을(秋)

愁 근심 수 마음이(心) 사색에 잠기는 가을의(秋) 수심(愁)

然 그럴 연 본래 사람이 새를 굽는 것인데 개고기(犬) 요리를 위해 몸에(月) 붙은 털을 불에(灬) 태우는 것이 자연스러워서 그러하다는(然) 의미 파생

子 아들 자 포대기에 싸인 아이의(子) 모습

保 지킬 보 부모가(亻) 아이를(呆) 업고 지키는(保) 모습

字 글자 자 집에(宀) 아들이(子) 태어나 이름을 짓기 위해 글을(字) 쓰는 것

在 있을 재 흙속에(土) 있는 손에(十) 지니고 있어야(在) 할 것이 땅으로(土) 정리

存 있을 존 흙이(土) 아들로(子) 교체되어 자식이(子) 있기를(存) 바라는 것으로 풀이

厚 두터울 후 쇠를 녹이는 큰 그릇이 두텁다는 것인데 언덕에서(厂) 태양처럼(日) 높은 신께 사람이(子) 두터운(厚) 신앙심으로 제사지내는 것으로 정리

教 가르칠/종교 교 아들에게 지붕을 이는 법을 가르쳐 주는 것인데 막대를(攵) 들고 아들에게(子) 숫자를(爻) 가르쳐주는(教) 것으로 정리

學 배울 학 아들이(子) 손으로 초가지붕을 엮는(爻) 일을 배우는(學) 것 혹은 막

대로 숫자를(爻) 헤아리는 것을 배우는 (學) 것으로 정리

覺 깨달을 각 직접 보면서(見) 배우니까 (學) 쉽게 깨닫게(覺) 되는 것

與 더불/줄 여 두 사람이 네 손으로 가마를 더불어(與) 함께 들어 올리는 것

擧 들/행할/거동 거 손으로(手) 더불어 (與) 물건을 들어(擧) 올리는 것

興 일으킬/흥겨울 흥 더불어(與) 함께(同) 가마를 들고 몸을 일으키니(興) 흥겹다는(興) 것으로 풀이

❓ 바치는 물건을 물리치는 일 또는 그 물건은?

✅ 정답 271쪽

7강

女 여자 녀 무릎 꿇고 있는 여성(女)의 모습

好 좋을 호 어머니(女)가 아들(子)을 출산하고 좋아하는(好) 모습

母 어머니 모 수유하는 산모(母)의 모습

每 매양 매 머리 장식을 한 산모의 모습인데 아이(人)가 엄마(母)만 보면 언제나 (每) 젖을 달라는 것으로 풀이

海 바다 해 언제나(每) 물(氵)로 가득 차 있는 바다(海)로 풀이

汝 너 여 강가(氵) 지역에 많이 살고 있는 여성(女)들을 의미하는데 가차되어 너 (汝)의 의미로 사용

安 편안할 안 여자(女)가 집(宀)에서 안전하고 편안하게(安) 지내는 것

案 책상 안 편하게(安) 앉아서 글을 읽을 수 있도록 나무(木)로 만든 책상(案)

共 함께 공 물건을(卄) 두 손으로(丿乀) 함께(共) 받들고 있는 모습

暴 사나울 포, 쬘/폭 햇볕을 쬐어(暴) 곡식을 말리는 것인데 가뭄과(日) 홍수가 (水) 함께(共) 발생한 사나운(暴) 기후로 풀이

異 다를 이 귀신 가면을(田) 함께(共) 쓰고 다른(異) 존재가 되는 것

寒 찰/가난할 한 집(宀)에서 함께(共) 모여(一) 사는 사람들이 얼음(冫)이 어는 날씨로 인해 차가운 찬(寒) 바닥에서 생활하는 것

塞 변방 새, 막을 색 문 앞에 장애물을 설치해서 막은 것인데 차가운(寒) 변방의(塞) 날씨에 대비하기 위해 흙으로(土) 온 집을 덮고 막은(塞) 것으로 풀이

便 편할/편지 편, 똥오줌 변 투구(田)를 쓴 관리자가 손에(乀) 채찍을 잡고 노예를 내리치는 모습에서 편하게(便) 다스린다는 의미가 파생

更 고칠 경, 다시 갱 시각을 알리기 위해 손으로(乀) 치는 돌덩이(田)의 모양인데 투구(田) 쓴 책임자의 채찍에 맞고 다시(更) 고쳐서(更) 작업하는 것으로 풀이

貝 조개/돈 패 입을 벌리고 있는 조개(貝)의 모양인데 화폐로 사용하는 보배 조개(貝)라서 돈(貝)의 의미 파생

敗 패할 패 못 쓰는 솥(鼎)을 깨뜨리는 모습인데 오래된 조개 돈(貝)을 깨는(攵) 것에서 패하다는(敗) 의미가 파생된 것으로 풀이

實 열매 실 집(宀)에 있는 함(卅)에 돈(貝)을 꿰어놓은(卅) 모양에서 열매의 의미 파생

貞 곧을 정 솥(鼎)에 달군 꼬챙이로 점을 쳐서 곧은 점괘를 내는 일인데 중대한 사안에 대해 곧은(貞) 점괘(卜)를 얻기

위해 돈(貝)을 지불하는 것으로 풀이

具 갖출 구 중요한 살림 도구인 솥(鼎)을 두 손(廾)으로 들고 있는 모습에서 살림살이를 갖추고 있다는 의미인데 돈(貝)으로 세간을 사서 갖춘(具) 것으로 풀이

刀/刂 칼 도 칼(刀)의 모양

利 이로울/날카로울 리 칼(刂) 같은 낫으로 삶에 이로운(利) 벼(禾)를 베는 것

則 법칙 칙, 곧 즉 법칙(則)과 같은 왕의 명령을 청동 솥(鼎)에 칼(刂)로 새겨 넣은 것인데 돈(貝)과 권력(刂)을 법(則)에 따라 사용하는 것으로 풀이

界 지경 계 밭과 밭 사이에 끼어(介) 있는 경계를 의미인데 사람(人)이 칼(刂)로 그은 듯 밭(田)의 경계(界)를 나눈 것으로 풀이

弱 약할 약 칼로(刂) 그어서 곧 부러질 약한(弱) 활(弓) 혹은 털처럼(彡) 휘는 약한(弱) 활로(弓) 풀이

分 나눌 분 칼(刀)로 나눈(八) 것

貧 가난할 빈 돈(貝)을 나누게(分) 되니 가난하게(貧) 된다는 의미

別 나눌 별 사람(口)이 칼로 제사 때 쓸 고기를 부위별로 나눈(別) 것

招 부를 초 칼(刀)로 요리하고 손님에게 손짓하며(扌) 입(口)으로 부르는(招) 것으로 풀이

力 힘 력 밭에서 쓰는 쟁기의 모양(力)인데 쟁기를 사용할 때 힘(力)을 쓰게 된다는 의미

協 도울 협 힘(力)을 합쳐(十) 도우는(協) 것

男 사내 남 밭(田)에서 힘쓰며(力) 일하는 사내(男)

勇 용감할 용 머리에 관 쓰고 전쟁에 참여하는 용감한(勇) 사내(男)로 풀이

以 써 이 태아가 탯줄로써(以) 생존하는 것 혹은 사람(人)이 농기구로써(以) 눈에 불켜고(丶) 열심히 밭을 가는 모습

功 공 공 연장(工)을 들고 힘(力)을 다해 일해서 공(功)을 이룬 것

加 더할 가 힘쓰는(力) 사람에게 힘을 더(加) 내라고 입(口)으로 말하는 것

賀 하례할 하 결혼할 때 돈(貝)을 더하면서(加) 축하하는(賀) 것 혹은 돈이(貝) 더해져서(加) 축하하는(賀) 것으로 풀이

倉 창고 창 곡물을 저장하는 창고(倉)의 모양

創 비롯할/시작할 창 농업 생산량이 늘어서 칼(刂)로 나무를 잘라 곡식 창고(倉)를 만들기 시작했다는(創) 것으로 풀이

❓ 빠짐없이 골고루 갖추어져 있다는 말은?

✅ 정답 271쪽

8강

切 끊을/정성스러울 절 칼(刀)로 일곱(七) 번까지 정성을(切) 다해 내리쳐서 끊는(切) 것

刃 칼날 인 칼(刀)의 반짝이는(丶) 칼날(刃)

忍 참을 인 심장(心)에 칼날(刃)을 꽂는 느낌으로 참아내는(忍) 것으로 풀이

認 인정할 인 싫어도 참고(忍) 인정한다고(認) 말하는(言) 것으로 풀이

彳 조금 걸을 척 거리(彳) 혹은 걷는다는(彳) 의미

亍 자축거릴 촉 거리(亍) 혹은 걷는다는(亍) 의미

行 다닐 행, 항렬 항 네거리의(彳亍) 모양

에서 다닌다는(行) 의미가 파생

之 갈/어조사 지 발아래(止) 출발선( )을 그려서 간다는(之) 뜻을 나타냄

辶 쉬엄쉬엄 갈 착 거리(彳)를 발(止)로 걷는 모양인데 대체로 발동작(辶)을 의미

夂 길게 걸을 인 거리(彳)를 걷는다는 의미에서 발을 길게 끌며 걸어간다(夂)는 뜻으로 변화

送 보낼 송 물건을 바치기 위해 사람을 보내는 것인데 죽어서 하늘(天)로 간(辶) 사람(人)을 영원한 세계로 보낸 것(送)으로 풀이

止 발/그칠 지 발가락(止)의 모양

正 바를 정 발(止)로 정복 지역(一)을 향해 걸어가는 모양에서 정복해서 잘못된 것을 바르게(正) 한다는 의미가 파생

政 정사 정 손(攵)으로 열심히 일해서 올바르지 않은 것을 바로(正)잡는 것이 정치적인(政) 일

步 걸을 보 발과 발로 걷는 것인데 발이(止) 조금씩(小) 움직여서 걷는(步) 것으로 풀이

此 이 차 사람(匕)의 발(止)이 멈춘(止) 곳이라서 이곳(此)이라는 의미

齒 이 치 입을 벌리면(凵) 위아래에 고정되어(止) 있는 'ㅅ'모양의 치아를(齒) 의미

足 발 족 종아리(口)와 발가락(止)의 모양

定 정할 정 사람 발(止)이 집(宀)에 도착했다는 의미인데 집(宀)의 위치(止)가 특정 장소에 정해져(定) 있음을 나타냄

從 따를 종 앞사람(人)이 걸어가니(彳) 뒤에 있는 사람(人)이 발로(止) 따라가는(從) 것

出 날 출 움집(凵)에서 발(止)이 나오는(出) 모양

李 자두 리 자식(子)을 낳은 것처럼 주렁 주렁 많은 열매를 맺은 자두(李)나무(木)

季 철/계절/막내 계 벼(禾) 이삭을 줍는 일을 맡은 막내(季) 아들(子)

歷 지낼 력 열심히 발(止)로 뛰면서 집(厂)에서 벼(禾)를 경작하며 지내는(歷) 것

佳 아름다울 가 많은 땅(圭)을 가진 제후인 사람(亻)에게서 아름답다는(佳) 의미 파생

街 거리 가 사람들이 걸어 다니는(行) 땅(圭)인 거리(街)로 풀이

術 재주 술 차조(朮)가 자라는 거리(行)를 가는 것 혹은 차조를 수확한다는 것인데 차조(朮) 뿌리가 뻗어나가듯(行) 사람의 재주(術)가 자라는 것으로 풀이

復 돌아올 복, 다시 부 풀무(日)에 바람을 일으키기 위해 발(夂)을 움직이는(彳) 것을 반복한다는(复) 의미인데 해(日) 뜬 아침에 나간 사람(人)이 다시(復) 걸어서(夂) 돌아온(復) 것으로 풀이

鳥 새 조 새(鳥)의 모양

鳴 울 명 새(鳥)가 입(口)으로 울고(鳴) 있는 모양

島 섬 도 새(鳥)가 바다의 산(山)에 앉았다는 의미에서 섬(島)이라는 뜻이 파생

烏 까마귀/검을 오 까만 털로 인해 검은 눈이 보이지 않아 새(鳥)에서 눈알(一)을 빼면 까마귀(烏)가 됨

嗚 탄식할 오 까마귀가 입(口)으로 우는 소리가 탄식하는(嗚) 것 같다는 의미

世 세상 세 십(十)이 세(卅) 개인 삼십의(卅) 모양인데 세상의(世) 변화를 왕의 평균 재위 기간인 삼십(卅) 년으로 나타낸 것으로 풀이

葉 잎 엽 나무(木)가지에(世) 잎(艹)이 달려 있는 모양인데 세상(世)의 변화와 더불어 변화하는 나무(木)의 잎(葉)으로 풀이

糸/絲 실 사 꼬여 있는 실(糸) 가닥의 모양

系 맬/이을 계 실이(糸) 이어진(系) 것

終 끝날/마칠 종 계절의 끝인 겨울(冬)과 끝이 있는 실(糸)을 결합에서 끝난다는 (終) 의미가 파생

孫 손자 손 아들(子) 다음 세대로 이어지는(系) 손자(孫)를 의미

承 이을 승 사람을 들어 올리는 모양에서 받든다는 의미가 파생한 것인데 물(水)의 흐름처럼 후손(子)이 이어지는(承) 것으로 풀이

幺 작을 요 작은 실(幺)의 모양

幼 어릴 유 힘(力)이 적은(幺) 사람이라서 어리다는(幼) 의미가 파생

樂 음악 악, 즐길 락, 좋아할 요 나무(木)로 만든 악기의 줄(幺)을 손톱(白)으로 연주하는 모습

藥 약 약 먹으면 즐거워지고(樂) 몸 건강이 좋아지는(樂) 풀(艸)이나 약(藥)

後 뒤 후 노예인 사람(彳)을 실(幺)로 묶어서 뒤(後)에 따라오도록(彳) 한 것

溪 시내 계 어찌(奚) 골짜기에 물(氵)이 흐르는지 의아스러운 시내(溪)로 풀이

鷄 닭 계 묶여서(奚) 길러지는 새(鳥)인 닭(鷄)을 의미

❓ 산수(山水)의 자연을 즐기고 좋아한다는 사자성어는?

✅ 정답 271쪽

9강

玄 검을 현 실(幺)을 검은(玄) 색으로 염색한 것

慈 사랑 자 실로 만든 옷처럼 따뜻한 사랑의 마음을 의미하는 것인데 자식 사랑(玆)에 새까맣게(玆) 타버린 마음(心)으로 풀이

斤 도끼 근 도끼(斤)의 윤곽을 그린 모양

近 가까울 근 도끼(斤) 들고 걸어가서(辶) 칠 수 있는 가까운(近) 거리로 풀이

兵 병사 병 돌도끼(斤)를 두 손(卄)으로 들고 있는 병사(兵)

所 장소/바 소 집에서(戶) 도끼를(斤) 두는 장소(所) 혹은 도끼로(斤) 집을(戶) 지은 장소로(所) 풀이

質 바탕/품질 질 도끼(斤)와 돈(貝)의 품질(質)을 의미

繼 이을 계 작은 실(幺)을 이어서(繼) 긴 실(糸)을 만든 것

斷 끊을 단 도끼(斤) 같은 칼로 엉킨 실(幺)을 끊은(斷) 것

奴 종 노 무릎 꿇고 있는 여자(女) 노예(奴)를 손(又)으로 잡은 것

努 힘쓸 노 힘써(力) 일해야 하는 종(奴)을 의미

怒 성낼 노 밤낮없이 일해야 하는 종(奴)의 처지에 대해 성난(怒) 마음(心)

如 같을 여 여종(女)의 입(口)에서 나오는 푸념의 내용이 같다는(如) 것으로 풀이

王 왕 왕 큰 도끼(王)를 들고 있는 위대한 지도자를 의미하는데 땅(土)과 하늘(⎺)을 연결하는 왕(王)으로 풀이

皇 임금 황 장식한(白) 왕관을(王) 쓰고 있는 임금으로(皇) 풀이

玉 옥/구슬 옥 구멍이 뚫린 옥판 세 개를 연결한 모양인데 왕(王)이 가질 수 있는 보석인 옥(玉)으로 풀이

班 나눌 반 옥(玉)을 칼(刂)로 나눈(班) 것

金 쇠 금, 성 김 거푸집(金)에서 만들어진 쇠를 의미하지만 왕(王)인 사람(人)이 소장할 수 있는 빛나는(丶) 광물(金)로 풀이

針 바늘 침 쇠(金)로 만들어진 뾰족한(十) 바늘(針)

再 다시 재 물체가 거듭 겹쳐진 모양인데 암행을 나간 왕(王)이 다시(再) 성(冂)으로 들어온 것으로 풀이

講 익힐 강 말(言)을 다시(再) 반복적으로 해서 상대가 익히도록(講) 한 것으로 풀이

主 주인 주 횃불(王) 중심(主)에 있는 심지(丶)에서 불빛이 빛나는 모양

住 살 주 사람(亻)이 주로(主) 사는(住) 지역

注 물 댈 주 주된(主) 지역으로 물(氵)을 대는(注) 것

往 갈 왕 주된(主) 지역으로 가는(彳) 것으로 풀이

害 해로울/해할 해 거푸집의 그릇이 깨지면 손해라는(害) 것인데 집(宀)에서 가족끼리 주로(主) 험담을 말해서(口) 해로운 것으로 풀이

憲 법 헌 해로운(害) 행동을 하는지 눈으로(罒) 감시하고 법에(憲) 따라 마음으로(心) 판단하는 것으로 풀이

素 흴/바탕/수수할 소 누에고치에서 뽑아낸 명주실(糸)이 희다(素)는 것인데 주로(主) 평민들이 입던 염색하지 않은 흰색(素) 원단(糸)으로 풀이

紅 붉을 홍 염색해서 만든(工) 실(糸) 중에서 가장 아름다운 붉은(紅)색으로 풀이

士 선비 사 춘추시대까지만 해도 작은 도끼(士)를 들고 전쟁에 참여했던 계급이 사(士)였는데 하나(一)를 들으면 열(十)을 아는 선비로(士) 풀이

仕 벼슬할/섬길 사 선비(士)인 사람(亻)이 왕을 섬기기 위해 벼슬하는(仕) 것으로 풀이

壬 클/북방/아홉째 천간 임 베틀의 상형

이었지만 사람(千)이 높은 지대(__)에 서 있는 큰(壬) 모양으로 풀이

任 맡길 임 높은 지대에 올라 망보는 임무를 맡았거나(任) 조정(廷)에서 정사를 맡은(任) 사람으로 풀이

廷 조정 정 큰 인물(壬)이 가는(廴) 장소

庭 뜰 정 궁에(广) 있는 조정의(廷) 넓은 뜰(庭)

志 뜻 지 마음(心)이 가는(士) 바가 뜻(志)이라는 의미인데 선비(士)가 마음(心)에 품어야 하는 숭고한 뜻(志)으로 풀이

吉 길할 길 도끼를 들고 평화를 지켜서 길하다는 것인데 선비의(士) 입에서(口) 나오는 길한(吉) 가르침으로 풀이

結 맺을 결 실로 맺는다는 것인데 실을 (糸) 연결하듯 길한(吉) 사람과 인연을 맺어야(結) 하는 것으로 풀이

❓ 관심을 가지고 주의 깊게 살피거나 그 시선은?

✅ 정답 271쪽

10강

責 꾸짖을 책 돈을 갚지 못해 채찍으로 맞는 것인데 주로(主) 돈(貝)으로 인해 꾸짖게(責) 된다고 풀이

積 쌓을 적 빚(債)을 갚기 위해 벼(禾)를 쌓는(積) 것으로 풀이

凶 흉할 흉 함정(凵)을 파고 꼬챙이(乂)를 만들어 놓은 것인데 그것에 빠지면 운수가 흉한(凶) 것

胸 가슴 흉 몸(月)에서 생각을 싸서(勹) 보관하는 창고(凶)인 가슴(胸)

匕 비수 비 숟가락 혹은 사람

比 비교/견줄 비 나란히 서 있는 두 사람

을 견주는(比) 것

北 북녘 북, 달아날 배 두 사람(匕)이 등
지고(北) 있는 모습인데 주로 등지는 방
향인 북쪽(北)의 의미가 파생

背 등 배 몸(月)에서 등질(北) 때 맞닿는
부분인 등(背)

化 될 화 나란히(比) 있던 사람들의 모습
이 다른 자세로 변화된(化) 것으로 풀이

花 꽃 화 풀(艹)을 추가해서 꽃(花)의 의미
를 만듦

貨 재화 화 돈(貝)이 다른 재화(貨)로 변화
되는(化) 것을 의미

指 손가락 지 음식의 맛(旨)을 볼 때 사용
하는 손가락(扌)을 의미

混 섞일 혼 태양(日) 아래 나란히(比) 있는
두 물줄기(氵)가 섞이는(混) 모양

皆 다/모두 개 숟가락으로(匕) 그릇의 음
식을 다(皆) 먹은 것 혹은 나란히(比) 서
있는 두 사람이 모두(皆) 같은 말을 하는
것을 의미

階 섬돌 계 언덕(阝)에 나란히(比) 깔려 있
는 흰색(白) 섬돌(階)이라는 의미로 풀이

乘 탈 승 두 사람(北)이 나무(木)를 타는(乘)
모습인데 나무에서 벼(禾)로 자형이 변화

能 능할 능 곰의 모양(能)인데 재주를 잘
부려서 능하다(能)는 의미 파생

門 문 문 문(門)의 모양

問 물을 문 문(門) 앞에서 들어가도 되는
지 주인에게 묻는(問) 것

聞 들을 문 문(門)틈 사이에서 대화를 귀
(耳)로 엿듣는(聞) 것으로 풀이

間 사이 간 문(門)틈 사이(間)로 비친 달빛
(月)인데 달(月)이 해(日)로 변화됨.

閑 한가할 한 문 앞에 나무를 심어 길을
막기 때문에 출입이 뜸해져 한가롭다는
의미인데 문(門) 앞 나무(木) 그늘에서 한

가로운(閑) 여유를 즐기는 것으로 풀이

開 열 개 빗장(一)으로 닫힌 문(門)을 손
(卄)으로 여는(開) 모습

刑 형벌 형 형틀과 칼을 준비해 형벌에 처
하는 것인데 성문(幵)을 함부로 열어서(開)
칼(刂)로 형벌(刑)을 받는 것으로 풀이

形 모양 형 터럭으로(彡) 반짝이는 모양
을 나타낸 것인데 교수형을(刑) 당해서
성문에 머리카락이(彡) 휘날리는 모양
으로(形) 풀이

寸 마디 촌 손목(十)과 동맥(丶)이 뛰는 위
치까지의 짧은 거리를 나타내는데 대부
분 손동작을 의미

村 마을 촌 나무(木)나 식물을 손(寸)으로
다듬는 마을(村)의 생활 모습

守 지킬 수 손으로(寸) 집(宀)을 수리하면
서 굳게 지키는(守) 것으로 풀이

討 칠 토 손(寸)으로 때리는 것처럼 상대
를 말(言)로 치는 것으로 풀이

才 재주 재 땅(一) 아래 식물의 뿌리 모양
인데 뿌리가 자라는 것처럼 재주(才)가
자란다는 의미

財 재물 재 재주(才)를 부려서 돈(貝)을 벌
어 재물(財)을 쌓는 것으로 풀이

材 재목 재 나무(木) 재목(材)을 재주(才)
를 부려서 가구로 만든 것으로 풀이

閉 닫을 폐 문(門)에 재주(才)를 부려서 빗
장(才)을 걸고 닫은(閉) 모양

庚 이어질/천간/별 경 악기를 치는 모습
인데 집(广)에서 사람(人)이 손(ヨ)으로
하는 작업이 계속 이어짐(庚)

隶 종 례 손(ヨ)으로 힘써 일하느라 땀
(氺) 흘리는 종(隶)

康 편안할 강 집(广)에서 일하는 노예(隶)
가 많은 곡식을 수확해서 주인의 육체
가 편한(康) 것으로 풀이

慷 슬플 강 집(广)에서 일하는 종(隶)은 마음(忄)이 슬픈(慷) 것으로 풀이

雨 비 우 하늘에서 떨어지는 빗방울(雨)의 모양

雲 구름 운 비(雨)를 내리는 구름(云)의 모양

云 이를 운 구름의 모양인데 구름(云)을 신의 입김이라고 여겨서 말한다는(云) 의미 파생

相 서로 상 초목(木)을 잘 돌보며(目) 서로 (相) 교감하는 것으로 풀이

想 생각할 상 마음(心)으로 서로(相) 생각하는(想) 것

霜 서리 상 비(雨)가 서로(相) 얼어서 된 서리(霜)

雪 눈 설 하늘에서 내리는 비(雨) 같은 것을 손에(彐) 잡은 빗자루로 쓰는 것인데 하늘에서 내리는 비(雨)를 손(彐)으로 만질 수 있는 것이니 눈(雪)을 의미

❓ 일정한 일이 없이 놀고먹던 말단 양반, 혹은 돈 잘 쓰고 잘 노는 사람을 비유적으로 이르는 말은?

✅ 정답 271쪽

❓ 속으로 품은 작은 뜻. 마음이 담긴 작은 선물 혹은 정성을 드러내기 위하여 주는 돈으로 흔히 선생이나 기자에게 주는 것은?

✅ 정답 271쪽

11강

羊 양 양 뿔 달린 양(羊)의 모양

洋 바다/서양 양 양(羊)털처럼 출렁거리는 물결(氵)의 바다(洋)

善 좋을/착할 선 양고기(羊)를 입(口)에 넣고 맛있게 먹고 있으니 분위기가 좋다는(善) 것

南 남녘 남 남방에서(南) 사용하는 악기의 모양인데 양(羊) 떼가 풀(十)을 뜯는 따뜻한 남쪽에(南) 있는 성으로(冂) 풀이

養 기를 양 양(羊)에게 먹이(食)를 주면서 기르는(養) 것

美 아름다울 미 큰(大) 사람이 머리에 장식(羊)을 해서 아름답게(美) 꾸민 모습인데 큰(羊)양의 아름다운(美) 양모로 풀이

着 붙을 착 '著'의 속자인데 털이 워낙 많아서 눈이(目) 양털에(羊) 붙어(着) 있는 것처럼 보인다고 풀이

差 다를/어긋날 차 곡식의 양을 어긋나게 잰 것인데 양(羊)가죽을 용도에 맞게 각각 다르게(差) 사용하는 것으로 풀이

業 일 업 나무로 특별한 도구를 만드는 일인데 양(羊)떼를 풀(业) 뜯게 하는 것이 목동인 사람의(人) 일이라고(業) 풀이

對 대답할 대 관리의 신분증인 부절을 조정에 보관하는 것과 맞추어 보는 것인데 풀(业)밭의 양(羊)을 손(寸)으로 만지면서 부르면 양이 대답하는(對) 것으로 풀이

達 통달할 달 사람이 걸어가서 목적지에 이르렀다는 것인데 양(羊)이 풀이 무성한 땅(土)을 찾아간다는 점에서 통달하다는(達) 의미가 파생된 것으로 풀이

魚 물고기 어 물고기(魚) 모양

漁 고기 잡을 어 물가(氵)에서 물고기(魚)를 잡고(漁) 있는 모습

鮮 고울/싱싱할 선 물고기(魚)와 양고기(羊)의 신선함을(鮮) 의미

小 작을 소 작은(小) 점 세 개

少 적을 소 가는 선을 추가해서 적다는

의미 강조

省 살필 **성**, 덜 **생** 양이 적어서(少) 눈(目)으로 잘 살펴야(省) 하는 것으로 풀이

妙 묘할 **묘** 오밀조밀 적은(少) 부분까지 묘하게(妙) 아름다운 여인(女)으로 풀이

消 사라질 **소** 물(氵)의 양이(月) 조금이라서(小) 금방 사라지는(消) 것으로 풀이

欠 하품 **흠** 사람(人)이 입을 크게 벌리고 하품하는(欠) 모습인데 대개 입을 벌리는 행위를 나타냄

吹 불 **취** 입(口)을 크게 벌려서(欠) 숨을 불어내는(吹) 것

飮 마실 **음** 항아리에 든 술을 입 벌려 마시는 것인데 밥 먹고(食)입을 크게 벌려서(欠) 물을 마시는(食) 것

次 버금/이어서 **차** 입을 벌리고(欠) 침을 흘리는(二) 행위는 으뜸이 될 수 없고 버금(次) 정도 된다는 것 혹은 입 벌리고(欠) 침(二) 튀기며 재채기하는 것이 거듭 이어진다는(次) 것으로 풀이

反 돌이킬 **반** 가던 길을 돌이켜(反) 언덕(厂)을 손(又)을 써서 기어 올라가는 것

飯 밥 **반** 돌이켜서(反) 반복해서 씹어 먹는(食) 밥(飯) 혹은 입 벌리고(欠) 침(二) 튀기며 재채기하는 것이 거듭 이어진다는(次) 것으로 풀이

板 널빤지 **판** 밀면 반동으로 돌이켜(反) 돌아오는 나뭇조각(木)인 널빤지(板)

丁 고무래 **정** 못의 대가리 모양인데 고무래(丁)의 모양

打 칠 **타** 손(扌)에 고무래(丁)를 들고 치는(打) 것으로 풀이

可 옳을 **가** 입으로 허가해 주는 것인데 고무래(丁)로 열심히 일하는 것이 옳은(可) 것이라고 말하는(口) 것으로 풀이

河 물 **하** 굽이치는(可) 황하를 의미하는데 고무래(丁)로 농사지을 때 필요한 물의(氵) 물줄기(河)로 풀이

何 어찌 **하** 사람(亻)이 일을 끝내고 고무래(丁)를 짊어지는 모습인데 뜻이 '어찌'로 변화

歌 노래 **가** 고무래(丁)를 들고 밭에서 일할 때 입(口)을 벌려(欠) 부르는 노래(歌)로 풀이

貯 쌓을 **저** 고무래(丁)로 열심히 일해서 집(宀)에 돈(貝)을 쌓아 놓은(貯) 것

戈 창 **과** 목 혹은 발목 아래를 자르는 창(戈)의 모양

伐 칠 **벌** 사람(亻)이 창(戈)을 들고 치는(伐) 것으로 풀이

歲 해 **세** 큰 도끼의 모양인데 시간이 지나서(步) 농기구(戈)로 벼를 수확하면 해(歲)가 지나는 것으로 풀이

❓ 착한 일을 많이 하는 것은?

✅ 정답 271쪽

❓ 학문이나 기예에 통달하여 남달리 뛰어난 역량을 가진 사람, 널리 사물의 이치에 통달한 사람은?

✅ 정답 271쪽

12강

皿 그릇 **명** 그릇의(皿) 모양

益 더할/이로울 **익** 그릇에(皿) 물이 더해져(益) 넘치는 모양

溫 따뜻할 **온** 사람이(人) 욕통(皿) 안에서(口) 따뜻한(溫) 물로(氵) 목욕을 하는 것

血 피 **혈** 그릇에(皿) 핏덩어리를(血) 담아 제사 때 올리는 모습

成 이룰 **성** 창(戊)과 무기(丁)를 들고 대오

를 이루고(成) 있는 병사들을 의미

城 성/재 성 흙(土)으로 이루어진(成) 성(城)

誠 정성 성 자신이 한 말(言)을 이루기(成) 위해서는 정성스러운(誠) 노력이 필요한 것으로 풀이

盛 성할/담을 성 그릇(皿)에 음식이 가득(盛) 담긴 모양

戒 경계할 계 손(卄)에 창(戈)을 들고 경계(戒) 서는 모습

械 기계/틀 계 경계(戒) 설 때 사용하는 나무(木) 기계(械)로 풀이

戊 무성할/천간 무 창(戈)을 들고 대오를 이루고 있는 많은(戊) 병사를 의미

茂 무성할 무 풀(艹)을 추가해서 무성하다는(茂) 의미 강조

戌 개 술 장식한 무기(戈) 모양인데 개(戌)의 의미로 굳어졌기 때문에 무성하게(戊) 많은 개털로(一) 암기

威 위엄 위 창으로 여성을 위협하는 모습인데 무기(戊)를 들고 있는 것 같이 위엄(威) 있는 여자(女)인 시어머니

或 혹 혹 혹시(或) 모를 적의 침입에 대비해서 특정 지역(口)에 바리케이트(一)를 설치하고 창(戈)으로 지키는 것

國 나라 국 혹시(或) 몰라서 늘 지켜야 하는 영토(口)인 나라(國)로 풀이

域 지경 역 특정 지역(口)에 바리케이트(一)를 설치하고 창(戈)으로 지키는 지경(域)

感 느낄 감 사람을 창(戈)으로 다(咸) 죽이는 모습을 보며 마음(心)속으로 공포심을 느끼는(感) 것

幾 몇/기미 기 사람(人)이 창으로(戈) 몇(幾) 가닥 실을(幺) 잘라내는 것 혹은 사람(人)이 창(戈)을 들고 실(幺)처럼 흔들거리는 적의 동태나 수상한 기미(幾)를

살피는 것으로 풀이

機 기계/베틀/시기/기회 기 적의 동태나 수상한 기미(幾)를 살필 때 사용하는 나무(木) 기계(機)

我 나 아 손(扌)으로 창(戈)을 든 모습인데 가차되어 '나'의 뜻으로 사용

義 옳을 의 아름답게(美) 장식한 창에서(戈) 옳다는 의미로 가차된 것인데 나의(我) 언행이 아름답고 옳은(義) 것으로 풀이

議 의논할 의 무엇이 옳은(義) 것인지 서로 말하며(言) 의논하는(議) 것으로 풀이

錢 돈 전 구리(金)로 만든 돈(錢)이 쌓여(戔) 있는 것

賤 천할 천 구리 돈(錢)으로 인해 조개 돈(貝)의 가치가 천해진(賤) 것

淺 얕을 천 물(氵)의 깊이가 천한(賤) 것이기에 얕은(淺) 것으로 풀이

弋 주살 익 줄 달린 화살(弋)인데 대개 무기라고 풀이

代 대신할/시대 대 주살(弋)이 칼을 대신해서(代) 상대를 죽이는 것으로 풀이

武 무사 무 목표 지점(一)을 무기(弋)를 들고 걸어가서(止) 정복하는 무사(武)로 풀이

貳 두 이 돈(貝)과 무기(弋)가 두(二) 개라서 두 이(貳)

式 법 식 무기(弋)를 만들(工) 때 규격과 법(式)에 맞게 만드는 것으로 풀이

試 시험할 시 말(言)을 문법에(式) 맞게 하는지 시험하는(試) 것으로 풀이

萬 일만 만 전갈(萬)의 모양에서 가차되어 일만(萬)이 된 것인데 전갈이 알을 많이(萬) 낳아서 일만(萬)이라고 풀이

遇 만날 우 굴을 지나다가(辶) 특이한 동물을 만난(遇) 것인데 원숭이(禺)가 달려

가는(辶) 것에서 만나다(禺)는 의미가 파
생한 것으로 풀이

己 몸/자기 기 무릎 꿇고 있는 몸(己)의
모습

記 기록할 기 말(言)에 몸(己)이 생긴 것이
니 기록하다는(記) 의미 파생

改 고칠 개 바른 행동을 하도록 몸(己)을
쳐서(攵) 고치는(改) 것

變 변할 변 손(攵)으로 악기 줄(絲)을 연주
하고 시를 읊조리니(言) 정서적인 변화
(變)가 생긴 것으로 풀이

❓ 작거나 적은 것도 쌓이면 크게 되거
나 많아진다는 사자성어는?

✅ 정답 271쪽

13강

立 설 립 사람이 두 팔 벌리고 땅 위에 서
있는 모습(立)

位 자리 위 사람(亻)이 서열대로 서는(立)
자리(位)를 의미

泣 울 읍 서서(立) 눈물(氵)을 흘리며 펑펑
우는(泣) 모습

辛 매울 신 먹물로 죄명을 새기는 묵형을
시행할 때 쓰는 칼의(辛) 모양인데 찔리
면 아파서 맵다는(辛) 의미가 파생

競 겨룰 경 우두머리(兄)가 서서(立) 세력
을 겨루는(競) 것으로 풀이

音 소리 음 관악기(立)를 입(口)으로 불어
서 소리(音)가 나오는 모양인데 서서(立)
입으로 말하니(日) 소리(音)가 나오는 것
으로 풀이

竟 다할/끝날 경 사람(亻)이 연주하는 소
리(音)가 다한(竟) 것

境 지경 경 땅(土)이 끝나는(竟) 곳이 지

경(境)

鏡 거울 경 구리(金)가 닳아 없어질(竟) 정
도로 매끈하게 갈아서 만든 거울(鏡)

暗 어두울 암 빛(日)이 사라져서 소리(音)
만 들리는 어두운(暗) 상황을 의미

章 글 장 칼로(辛) 글을(章) 새기는 묵형을
의미하는 것인데 소리(音) 열(十) 개의
묶음이 글이라고(章) 풀이

意 뜻 의 마음(心)에서 나는 소리(音)를 듣
고 그 뜻(意)을 헤아린다는 의미

憶 생각할 억 뜻(意)을 마음속(忄)에 새기
고 생각하는(憶) 것

億 억/추측할 억 사람(亻)이 품은 뜻(意)
을 추측하는(億) 것으로 풀이

親 어버이/친할 친 칼을(辛) 들고 가까이
에서 보면서(見) 묵형을 가하는 모습인
데 나무(木) 위에 서서(立) 자식의 귀가
를 기다리며 지켜보는(見) 어버이(親)

新 새 신 나무(木) 위에 서서(立) 도끼(斤)
로 가지치기해서 새(新) 순을 돋게 하는
것으로 풀이

妾 첩 첩 단검(辛)으로 묵형을 당한 여자
(女) 노예인데 맵시 있게 서(立) 있는 여
성(女)인 첩(妾)으로 풀이

接 사귈 접 첩(妾)을 손(扌)으로 만지는 모
습에서 육체적인 사귐을(接) 의미

職 벼슬/직분 직 귀에(耳) 들리는 말소리
를(音) 받아 적는 직업 혹은 창(戈)으로
형을 집행하는 소리(音)가 귀(耳)에 들리
는 것인데 형벌을 내리는 벼슬아치(職)
의 직무으로(職) 풀이

織 짤 직 창(戈)이 닿는 소리(音)처럼 실
(糸)을 짜는 소리(音)가 들리는 것

識 알 식, 기록할 지 창(戈)으로 목표 지
점을 찌르는 것같이 말(言) 소리(音)로
설명하는 내용이 어떤 개념인지 정확히

꿰뚫어 아는(識) 것

部 나눌/거느릴/떼 부 입으로(口) 대화하
며 서서(立) 생활하는 사람들이 사는 고을
을(阝) 여러 구역을 나누어(啚) 다스리는 것

倍 갑절 배 사람이 짐을 나누어 등지기
때문에 짐이 둘이 되어 곱이 된다는 것
혹은 사람의 말이 두 배로 늘어나서 전
해진다는 것인데 나누어져(咅) 살게 된
사람(亻)의 수가 번성하여 갑절이(倍) 된
것으로 풀이

首 머리 수 두 선(丷)으로 된 머리카락과
눈(目)을 부각시킨 죄수의 잘린 머리(首)
모양

道 길/도/말할 도 사람이 눈을 크게 뜨
고 길을 찾아 가는 것 혹은 경각심을 일
으키기 위해 사람이 걸어 다니는(辶) 길
(道)에 죄수의 머리(首)를 걸어둔 것

頁 머리 혈 '머리 수(首)'에서 머리카락(丷)
을 제외한 사람(儿)의 큰 머리(頁) 모양

須 모름지기 수 머리(頁) 주변에 수염(彡)
이 길게 난 모양(須)인데 남자의 머리
(頁)에는 머리카락과 수염(彡)이 반드시
(須) 난다는 의미에서 모름지기(須)

顔 얼굴 안 집(厂)에 가면 수염(彡) 난 얼굴
(頁)로 서서(立) 맞아주는 어른의 얼굴(顔)
로 풀이

類 종류 류 곡식(米)과 짐승(犬) 그리고 사
람 등을 종류(類)대로 모아둔 것

頂 정수리 정 고무래(丁)처럼 우뚝 솟아
있는 사람 머리(頁)의 정수리(頂)

順 순할/차례/순서 순 냇물(川)이 머리
(頁)에서 발바닥으로 자연스럽게 흘러
내리는 것에서 순서(順)의 의미 파생

憂 근심 우 머리(頁)와 마음(心)을 근심으
로(憂) 덮고(冖) 걷는(夊) 사람의 모습

上 위 상 기준선( ) 위에 선을(一) 그려서

위라는(上) 뜻을 나타냄

下 아래 하 기준선(一) 위에 선을( ) 그려
서 아래라는(下) 뜻을 나타냄

是 이/여기/옳을 시 태양이(日) 고정된
(疋) 자리라는 뜻에서 '이' 혹은 '여기'의
의미가 파생

題 제목 제 전체 내용을 바르게(是) 파악
할 수 있는 머리(頁)라는 뜻에서 제목
(題)이라는 의미 파생

夏 여름 하 여름에 기우제를 지내는 무당
의 모습인데 가을과 겨울에 비해 시간
적으로 봄과 함께 먼저 걸어오는(夊) 머
리가(頁) 되는 계절인 여름(夏)으로 풀이

❓ 이십사절기의 하나로 상강(霜降)과 소
설(小雪) 사이에 들며, 이때(11월 8일경)
부터 겨울이 시작된다고 하는 말은?

✅ 정답 271쪽

❓ 한 마디로 잘라 말함 또는 두말할 나
위 없음을 나타내는 사자성어는?

✅ 정답 271쪽

❓ 맑은 거울과 고요한 물, 잡념과 가식
과 헛된 욕심 없이 맑고 깨끗한 마음
을 나타내는 사자성어는?

✅ 정답 271쪽

14강

中 가운데 중 군영에서 깃발(屮)이 펄럭
이는 중심(中) 지역

史 역사 사 손에 붓을 들고 기록하는 것
인데 손(乀)으로 객관적이고 중립적으
로(中) 기록한 역사(史)로 풀이

事 일 사 역사적인(史) 일(事)을 손(彐)으로 기록하여 모아둔(一) 것으로 풀이

吏 아전/관리 리 역사(史)를 기록하여 모아놓는(一) 벼슬아치(吏)로 풀이

使 시킬/부릴 사 왕이 벼슬아치(吏)인 사람(亻)에게 일을 시키는(使) 것으로 풀이

忠 충성 충 군대의 깃발(中)을 보며 마음(心)에 품게 되는 충성(忠)을 의미

患 근심 환 마음(心)에 꿰어져(串) 있는 근심(患)을 뜻함

貴 귀할 귀 돈이(貝) 중심이(中) 되고 귀하다는(貴) 의미로 풀이

遺 전할/남길/잃을 유 귀한(貴) 돈을 전해주기(遺) 위해 들고 가다가(辶) 잃어버린(遺) 것

央 가운데 앙 큰(大) 사람이 수평의 멜대를 들고 가는 모습(央) 혹은 물건을 이고 있는 큰(大) 사람의 목이(丨) 가운데에(央) 걸쳐진 모습

英 꽃부리 영 풀의(艹) 중심이(中) 되는 꽃과 그 주변의 꽃부리로(英) 풀이

夬 터놓을 쾌 '가운데 앙(央)'의 왼쪽을 터놓은(夬) 모양으로 풀이

快 쾌할 쾌 마음(忄)에서 기쁨이 터져(夬) 나오는 상쾌함(快)으로 풀이

決 결정할 결 물길(氵)을 어느 쪽으로 터놓을지(夬) 결정하는(決) 것으로 풀이

耒 쟁기 뢰 손으로 쟁기를 들고 있는 모양인데 사람(人)이 밭을 가지런히(丰) 갈 때 쓰는 쟁기(耒)로 풀이

井 우물 정 사방을 통나무로 둘러친 우물(井)의 모양

耕 밭 갈 경 쟁기(耒)를 들고 우물(井) 모양으로 가지런하게 밭을 가는(耕) 것으로 풀이

丹 붉을 단 광산이나 우물에서 반짝이는 (丶) 붉은(丹) 광물을 캐는 것으로 풀이

舟 배 주 배(舟)의 모양

船 배 선 집 모양(合)의 배(舟)로 풀이

前 앞 전 입실하기 전(前) 세숫대야에(月) 발(止)을 넣고 씻는 모습인데 포로(月)를 앞(前)에 세우고 칼(刂)로 위협하며 이송하는 것으로 풀이

生 날 생 새싹(屮)이 땅(土) 위로 솟아나는(生) 모양

性 성품 성 태어나면서(生) 지닌 본성(忄)인 성품(性)

姓 성 성 여자(女)에게서 나온(生) 집단을 의미하는데 곧 아버지와 같은 성(姓)으로 이루어진 그룹으로 풀이

星 별 성 태양(日) 같은 별(星)들의 탄생(生)으로 풀이

産 낳을 산 다산을 기원하는 것인데 집(厂)에서 출산이(生) 끝날 때까지 서서(立) 아이 낳는(産) 것을 기다리는 것으로 표시

靑 푸를 청 붉은색(丹) 광물과 함께 가장 눈에 두드러지는 풀(生) 색깔의 푸른(靑) 광물

淸 맑을 청 푸른(靑) 색의 맑은(淸) 물(氵)

晴 갤 청 하늘이 푸르고(靑) 태양(日)까지 뜬 갠(晴) 날씨

請 청할 청 푸른(靑) 꿈을 언급한다는(言) 의미인데 푸른(靑) 꿈을 이루기 위해 남에게 도움을 청하는(請) 것으로 풀이

情 뜻 정 마음(忄)속에 품은 푸른(靑) 꿈, 곧 사람이 마음(忄)에 품은 뜻(情)으로 풀이

精 정미/정할 정 그릇에 담긴 낟알의 모양인데 쌀(米)을 잘 쓿어서 푸른(靑)빛이 도는 정미(精)로 풀이

爭 다툴 쟁 손(爪)과 손(彐)이 갈고리(亅) 들고 서로 다투는(爭) 것으로 풀이

淨 깨끗할 정 깨끗한(淨) 물(氵)을 두고 다투는(爭) 것으로 풀이

靜 고요할 정 푸른(靑) 물을 풍족하게 얻게 되어 다툼(爭)이 고요해진(靜) 것으로 풀이

春 봄 춘 햇빛(日)으로 땅이 녹고 풀이 돋아나는 계절인 봄(春)

泰 클 태 봄(春)에 눈이 녹아서 물(水)이 크게(泰) 불어나는 것으로 풀이

奉 받들 봉 봄에(春) 돋아난 약풀을 손으로(扌) 받드는(奉) 것으로 풀이

❓ 인류 사회의 변천과 흥망의 과정, 또는 그 기록이나 어떠한 사물이나 사실이 존재해 온 연혁은?

✅ 정답 271쪽

15강

申 펼 신 번개 퍼지며 내리치는 모양

電 번개 전 비(雨) 내리고 번개 치는(申) 것

坤 땅 곤 땅의 토단과(土) 가면 쓴 무당의 모습인데 흙(土)이 펼쳐진(申) 땅으로(坤) 풀이

且 또 차 남성의 생식기(且)의 모양인데 생산한다는 차원에서 '또(且)'라는 의미 파생

查 조사할 사 나무(木) 열매의 생산량(且)이 좋은지 조사하는(査) 것으로 풀이

亦 또 역 큰 사람이 겨드랑이 양쪽에 물건을 끼고 있는 모습인데 겨드랑이 한쪽과 또 한쪽이라는 의미에서 '또'라는 의미 파생

示/礻 보일/신 시 고기(一)를 'ㅗ'자형 제단(示)에 올리니 피가 뚝뚝(丿乀) 떨어지는 모양

神 귀신/정신 신 신(示)의 강림을 나타내는 번개(申)로 신령스러운 이미지 강조

禁 금할 금 신(示)을 모신 숲(林)에 들어가는 것을 금함(禁)

祕 숨길 비 신(示)은 반드시(必) 그 존재를 숨기는(祕) 것으로 풀이

社 모일 사 신(示)에게 제사하기 위해 흙(土) 언덕에 모인(社) 것으로 풀이

祝 빌 축 맏형(兄)이 가족을 대표해서 신(示)에게 비는(祝) 것

祖 조상 조 남성(且) 신(示)과 같은 조상(祖)을 의미

助 도울 조 힘을(力) 또(且) 내서 돕는(助) 것 혹은 조상신(祖)에게 힘(力)을 구하며 도움(助)을 청하는 것으로 풀이

祭 제사 제 손(又)에 고기(月)를 들고 제단(示)에 올리며 제사지내는(祭) 모습

察 살필 찰 집(宀)에서 제사지내기(祭) 전에 음식을 시작으로 여러 가지를 살피는(察) 것

宗 으뜸 종 조상신(示)을 모시고 제사하는 종갓집(宀)의 의미에서 으뜸(宗)의 뜻이 파생

崇 높을 숭 으뜸(宗)으로 높은(崇) 산으로(山) 풀이

視 볼 시 제단(示) 주변을 잘 살피며 보는(視) 것

福 복 복 신(示)에게 술병(畐)에 있는 술을 바치며 '복(福)'을 비는 모습 혹은 항아리에 곡식이 가득하길 비는 것인데 신(示)에게 땅(田)을 많이 받아 모아둔(一) 복(福) 있는 사람(口)으로 풀이

富 부자 부 집(宀)에 있는 술병(畐)에 술이 가득하다는 의미에서 부자(富)라는 뜻이 파생했는데 밭(田)을 많이 소유한 집안(宀)의 사람(口)인 부자(富)로 풀이

亞 덮을 아 위와 아래에서 덮은(亞) 모양

票 표 표 물건을 덮고(覀) 내용을 볼(示) 수 있도록 표한(票) 것으로 풀이

煙 연기 연 활활 타는 불(火)을 흙(土)으로 덮을(覀) 때 나오는 연기(煙)

要 구할/중요할 요 두 손으로 여성의(女) 허리를 감싸며(覀) 여성을 요구하는(要) 것

價 값 가 사람(亻)이 돈(貝)을 주머니에 담고(覀) 다니면서 값(價)을 지불하는 것으로 풀이

西 서녘 서 대바구니(西)의 모양인데 해가 서쪽(西)으로 지면 새들이 둥지(西)로 돌아오는 것으로 풀이

酉 닭 유 술 항아리(酉)의 모양이라서 술의 뜻으로 사용

酒 술 주 항아리(酉)에 담긴 술(氵)을 의미

猶 같을/머뭇거릴 유 짐승이 함정 앞에서 머뭇거리는(猶) 모습인데 두목의(酋) 성격이 개와(犭) 같은(猶) 것으로 풀이

尊 높을 존 제사 때 사람(八)이 손(寸)으로 정성껏 술(酉)을 높은(尊) 신에게 바치는 모습

矢 화살 시 화살(矢)의 모양

知 알 지 아는(知) 내용은 화살(矢)처럼 빠르게 입(口)을 통해 전달된다는 것으로 풀이

智 지혜 지 명확하게 아는(知) 것만 입(口)으로 말하는 것이 지혜(智)

侯 제후/과녁 후 화살(矢)을 과녁(ㄱ)에 명중시킨 사람(亻)이라는 의미

候 기후 후 화살(矢)이 '과녁(ㄱ)'에 박히는 깊이에(丨) 따라 기후(候)를 예측할 수 있는 것으로 풀이

矣 어조사 의 화살(矢)촉(厶)이 땅에 박힌 것인데 문장 끝에 나와서 종결을 의미

失 잃을 실 연장을 떨어뜨린 것인데 화살(矢)이 높게(丨) 날아가서 분실한(失) 것

으로 풀이

至 이를/지극할 지 화살이 땅(土)에 꽂힌 모양에서 이르다는(至) 뜻이 파생

致 이를/보낼 치 땅에 꽂힌(至) 화살을 손(攵)으로 빼내기 위해 도착한(致) 것으로 풀이

到 이를 도 땅에 꽂힌 화살을 사람이 빼는 것인데 칼(刂)을 찬 병사가 땅에 꽂힌(至) 화살을 빼기 위해 이른(到) 것으로 풀이

屋 집 옥 사람이 집(尸) 앞에 이르렀다는 (至) 의미로 풀이

室 집 실 집(宀) 안쪽에 이른(至) 것으로 풀이

변이 장 속에 오래 맺혀 있고, 잘 누어지지 아니하는 병은?

정답 271쪽

제때에 배설하지 못하여 장 속에 오래 묵어 있는 대변은?

정답 271쪽

16강

去 갈 거 사람(土)이 집(厶)에서 나가는(去) 것 혹은 사람(土)이 변기통(厶)에 변을 보는 모습

脚 다리 각 사람이(卩) 앉아 있다가 몸을(月) 이동할(去) 때 사용하는 다리(脚)

法 법 법 사슴으로 법을 집행하는 것인데 물(氵)이 흘러가는(去) 것처럼 인간이 순리에 맞게 살 수 있도록 도와주는 안전장치인 법(法)으로 풀이

泉 샘 천 하얗고(白) 투명한 맑은 물(水)

線 줄 선 샘(泉)처럼 이어진 실(糸)로 풀이

原 근원 원 언덕(厂)에서 흐르는 샘물(泉)
이 바닷물의 근원(原)

源 근원 원 물(氵)을 추가해서 근원(原)의
뜻을 강조

願 원할 원 머릿속으로(頁) 오랫동안 근
원적으로(原) 원했던(願) 소원으로 풀이

豆 콩 두 제사 때 쓰는 제기(豆)의 모양

頭 머리 두 콩 두(豆)와 머리 혈(頁)을 결
합해서 뜻이 머리가(頭) 되도록 완성

短 짧을 단 짧은(短) 길이의 물건은 화살
(矢)과 콩(豆)을 기준으로 그 장단을 파
악한다고 풀이

壹 한 일 뚜껑 있는 그릇에(豆) 물건을
넣고 덮어둔(ㅗ) 것인데 여기에서 한(壹)
곳에 넣어 보관한다는 의미가 파생

曲 굽을 곡 곡선을 그리는 자(曲)의 모양
인데 부드러운 멜로디의 의미도 내포하
고 밭의 모양으로도 사용

豐 풍성할 풍 밭에서(曲) 수확한 농작물
을 그릇에(豆) 풍성하게(豐) 담아서 제사
를 지내는 모습

禮 예도 례 풍성한(豊) 제물을 준비해서
신(示)에게 제사하는 것이 예(禮)

骨 뼈 골 살(月)이 덮인(冖) 있는 뼈(冎)의
모양인데 점칠(卜) 때 사용하던 소뼈(骨)
의 모양

體 몸 체 뼈(骨)와 풍성한(豊) 살로 이뤄진
몸(體)으로 정리

禍 재앙 화 신(示)이 재앙(禍)을 내려 뼈
(咼)만 남은 것으로 풀이

過 지날/지나칠/허물 과 해골더비(咼)를
지나가는(辶) 모습인데 재앙(禍)이 지나
갔다고(辶) 풀이

辰 지지 진, 때 신 보조 농기구로도 사용
되는 조개껍데기(辰)의 모양인데 농기구
(辰)로 농사를 지어야 하는 때(辰)를 의미

農 농사 농 조개껍데기(辰)로 만든 농기
구로 밭(田)을 경작하는 농사(農)를 의미

癶 걸을 발 두 발의 모양

登 오를 등 제사 때 쓰는 그릇(豆)을 들고
걸어가서(癶) 제단에 오르는(登) 모습

燈 등불 등 불(火)을 잔에 올려놓은(登) 등
불(燈)

證 증거 증 단상에 올라(登) 발언하는(言)
내용이 증거(證)로 작용

癸 천간 계 '갑을병정무기경신임계(癸)'의
순서에서 열 번째 천간이라서(天) 마지
막까지 걸어야(癶) 나오는 천간으로(癸)
풀이

樹 나무 수 손(寸)으로 악기 만드는 나무
(木)를 심는(樹) 것 혹은 제단 위 나무를
보고 손으로 소원을 비는 것으로 풀이

喜 기쁠 희 북을 치며 입으로(口) 노래 부
르니 기쁜(喜) 것

殳 몽둥이/창 수 무기 등을 손으로 잡고
있는 모양인데 대개 손동작을(殳) 의미

投 던질 투 손(扌)으로 창(殳)을 던지는
(投) 것

發 쏠 발 걷는(癶) 발을 고정하고 손(殳)으
로 활(弓)을 당겨 쏘는(發) 것

醫 의원 의 알코올(酉)과 화살(矢) 그리고
창(殳) 같은 침을 수술 상자(匚)에 들고
다니는 의원(醫)

設 베풀 설 손(殳)으로 지시하며 말한다
는(言) 의미에서 베풀다는(設) 의미 파생

殺 죽일 살, 빠를/덜 쇄 몽둥이로 내리치
는 것인데 살기(ㆍ)를 품고 손(殳)에 나
무막대(木)를 쥐고 내리쳐서(乂) 죽이는
(殺) 것으로 풀이

段 층계 단 손(殳)으로 계단을 잡고 올라
가는 모습

聲 소리 성 악사(士)가 손(殳)으로 악기

(巴)를 연주하는 소리(聲)가 귀(耳)에 들
리는 것

穀 곡식 곡 사람(士)이 손(殳)으로 곡식
(禾)을 한곳에 모아서(一) 덮어놓고(冖)
보관하는 것으로 풀이

❓ 사회적 관심이나 흥미 또는 무대의
앞쪽 아래에 장치하여 배우를 비추는
광선은?

✅ 정답 271쪽

❓ 한꺼번에 세차게 몰려드는 것은?

✅ 정답 271쪽

❓ 말 속에 뼈가 있다는 뜻으로, 예사로
운 말 속에 단단한 속뜻이 들어 있음
을 이르는 사자성어는?

✅ 정답 271쪽

17강

車 수레 차, 거 말 두 마리가 끄는 마차나
전차(車)의 모양

庫 창고/곳집 고 수레(車)를 보관하는 집
(广)인 창고(庫)

連 이을 련 수레(車)가 연이어서(連) 가는
(辶) 것

軍 군사 군 장군이 탄 수레(車) 주위를 진
형으로 덮고(冖) 지키는 군사(軍)

運 움직일/옮길/운세 운 군대(軍)가 이
동해(辶) 적진을 에워싸기 위해 움직인
(運) 것

專 오로지 전 손(寸)으로 방직기계를 돌
리는 모습 혹은 손(寸)으로 실을 실패에
집중해서(專) 감는 모양

團 둥글/집단 단 둥근 둘레의(囗) 모양을
추가해서 둥근(團) 실패를(專) 나타낸 것
혹은 방직 기술을(專) 가진 기술자들이
한 곳에(囗) 모여 집단을(團) 이루고 사
는 것으로 풀이

轉 구를 전 수레바퀴(車) 굴러가듯(轉) 실
을 감는 것

傳 전할 전 후계자(亻)를 선택해서 방직
기술(專)을 전해주는(傳) 것으로 풀이

惠 은혜 혜 방직 기술(專)을 전수 받은 자
가 느끼는 은혜로운(惠) 마음(心)으로
풀이

巾 수건 건 허리에 걸고 다니던 수건 혹
은 천(冂)을 막대(丨)에 걸어놓은 모양
(巾)

布 베 포 수건(巾) 모양으로 손(十)으로 짠
(十) 베(布)를 의미

希 바랄 희 엉성하게 짠(爻) 천을(巾) 의미
하는데 천이(巾) 멋진 옷으로 만들어지
길 바란다는(希) 것으로 풀이

市 시장 시 사람(亠)들이 물물 교환하는
장소에 깃대(巾)를 꽂아 표시한 것인데
사람(亠)들이 천(巾)에 물건을 담아 서로
교환하는 시장(市)으로 풀이

姉/姊 손윗누이 자 살림을 맡아하면서
시장(市)에 가서 장을 보는 누이(姉)로
풀이

穴 굴 혈 여덟(八) 명이 사는 집(宀)을 토
굴(穴)로 풀이

空 빌 공 비어(空) 있는 굴을(穴) 연장으로
(工) 막은 것인데 굴(穴)을 만들게(工) 되
면 속이 빈다는(空) 것

身 몸 신 배가 볼록하게 나온 사람의 몸(身)

射 쏠 사 손(寸)으로 활을(身) 당겨 화살을
쏘는 모습인데 활을 몸(身)에 들고 손
(寸)으로 쏘는(射) 것으로 풀이

謝 사례할 사 감사한(謝) 말이 입에서 나온다는(射) 의미

窮 다할 궁 활(弓)을 든 몸(身)으로 호랑이 굴(穴)에 들어가 혼신의 힘을 다해(窮) 범을 잡는 것으로 풀이

究 연구할 구 굴(穴)을 끝까지(九) 탐구하듯 학문을 궁극의 경지까지 연구하는(究) 것

窓 창 창 굴(穴)에 창(厶)을 내서 마음(心)까지 밝아진 것으로 풀이

高 높을 고 높은(高) 성(高)의 모양

喬 높을 교 지붕에 화려한 장식을 한 높은 높은(高) 건축물인데 높이가(高) 하늘(天)만큼 높은(喬) 것으로 풀이

橋 다리 교 높고(喬) 큰 나무(木)로 된 다리(橋)

京 서울 경 기둥이 셋(小)인 높은(高) 궁(京)의 모양

景 볕 경 서울(京)에 태양(日)이 떠서 볕이 내리쬐는 것으로 풀이

涼/凉 서늘할 량 서늘한(凉) 서울(京)의 날씨를 물(氵)의 온도로 나타낸 것으로 풀이

亭 정자 정 고무래(丁)로 농사짓다가 쉴 수 있도록 높게(高) 지은 정자(亭)

停 머무를 정 사람(亻)이 정자(亭)에 머물러(停) 쉬는 것

商 장사 상 상나라 시대의 높은(商) 건축물인데 성에(冂) 서서(立) 물건을 사라고 입으로(口) 말하는 사람이(儿) 장사하는(商) 것으로 풀이

適 갈/맞을 적 높은 성을 점령하기 위해 가는(適) 것

敵 원수 적 성에서(冂) 오래(古) 버티고 있는 적군을(敵) 쳐내는(攵) 것으로 풀이

向 향할 향 집에(宀) 있는 출입구로(口) 몸이 향하는(向) 것

尙 높을/오히려 상 높은(高) 건축물의 모양(尙)

賞 상줄 상 공이 높은(尙) 사람에게 돈(貝)을 상(賞)으로 내리는 것

常 항상/떳떳할 상 항상(常) 위까지(尙) 걸치고 다녀야 했던 천(巾)을 의미

堂 집 당 흙(土)으로 쌓은 높은(尙) 집(堂)

當 마땅할/마주 볼 당 높은(尙) 벼슬아치가 소유한 많은 밭(田)이 서로 마주한다는(當) 것으로 형편이 비슷한 사람이 서로 상대한다는(當) 의미로 풀이

尢 절름발이 왕 한쪽 다리가 불편한 사람의 모습

尤 더욱 우 상처 난 손의 모양인데 다리가 불편해도(尢) 눈에 총기(丶)를 지니고 더욱(尤) 노력하는 사람으로 풀이

就 나아갈 취 불리한 조건에서도 서울(京)까지 나아가서(就) 더욱(尤) 노력하는 것으로 풀이

叚 빌릴 가 언덕(厂)에서 광물을 손(又)으로 채취하는 모습인데 자연에서 광물을 빌려(叚) 사용한다는 의미 혹은 언덕에서 손에 있는 물건을 다른 사람의 손에 건네며 빌려 주는 것으로 풀이

假 거짓 가 빌린(叚) 것은 그사람의(亻) 소유가 아니라서 거짓(假)의 의미가 파생

❓ 남의 어머니를 높여 이르는 말은?

✅ 정답 271쪽

18강

各 각각 각 각각(各)의 발(夂)을 움직여서 움집(口)에 도착한 것

客 손 객 각각(各)의 지역에서 각각(各)의 사람이 집(宀)으로 방문하는 손님(客)

路 길 로 발(足)로 각각(各) 걸어 다니도록 만든 길(路)

露 이슬 로 길(路)에 보이는 비(雨) 같은 이슬(露)로 풀이

格 격식/클/바로잡을 격 곧고 크게(格) 자란 나무인데(木) 인성을 올곧게 바로잡는(格) 것 혹은 각각(各)의 나무(木)는 격(格)에 맞게 사용되어야 하는 것으로 풀이

落 떨어질 락 풀(艹)이 강(洛)에 떨어지는(落) 것

略 간략할/노략질할 략 절차를 생략하고(略) 각각(各)의 밭(田)을 빼앗은(略) 것으로 풀이

聿 붓 율 끝에 털(二)이 있는 붓(丨)을 손(彐)으로 잡고 있는 모양

筆 붓 필 대나무(竹)로 만든 붓(聿)

畫/畵 그림 화, 그을 획 붓(聿)으로 밭(田)의 경계(一)를 그린 것으로 풀이

圖 그림 도 땅의 경계(口)를 자세하게 그린 그림

書 글 서 말하는(曰) 것을 붓(聿)으로 적으면 글(書)이 되는 것으로 풀이

晝 낮 주 해가 뜨는 아침(旦)부터 낮(晝)까지 글쓰기(書) 연습하는 것으로 풀이

律 법 률 붓으로(聿) 그린 설계도를 들고 가서(彳) 법에(律) 맞게 건축하는 것으로 풀이

建 세울 건 붓(聿)으로 그려진 설계도를 들고 가서(廴) 건물을 세우는(建) 것으로 풀이

健 튼튼할 건 사람(人)이 건물을 튼튼하게(健) 세우는(建) 것으로 풀이

盡 다할 진 붓(聿) 같은 솔(聿)로 그릇(皿)의 음식을 다(盡) 닦아내는 것으로 풀이

交 사귈 교 두 발을 교차한(交) 모습에서 사귄다는(交) 의미 파생

校 학교 교 나무가(木) 서로 교차되어(交) 얽힌 울타리 안의 학교인데 꿈나무들이(木) 사귀는(交) 학교(校)로 풀이

效 본받을 효 어른과의 사귐(交)에서 좋은 것만을 본받도록(效) 매를 드는(攵) 것으로 풀이

入 들 입 안으로 들어가야 하는 집(入)의 모양에서 들어간다는 의미 파생

內 안 내 성(冂) 안쪽(內)으로 들어오는(入) 것

納 들일/바칠 납 축축한 실이(糸) 안쪽으로(內) 말려들어간다는(納) 의미로 풀이

兩 두 량 저울이나 멍에의 모양인데 두(兩) 사람이 성(冂)에 들어온(入) 것으로 풀이

滿 찰 만 물건을 더 올리면 저울이 기울기 때문에 가득 차다는 의미인데 물(氵)이 성으로(冂) 들어와(入) 가득 차고(滿) 넘치는 것으로 풀이

丙 남녘 병 제사상의 모양에서 가차된 것인데 남향(丙)의 성(冂) 안쪽으로 햇빛이 들어온(入) 것으로 풀이

病 병 병 병 녁(疒)에 몸만 변화시키기 위해 '남녘 병(丙)'을 결합한 것

里 마을 리 밭(田)이 있는 땅(土)에 생기는 마을(里)

理 다스릴 리 마을(里)에서 옥(玉)을 잘 다듬어서 빛나게 한다는 의미에서 다스린다는(理) 뜻이 파생

重 무거울/소중할 중 무거운(重) 짐을 멘 모습인데 마을(里)의 인구가 천(千) 명이라서 규모 있고 소중하다는(重) 것으로 풀이

種 씨/심을 종 천(千) 명이 넘는 마을(里)에서 벼(禾)를 심어서(種) 식량 문제를 해결하는 것으로 풀이

動 움직일 동　무거운(重) 것을 힘(力)을 써서 움직이게(動) 하는 것으로 풀이

童 아이 동　단검(辛)으로 묵형당하고 마을(里)에서 시종 드는 어린 노예인데 마을(里)에서 서서(立) 뛰어다니는 아이(童)로 풀이

鐘 종 종　구리(金)로 종(鐘)을 만들 때 인신공희로 아이(童)를 바친 것으로 풀이

旦 아침 단　해(日)와 그림자(一)를 통해 아침(旦)을 나타냄

量 헤아릴 량　되(旦)로 곡식의 무게(重)를 헤아리는(量) 모습인데 아침(旦)마다 마을(里)에서 곡식의 양을 헤아리는(量) 것으로 풀이

得 얻을 득　아침(旦)에 일하러 가서(彳) 손(寸)으로 조개를 얻은(得) 것으로 풀이

但 다만 단　아침(旦)에는 사람(亻)이 단지(但) 속옷만 걸치고 있는 것으로 풀이

只 다만 지　단지(只) 가진 게 별로 없어서 입(口)에서 한숨이 나오는 모양(八)으로 풀이

果 열매 과　나무(木) 위에 과일(田)이 달려 있는 모양인데 열매(果)가 맺히니 결과라는 의미도 파생

菓 과자 과　과일(果)을 풀(艹)처럼 얇게 말린 과자(菓)로 풀이

課 매길/과정 과　수확한 열매에 대해 세금을 매기는 것 혹은 말(言)로 과일(果)의 등급을 매기는(課) 것으로 풀이

思 생각할 사　머리(田)의 모양과 심장(心)을 결합해서 머리와 마음으로 생각한다는(思) 뜻을 완성

細 가늘 세　굳지 않은 아기의 머리뼈(田) 모양에 실(糸)을 추가해서 가늘다(細)로 풀이

回 돌 회　회전하는(回) 급류 모양으로 풀이

壇 제단 단　사람(亠)이 아침(旦)마다 돌면서(回) 기도하는 제단(壇)으로 풀이

恒 항상 항　달을 보며 느끼는 마음인데 태양(日)을 보면서 대자연의 영원성(恒)을 마음(忄)으로 느끼는 것으로 풀이

❓ 글자, 그림 따위를 장난으로 아무 데나 함부로 쓰는 것은?

✅ 정답 271쪽

❓ 이미 한 말을 자꾸 되풀이하거나 그런 말을 이르는 사자성어는?

✅ 정답 271쪽

19강

勿 말/없을 물　칼(刀)을 싸잡고(丿) 목숨을 없애는(勿) 것으로 풀이

陽 볕 양　없어졌다가(勿) 아침(旦)에 나타나는 태양 볕(昜)이 언덕(阝)에 비추는 것

揚 오를/날릴 양　태양 볕(昜)이 떠오르듯이 손(扌)을 올리는(揚) 것으로 풀이

場 마당 장　볕(昜)이 흙(土)으로 된 마당(場)을 비추는 것

腸 창자 장　빛이 뻗어가는 것처럼 길게 늘어진 창자 혹은 아침에 태양 볕(昜)이 나타나면 몸(月)에서 배설하는 창자(腸)로 풀이

傷 상할/다칠 상　태양 볕(昜)에 사람(亻)의 피부가 상하는(傷) 것으로 풀이

易 바꿀 역, 쉬울 이　잔에 있는 액체를 다른 잔으로 위치를 바꾸는 것인데 태양(日)이 없어지고(勿) 달로 바뀌는(易) 것으로 풀이

牛 소 우　뿔 달린 소(牛)의 모양

先 먼저 선　사람(儿)이 행동할 때 가장 먼

저(先) 발(止)이 나온다는 것인데 신에게 아뢸 것이 있을 때는 사람(儿)이 우선적으로(先) 소(牛)를 잡아 바치는 것으로 풀이

洗 씻을 세 발을 씻는 것인데 먼저(先) 소를 잡아 제사지내고 제단을 물(氵)로 씻는(洗) 것으로 풀이

告 알릴 고 공사를 알리는 표지판인데 소(牛)를 잡아 제사를 지낸 후 원하는 것이 잘 되도록 신께 입으로(口) 아뢰는(告) 것으로 풀이

造 지을/만들 조 공사를 하면서 건물을 짓는 것인데 고사를 지내며 신께 아뢴(告) 후 계획한 것을 만들기(造) 위해 가는(辶) 것으로 풀이

牧 칠/기를 목 손(攵)에 막대를 들고 소(牛)를 기르는(牧) 것

半 반 반 소(牛)를 반(半)으로 나눈 것

判 판달할 판 칼(刂)로 정확히 반(半)을 갈랐는지 판달하는(判) 것으로 풀이

物 만물/물건 물 칼로(刀) 소를(牛) 잡을 때 소가(牛) 잡히는 대상이나 물건이라는(物) 의미

件 사건 건 제사나 축제 등 특별한 사건(件)이 있을 때 사람(亻)이 소(牛)를 잡는 것

午 낮/말 오 절굿공이의 모양인데 소(牛)에서 뿔(丨)을 뺀 말(午)이라는 의미로 풀이

許 허락할 허 절굿공이로(午) 찧듯이 말이(言) 섞이는 것인데 말(午)을 빌려달라는 부탁(言)을 허락한(許) 것으로 풀이

馬 말 마 목에 갈기가 있는 말(馬)의 모양

寺 절 사 손(寸)에 뭔가를 들고 발(土)로 걸어가는 곳인데 손(寸)에 뭔가를 들고 가는 땅(土)인 절(寺)로 풀이

時 때 시 관청이나 절(寺)에 시계가 없으니 태양(日)을 보고 때(時)를 파악한다고 풀이

詩 시 시 말(言)로 만들어진 건축물(寺)을 시(詩)라고 풀이

等 같을 등 관청이나 절(寺)에서 죽간(竹)을 같은(等) 책을 종류별로 보관한다는 것으로 풀이

持 가질 지 시주하기 위해 절에(寺) 갈 때 물건을 손(扌)에 가지고(持) 가는 것으로 풀이

待 대접할/기다릴 대 절(寺)에 가서(彳) 승려에게 시주하며 대접하는(待) 것으로 풀이

特 특별할 특 관청(寺)에서 관리하는 소(牛)의 특별한(特) 종자로 풀이

罒 그물 망 그물(罒)의 모양

買 살 매 조개(貝)를 그물(罒)에 담아 놓고 사는(買) 사람을 기다리는 것으로 풀이

賣 팔 매 살 매(買) 위에 물건이 나간다는(出) 의미를 추가해서 팔다(賣)는 의미를 완성한 것인데 선비(士) 같은 전문가가 물건을 잘 팔(賣) 수 있는 것으로 풀이

讀 읽을 독 물건을 판매하는(賣) 것처럼 말(言)을 하면서 책을 읽는(讀) 것으로 풀이

續 이을 속 실(糸)을 이어(續) 옷감을 만들어 판매하는(賣) 것으로 풀이

深 깊을 심 사람이 깊은(深) 굴에 들어가는 모습인데 물(氵)의 깊이가 사람(儿)과 나무(木)를 덮을(冖) 만큼 깊은(深) 것으로 풀이

探 찾을 탐 깊은(深) 곳에 손(扌)을 넣어 물건을 찾는(探) 것으로 풀이

谷 골짜기 곡 산의 능선(八)과 입구(口)로 이루어진 골짜기(谷)

俗 풍속 속 골짜기(谷)라도 사람(亻)들이
살게 되면 풍속(俗)이 만들어지는 것으
로 풀이

浴 목욕 욕 욕조에서 목욕하는 것인데 골
짜기(谷) 계곡물(氵)에서 목욕하는(浴)
것으로 풀이

欲 하고자 할 욕 움푹 파인 골짜기(谷)와
입을 크게 벌린(欠) 공간에 무엇인가를
채워야 할 것 같다는 의미에서 하고자
한다(欲)는 의미 파생

容 얼굴/용서할 용 단순한 얼굴의 모양
혹은 집이 골짜기처럼 넉넉한 공간이라
는 의미인데 집(宀)이나 골짜기(谷)와 같
이 넓은 마음이 얼굴(容)에 나타난 것으
로 풀이

互 서로 호 위(⌐)와 아래(_)의 상황이 서
로(互) 맞물린 것으로 풀이

瓦 기와 와 서로(互) 맞닿아 있는 기와(瓦)
의 모양

❓ 학생을 가르치는 사람이나 학예가 뛰
어난 사람을 높여 이르는 말은?

✅ 정답 271쪽

❓ 한 번 화살에 맞은 새는 구부러진 나
무만 보아도 놀란다는 뜻으로, 한 번
혼이 난 일로 늘 의심과 두려운 마음
을 품는 것을 이르는 사자성어는?

✅ 정답 271쪽

20강

合 합할 합 뚜껑이 있는 도자기(合)

拾 주울 습, 열 십 손(扌)에 물건이 합해
진(合) 것이니 줍는다는(拾) 뜻이 파생

答 대답할 답 의견을 합하여(合) 죽간(竹)

에 적어 대답한(答) 것으로 풀이

給 줄 급 실(糸)을 합하여(合) 천을 만들어
공급하는(給) 것으로 풀이

會 모일 회 뚜껑으로 덮인 그릇(合)에 제
사 때 쓰일 고기가 담긴 모양인데 제사
하기 위해 모인(會) 것으로 풀이

曾 일찍/거듭 증 시루(田)에 김(八)이 올
라오는 모양인데 시루가 2단 구조이기
때문에 거듭(曾)이라는 의미 파생

層 층 층 집(尸)에서 거듭(曾) 올라갈 수
있게 만든 계단(層)으로 풀이

增 더할 증 흙(土)을 거듭(曾) 쌓아올린 모
양에서 더하다는(增) 의미 파생

今 이제 금 현재의 시각을 알리는 삼각형
모양의 도구인데 삶의 모든 시간을 합
치면(合) 지금(今)이 되는 것으로 풀이

念 생각할 념 현재(今) 마음(心)속에 있는
생각(念)

吟 읊을 음 지금(今) 입(口)으로 시조를 읊
조리는(吟) 것

陰 그늘/세월 음 언덕(阝)이 지금(今) 구
름으로(云) 덮여서 그늘진(陰) 것을 의미

卩/卪 병부 절 무릎 꿇고 앉아 있는 사람
의 모습인데 (卩) 군대를 동원할 수 있는
병부를 받기 위해 무릎 꿇고 대기 중인
벼슬아치로 풀이

印 도장 인 손(爪)으로 무릎 꿇고 있는 사
람(卩) 이마에 쇠를 달구어 도장(印)을
찍는 모습

仰 우러를 앙 무릎 꿇고 있는 사람(卩)이
서 있는 사람(亻)을 우러러(仰) 보는 것

迎 맞이할 영 오는(辶) 손님을 우러러(仰)
맞이한다는(迎) 의미

邑 고을 읍 무릎 꿇은(巴) 사람들이 사는
공간(口)인 고을(邑)

絶 끊을/극히 절 사람(巴)이 칼(刀)로 실

을(糸) 끊는(絶) 것

色 빛/낯 색 남자(儿)와 여자(巴)의 육체적인 사랑 행위에서 붉게 낯빛(色)이 변한다는 의미 파생

犭 큰 개 견 큰 개의(犭) 모양

犯 범할 범 개(犭)가 사람(巳)을 물어뜯으며 해친다는 의미에서 범하다고(犯) 풀이

選 가릴 선 두 사람(巴) 중에서 인신공희의 대상으로 함께(共) 갈(辶) 사람을 가려내는(選) 것

危 위태할 위 언덕(厂) 위에 있는 사람(儿)을 해치려는 사람(㔾)을 통해 위태롭다는 의미 완성

怨 원망할 원 한스럽고 원망스러운(怨) 마음으로 인해 저녁(夕)에도 잠을 이루지 못하는 사람(㔾)의 마음(心)

卽 곧 즉 사람(㔾)이 그릇 안의 밥을 곧(卽) 먹게 될 순간을 나타내는데 사람(㔾)이 흰색(白) 숟가락(匕)으로 밥을 곧(卽) 먹는 의미로 풀이

旣 이미 기 밥그릇의 밥을 이미(旣) 다 먹었다는 의미인데 흰색(白) 숟가락(匕)으로 밥을 이미(旣) 다 먹어서 없다는(无) 의미로 풀이

節 마디/절개 절 대나무(竹)의 마디로(節) 만든 벼슬아치의 부절을 의미하는데 대나무가 상징하는 절개(節)를 지녀야 하는 벼슬아치(卩)로 풀이

鄕 고향/시골 향 두 사람이 음식을 마주 보고 먹는 고향의 풍경인데 어릴(幺) 때부터 흰색(白) 숟가락(匕)으로 밥 먹던 마을(阝)인 고향(鄕)으로 풀이

卷 책 권 사람(人)이 하루 두(二) 번 눈빛 초롱거리며(丶) 읽어야 돌돌 말린(㔾) 책으로 풀이

勝 이길 승 힘(力)을 다해 책(卷)을 읽은 사람(月)이 시험에서 이기는(勝) 것으로 풀이

巳 뱀 사 포대기에 싸인 아이(巳)의 모습이었으나 뱀의(巳) 의미로 굳어짐

已 이미 이 뱀(巳)의 머리가 터져서(已) 이미(已) 죽은 것으로 풀이

令 명령 령 궁(亼)에서 무릎을 꿇고 명령(令)을 기다리는 사람(卩)을 의미

領 거느릴/옷깃 령 우두머리(頁)가 병사들을 거느리면서(領) 명령(令)을 하는 것

冷 찰 랭 얼음(冫)처럼 차갑고 엄격한 명령(令)이라는 의미에서 차다는(冷) 의미 파생

命 명령/목숨 명 명령(令)을 기다리는 사람에게 입(口)으로 명령을(命) 하는 것

❓ 시가를 읊조리며 그 맛을 감상하는 것은?

✅ 정답 271쪽

❓ 무엇을 하기에 기회나 시기 따위가 더할 수 없이 좋은 것은?

✅ 정답 271쪽

❓ 이왕에 지나간 일을 이르는 사자성어는?

✅ 정답 271쪽

21강

者 사람 자 음식 재료를 솥에 넣고 삶는 모양인데 머리가 하얗게(白) 될 때까지 땅(土)을 경작하는(丿) 사람(者)으로 풀이

老 늙을 로 사람(耂)이 나이가 들면 지팡이(匕)를 짚게 되는 노인(老)이 되는 것

考 생각할 고 지팡이(丂)를 들고 있는 노인의 모습인데 늙어서(耂) 돌아가신 부모를 생각하는(考) 것으로 풀이

孝 효도 효 지팡이를 대신해서 아들(子)이 노인(老)을 업고 이동하는 것에서 효도(孝)의 의미 파생

壽 목숨 수 목숨(壽)이 긴 노인(老)의 모습

都 도읍 도 사람(者)들이 많이 살고 있는 마을(阝)이라는 의미에서 도읍(都)

暑 더울 서 사람(者) 머리 위에 태양(日)이 떠 있어서 더운(暑) 것

諸 모두/말을 잘할 제, 어조사 저 장애가 없는 한 반복을 통해 사람(者)들이 모두(諸) 말(言)을 할 수 있는 것으로 풀이

著 나타낼/쌓을 저 사람(者)이 풀(艹)을 높게 쌓아서 그 모양이 나타난다고(著) 풀이

直 곧을 직 눈(目)으로 정교하게 직선(丨)을 긋는 모습에서 곧다는(直) 의미 파생

植 심을 식 나무(木)를 곧게(直) 심는(植) 것

德/悳 덕 덕 곧은(直) 마음(心)으로 베푸는 덕(悳)

聽 들을 청 덕(德)이 있는 큰 사람(壬)은 귀(耳)로 주의 깊게 듣는다고(聽) 풀이

聖 성스러울 성 귀(耳)로 마음의 소리(口)를 듣는 위대한(壬) 성인(聖)

眞 참 진 참되고(眞) 정성스럽고 마음으로 솥(鼎)의 음식을 숟가락(匕)으로 퍼서 신에게 바치는 것

受 받을 수 손(爪)으로 건네주는(冖) 것을 손(又)으로 받는 것(受)

授 줄 수 받은(受) 만큼 주는(授) 것

愛 사랑 애 주고(授)받는(受) 마음(心)이 사랑(愛)이라고 풀이하고 사랑하는 사람에게 다가가고(夊) 싶어서 '又'를 '夊'로 변화시킨 것

舍 집 사 집(舍)이 모양

余 나 여 신원을 보장하는 신분증의 모양에서 '나(余)'라는 의미인데 집(舍) 소유주인 나로(余) 풀이

除 섬돌/덜 제 언덕(阝) 같은 장소에 이르러 신분증(余)을 제시한다는 의미에서 덜어낸다는(除) 뜻이 파생

餘 남을 여 자기(余) 집에 음식(食)이 넉넉하다는 의미에서 남는다는(餘) 뜻이 파생

掃 쓸 소 손(扌)에 빗자루(帚) 들고 쓸고(掃) 있는 모습

婦 아내/며느리 부 빗자루(帚) 들고 청소하는 여자인(女) 아내(婦)

妻 아내 처 손(彐)으로 쓰레기를 모으며(一) 청소하는 여자(女)인 아내(妻)로 풀이

歸 돌아올/돌아갈 귀 아내가 빗자루(帚) 들고 발(止)로 언덕(阜)을 넘어 시댁으로 돌아가는(歸) 모습

方 모 방 사람(亠)이 칼(刀) 같은 도구로 사방의 영역을 표시해서 네모(方)의 의미로 풀이

訪 찾을 방 문제 해결의 해법을 얻기 위해 동서남북 사방(方)을 찾아다니면서(訪) 비법을 묻는(言) 것

房 방 방 집(戶) 사방(方)에 있는 방(房)

防 막을 방 흙을 쌓은 사방(方)의 언덕(阝)으로 물길을 막은(防) 것

於 어조사 어 까마귀(於)의 상형인데 어조사로 사용

其 그 기 키 혹은 삼태기를 손(廾)으로 들고 있는 모양인데 쭉정이를 덜어내고 알맹이만 남게 되니 그(其)라는 의미 파생

期 기약할 기 달(月)의 주기를 통해 약속한 그(其)날을 기약하는(期) 것

基 터 기 삼태기(其)에 흙(土)을 담아 건물의 기초(基)를 쌓는 것

匹 짝 필 옷감을(儿) 감아서 두 개를 상자에(匚) 나란히 놓은 모양에서 짝의(匹)

뜻이 파생

甚 심할 심 달콤한(甘) 음식을 지나치도록 심하게(甚) 먹은 것인데 그(其) 짝(匹)의 달콤한(甘) 애정 표현이 지나치다는(甚) 것으로 풀이

民 백성 민 포로의 눈(口)을 칼(氏)로 찌른 모습인데 성씨(氏)를 갖지 못한 사람(口)들을 백성(民)이라고 정리

氏 성씨 씨 공물을 바치는 특정 성씨 혹은 손가락에 맺힌 핏방울을 통해 같은 혈족이나 성씨를 나타낸 것으로 풀이

低 낮을 저 성씨(氏)를 가진 사람(亻) 밑에 (丶) 있는 낮은(低) 계층으로 풀이

昏 저녁 혼 해(日)가 낮게(氏) 저물고 있는 저녁(昏)

婚 혼인할 혼 저녁(昏) 때 신부(女)의 집에서 치러지는 혼례(婚)

眠 잠잘 면 고된 노역에 시달렸던 백성(民)들의 졸린 눈(目)에서 잠자다는(眠) 의미 파생

紙 종이 지 여러 성씨(氏)들이 섞여 살 듯 많은 실(糸)이 물에 녹아서 만들어진 종이(紙)로 풀이

❓ 늦더위는?

✅ 정답 271쪽

❓ 수명이 십 년이나 줄 정도로 위험한 고비를 겪음을 이르는 사자성어는?

✅ 정답 271쪽

22강

也 어조사 야 여성의 생식기(也) 모양 혹은 뱀(力)의 모양으로 풀이

地 땅 지 대지(土)에서 초목이 나오는 것을 여성의 자궁(也)에서 아이가 출산되

는 것으로 비유

池 연못 지 땅(地)에 물(氵)이 고여 있는 연못(池)

他 다를 타 모태(也)에서 나온 각각의 다른(他) 사람 혹은 사람(亻)과 가장 다르게(他) 생긴 뱀(也)으로 풀이

族 겨레 족 깃발(旗) 아래에서 화살(矢)을 쏘며 전쟁하는 같은 겨레(族)

旗 기 기 사람(人)이 사방(方)으로 흔드는 그것(其)으로 풀이

旅 나그네/군사 려 같은 성씨(氏)의 겨레(族)가 함께 이동하며 전쟁을 치렀기 때문에 나그네(旅)의 의미 파생

遊 놀/여행할 유 같은 민족(族)의 아들(子)들이 사방으로 돌아다니면서(辶) 전쟁을 치렀기 때문에 여행(遊)의 의미가 파생

君 임금 군 손(彐)에 지휘 막대(丨)를 들고 다스리고(尹) 입(口)으로 명령하는 임금(君)

群 무리 군 임금(君)이 양(羊)떼와 같은 백성의 무리를(群) 다스리는 것

郡 고을 군 임금(君)이 다스리는 마을(阝)인 고을(郡)

元 으뜸 원 머리에 관(二)을 쓴 사람(儿)인 우두머리라서 으뜸(元)의 의미 파생

完 완전할 완 집(宀)을 으뜸(元)으로 완전하게(完) 보수한 것으로 풀이

院 집 원 언덕(阝) 위에 온전하게(完) 지어진 집(院)으로 풀이

莫 없을 막 큰(大) 태양(日)이 풀밭(艹)으로 없어지는(莫) 모양

暮 저물 모 해(日)가 없어지기(莫) 때문에 해가 저문다는(暮) 의미

墓 무덤 묘 사람이 사멸하여(莫) 흙(土)으로 돌아간 무덤(墓)

支 가를/지출 지 나뭇가지(十)를 쥔 손

(又)의 모양(支)인데 손이 갈라진(支) 것
으로 풀이

枝 가지 지 나무(木)가지가(枝) 갈라진
(支) 것

技 재주 기 갈라진(支) 손(扌)으로 각종 재
주(技)를 부리는 것으로 풀이

彼 저 피 벗겨낸 가죽(皮)을 저쪽(彼)으로
이동시킨(彳) 것으로 풀이

疲 피곤할 피 피곤해서(疲) 가죽만(皮) 남
은 상태 혹은 피곤하면(疲) 피부(皮)가
푸석하게 병든(疒) 것처럼 보이는 것으
로 풀이

波 물결 파 물(氵)의 표면(皮)인 물결(波)
로 풀이

破 깨뜨릴 파 돌(石)의 표면(皮)을 깨는
(破) 것

了 마칠 료 요리가 끝나면(了) 국자(了)로
퍼서 그릇에 담는 것인데 자식(子) 출산
과정이 끝난다는(了) 것으로 풀이

乃 이에/곧 내 물건을 묶는 새끼줄이라
고 하는데 출산이 끝나서(了) 곧(乃) 자
식을 볼 수 있음으로 풀이

秀 빼어날 수 벼를(禾) 들고 가는 사람(乃)
모습인데 빼어나게(秀) 익은 벼를(禾) 곧
(乃) 수확한다는 것으로 풀이

及 미칠/이를 급 사람(人)을 손(又)으로
잡았다는 의미에서 이르다는(及) 뜻

級 등급 급 잡은 사람을 실로 묶은 수급
혹은 실(糸)을 가공하여 최상의 등급(級)
에 이르게(及) 된 것으로 풀이

吸 숨 들이쉴 흡 입(口)을 통해 공기가 폐
에 이른다는(及) 의미에서 숨을 들이쉰
다고(吸) 풀이

求 구할 구 털 가죽옷의 모양인데 눈에
불 키고(丶) 물(氺)을 모으기(一) 위해 애
써 구한다고(求) 풀이

救 구원할 구 모피(求)를 주면서(攵) 추위
에서 구원한다는(救) 것인데 물을 구해(求)
주면서(攵) 목숨을 구한(救) 것으로 풀이

球 공 구 옥(王)을 구해서(求) 공(球)처럼
둥글게 깎은 것

斗 말 두 곡식의 양을 재는 되(斗)에 곡물
(二)이 담긴 모양

科 과목 과 말(斗)로 벼의(禾) 양을 헤아린
다는 의미에서 과목(科)의 의미 파생

料 헤아릴 료 말(斗)로 쌀(米)의 양을 정교
하게 헤아리는(料) 것

❓ 가을의 잔잔하고 아름다운 물결, 이
성의 관심을 끌기 위하여 은근히 보
내는 눈길, 환심을 사려고 아첨하는
태도나 기색은?

✅ 정답 271쪽

❓ 아직 따라 죽지 못한 사람이란 뜻으
로, 남편이 죽고 홀로 남은 여자를 이
르는 말은?

✅ 정답 271쪽

23강

走 달릴 주 사람(土)이 발(止)로 달리는
(走) 모양인데 땅(土)을 박차며 발(止)로
달리는(走) 모습으로 풀이

起 일어날 기 달리기(走) 위해 몸(己)을 일
으키는(起) 것으로 풀이

徒 무리/헛되이 도 여러 무리(徒)가 함께
걷고(彳) 달리는(走) 것

虫/蟲 벌레 충 여러 마리의 곤충(蟲) 혹
은 뱀의(虫) 모양

凡 무릇 범 돛(凡)의 모양

風 바람 풍 돛(凡)이나 벌레(虫)는 바람(風)

에 영향을 받아 쉽게 움직임을 나타냄

楓 단풍나무 풍 나무(木)에 가을바람(風)이 불면 붉게 물드는 단풍나무(楓)

蜀 나라 이름/큰 닭 촉 애벌레의 모양인데 눈(罒)으로 벌레(虫)만 보면 싸서(勹) 먹는 닭(蜀)으로 풀이

獨 홀로 독 개(犭)와 닭(蜀)이 자주 다투기 때문에 각각 홀로(獨) 분리해 두는 것

强/強 강할 강 활(弓)은 사람(口)보다, 사람(口)은 벌레(虫)보다, 벌레(虫)는 나무활(弓)보다 강하다고(強) 풀이

臼 절구 구 절구(臼)의 모양

兒 아이 아 갓난아이의 모습 혹은 머리카락을 양쪽의 뿔(角) 모양으로(臼) 묶은 사람(儿)이라는 의미에서 아이(兒)가 됨

舊 예 구 구구(臼臼) 소리를 내며 풀(艹)숲에서 오래(舊) 사는 새(隹)를 의미

寫 베낄 사 까치(舃)가 본능적으로 어미새가 했던 것을 그대로 베껴서(寫) 둥지(宀)를 짓는 것

急 급할 급 사람(儿)을 손(⺕)으로 잡기 위해 급한 마음(心)으로 따르는 모습으로 풀이

久 오랠 구 다리에 문제가 있어서 늦게 걷는 사람인데 사람(儿)을 업고 걸어야 하는 사람(人)이라서 시간이 오래(久) 걸린다고 풀이

羽 깃 우 새 날개를 덮고 있는 깃털(羽)

習 익힐 습 새가 날개(羽)를 펄럭이며 빛나는(白) 태양을 향해 날아가는 연습(習)을 하는 것

曜 빛날 요 새(隹)가 날갯짓하여(羽) 날아가는 하늘에서 볼 수 있는 빛나는(曜) 태양(日)으로 풀이

乀 날 비 새 날개(乀)의 모양

飛 날 비 날개(乀)를 활짝 펴고 높이 오르

는(升) 모양

私 사사로울 사 벼(禾)를 사사롭게(私) 감싸며(厶) 몰래 감춘 것으로 풀이

公 공평할 공 사사롭게(私) 얻은 것을 나눈다는(八) 의미에서 공평하다는(公) 의미로 풀이

松 소나무 송 사시사철 색이 변하지 않고 한결같이 공평한(公) 나무(木) 소나무(松)

翁 늙은이 옹 깃(羽)처럼 생긴 수염과 공평한(公) 판단력을 지닌 늙은이(翁)로 풀이

參 석 삼, 참여할 참 사람 위에 별이 세 개 뜬 모양인데 사람(人) 세(厽) 명과 세개의 털이라서(彡) 셋으로(參) 풀이

修 닦을 수 사람(亻)을 매로(丨) 쳐서(攵) 단련시켜(修) 윤기 나는 털(彡)처럼 빛나게 하는 것으로 풀이

隹 새 추 간략하게 그린 새(隹)의 모양

進 나아갈 진 새(隹)가 먹이를 보고 앞으로 가면서(辶) 나아가는(進) 모양

集 모일 집 새(隹)가 나무(木) 위로 모여드는(集) 모양

推 밀/옮길/천거할 추, 밀 퇴 손(扌)으로 새를(隹) 옮긴(推) 것

雄 수컷 웅 감싸는(厶) 손의(十) 힘과 힘이 넘치는 팔뚝(厷) 지닌 것 같은 수컷(雄) 새로(隹) 풀이

誰 누구 수 신의 전령사인 새(隹)를 향해 기원하는 말(言)을 하며 자신이 누구(誰)인지 밝히는 것으로 풀이

唯 오직 유 새(隹)를 토템으로 하는 부족들은 신께서 오직(唯) 새를 통해 말씀하신다고(口) 믿는 것으로 풀이

惟 생각할/오직 유 새(隹)를 통해 전달된 신의 뜻을 마음으로(忄) 헤아리고 생각하는(惟) 것으로 풀이

雖 비록 수 비록(雖) 징그러운 벌레(虫)라

도 새(隹) 입(口)에 들어갈 먹이라서 계속 잡아야 한다고 풀이

鷹 매 응 厂모양으로 나는 기러기(雁)를 잡는 새(鳥)인 매(鷹) 혹은 사람(亻)이 집(广)에서 새(隹)를 잡기 위해 기른 새로(鳥) 풀이

應 응할 응 주인의 뜻과 마음(心)에 맞게 매(鷹)가 반응하는(應) 것으로 풀이

雚 황새 관 머리 위에 깃털 달린(艹) 해오라기(隹)가 눈을 크게 뜬(吅) 모양

觀 볼 관 먹이를 잡기 위해 백로(雚)가 눈을 크게 뜨고 보는(見) 것

權 권세/저울추 권 황새(雚)가 앉을 수 있는 큰 나무(木)라서 권세(權)의 의미 파생

歡 기뻐할 환 황새(雚)가 먹이를 먹고 입을 크게 벌려(欠) 기뻐하는(歡) 것으로 풀이

勸 권할 권 힘센(力) 황새(雚)처럼 활기차게 살 것을 권한(勸) 것으로 풀이

❓ 다른 지방이나 다른 나라에 가서 그곳의 풍경, 풍습, 문물 따위를 구경하는 것은?

✅ 정답 271쪽

❓ 역사 발전의 합법칙성에 따라 사회의 변화나 발전을 추구함, 정도나 수준이 나아지거나 높아지는 것은?

✅ 정답 271쪽

24강

革 가죽 혁 머리(廿)·몸통(中)·꼬리(丨) 모양의 짐승의 가죽(革)

堇 진흙 근 기우제 때 사람을 불로 굽고

있는 모습 혹은 기우제를 올려야 할 정도의 기근이 지속되면 진흙을 불로 구워서 먹는 것인데 생가죽(革)을 부드럽게 하기 위해 흙에 물을 넣어 진흙(堇)을 만들고 그것으로 가죽(革)을 감싼 후 불에 굽는 무두질로 풀이

勤 부지런할 근 좋은 가죽을 얻기 위해 진흙(堇)을 바르고 불에 굽는 무두질 작업에 부지런히(勤) 힘(力) 쓰는 것으로 풀이

漢 한나라/사나이 한 진흙탕(堇) 물(氵)이 있는 한중에서 시작한 한나라(漢)로 풀이

難 어려울 난 기우제 때 등장하는 새의 모양에서 가차된 것인데 사람(人)이 설치한 진흙(堇) 덫에 새(隹)가 빠져서 나오기 어려운(難) 것으로 풀이

席 자리 석 집(广)에서 가죽(革)이나 수건(巾)으로 만든 자리(席)

悅 기쁠 열 사람(儿)의 마음(忄)에 기쁨(兌)이 가득해서 입(口)가에 팔자주름(八)을 보이며 웃는 것

說 말씀 설, 기쁠 열, 달랠 세 사람(人)이 입(口)가에 팔자주름(八)이 보이도록 기쁘게(說) 웃으며 하는 말(說)

脫 벗을 탈 뼈를 벗겨내고(脫) 고기(月)의 살을 주니 기쁜(兌) 것으로 풀이

稅 세금 세 벼(禾)를 수확하게 되면 먼저 벗겨서(脫) 국가에 내야 하는 세금(稅)으로 풀이

育 기를 육 아이를(月) 출산해서 팔로 감싸(厶) 안으며 기르는(育) 모습

充 찰/채울 충 자식을 잘 길러서(育) 훌륭한 사람(儿)으로 잘 자라게 하여 나이가 꽉 찼다는(充) 뜻이 파생

統 거느릴/큰 줄기 통 실(糸)을 손으로

가득(充) 잡았다는 의미에서 거느린다는(統) 뜻이 파생

流 흐를 류 양수를 타고 아이가 흘러나오는 모습 혹은 기르던(育) 아이가 죽어서 냇(川)물(氵)에 흘려보내는(流) 모습으로 풀이

浮 뜰 부 수중(氵) 분만을 통해 나온 아이가(子) 물에 뜨자(浮) 손으로(爪) 들어 올리는 것으로 풀이

乳 젖 유 아이를(子) 손으로(爪) 정성스레 안고(乚) 젖(乳)을 먹이는 어머니의 모습

無 없을 무 제의할 때는 춤이 없어서는 안 된다는 의미인데 사람(人)이 풀(卝)을 모아(一) 불(灬) 태워 없앤다고(無) 풀이

舞 춤출 무 소꼬리를 들고 춤추는 모습인데 발이 어그러질(舛) 정도로 보이지 않게(無) 춤추는(舞) 것으로 풀이

年 해 년 사람이 수확한 벼를 들고 걸어가는 모습에서 한 해(年)가 지나고 있는 시간이라는 뜻이 파생

降 내릴 강, 항복할 항 두 발로 언덕(阝)을 내려오는(降) 것

韋 가죽 위 위아래 발로 가죽을(韋) 만드는 지역을(口) 찾아가는 것 혹은 가운데 가죽(口)을 중심에 두고 위아래 발로 가죽(韋)을 벗기는 것을 나타냄

圍 둘레/에워쌀 위 위아래 있는 발이 가운데 있는 지역(口)의 둘레를(圍) 포위한 것 혹은 가죽의(韋) 둘레를(圍) 에워싸고(口) 작업하는 것

偉 위대할/훌륭할/클 위 우두머리만 입는 가죽(韋)옷을 입은 사람(亻)이라는 의미에서 위대하다는(偉) 뜻이 파생한 것으로 풀이

韓 나라 이름 한 해(日)가 뜨는 동쪽에서

위대한(偉) 사람들이 세운 나라(韓)로 풀이

幸 다행/행복 행 고통(辛)을 주는 나무 형틀(幸)의 모양인데 여기에서 벗어나면 다행이고(幸) 행복하다고(幸) 여기는 것

報 갚을/알릴 보 형틀(幸)에 묶인 죄수(卩)를 손으로(又) 때리며 원수를 갚고(報) 범죄 사실을 소상히 알리라고(報) 심문하는 것

服 옷/복종할 복 심문 끝난 후 죄수의 몸(月)에 입히는 죄수복(服)으로 풀이

執 잡을 집 형틀(幸)에 묶인 사람(丸)의 모습에서 잡는다는(執) 의미가 파생

藝 심을/재주 예 사람이 나무를 심고 있는 모습인데 거북이 땅(土)에 알(丸) 심듯 식물(卝)을 심어서 기를 수 있다고 말할(云) 수 있는 것이 재주(藝)라는 의미

熱 더울/따뜻할 열 나무가 성장해서 기력이 좋은 것을 불길로(灬) 나타낸 것인데 나무를 심는 따뜻한(熱) 마음 혹은 땅(土)에 묻힌 거북 알(丸)이 불(灬) 같이 따뜻한(熱) 지열로 부화되는 것으로 풀이

勢 권세/형세 세 식물을 심어서(藝) 생산량이 증대되는 것이 힘이(力) 되고 세력이(勢) 된다는 것인데 열정으로(勢) 얻은 결과들이 후에 힘이(力) 되고 권세가(勢) 된다는 풀이

❓ 제도나 기구 따위를 새롭게 뜯어고치는 것은?

✅ 정답 271쪽

❓ 겸연쩍고 부끄럽다, 본래의 특색을 드러내지 못하고 보잘것없다는 말은?

✅ 정답 271쪽

25강

自 스스로/자기 자 코(自)의 모양인데 자신을 가리킬 때 집게손가락으로 코(自)를 짚었기 때문에 자기라는(自) 의미가 파생

息 숨 쉴 식 코(自)와 심장(心)으로 숨 쉬는(息) 것을 나타냄

鼻 코 비 손(廾)으로 물건(田)을 준다는 '줄 비(畀)'를 추가해서 '코 비(鼻)'를 완성

栽 심을 재 창(戈)으로 땅(土)을 파고 나무를 심은(栽) 것으로 풀이

哉 어조사 재 말과 말 사이에 심겨(戈) 들어가는 말(口)인 어조사(哉)로 풀이

鐵 쇠 철 거푸집에서 만들어진 창의 재료인 쇠를 의미하는데 연장(戈)으로 땅(土)을 파서 쇠(鐵)를 구해오라고 말하는(口) 왕(王)으로 풀이

兎/兔 토끼 토 쪼그리고 앉은 토끼(兎)의 모양

免 면할 면 보호 장비인 투구를 쓴 사람(儿)의 모습에서 위험을 면하게(免) 된다는 의미가 파생된 것인데 토끼(兎)가 사람(儿)을 피해 달아나 위험을 면한(免) 것으로 풀이

勉 힘쓸 면 위험을 면하기(免) 위해 힘써(力) 달아나는 것으로 풀이

晚 늦을 만 해(日)를 면하게(免) 되는 늦은(晚) 저녁을 의미

取 취할 취 전쟁에서 적을 죽이고 포상금을 받기 위해 손(又)으로 귀(耳)를 잘라서 취하는(取) 것

最 가장 최 투구(日)를 벗기고 적장의 목을 취하는(取) 것이 태양(日)처럼 빛나는 가장(最) 큰 공이라는 의미

敢 감히/용맹스러울 감 손(攵)으로 용감하게 돼지를 잡는 모습인데 적군을 죽이고 그 귀(耳)를 꿰어 만든(工) 결과물을 지닌 용맹한(敢) 사람으로 풀이

嚴 엄할 엄 바위가(口) 많은 험한 산 혹은 용맹스러운(敢) 행동 실천을 강조해서 말하는(口) 집안(厂)의 엄한(嚴) 가풍으로 풀이

巖 바위 암 보기만 해도 엄함이(嚴) 느껴지는 바위(巖) 산(山)으로 풀이

衣/衤 옷 의 사람이 입는 웃옷(衣)의 모양

依 의지할 의 사람(亻)의 몸이 의지하는(依) 옷(衣)

初 처음 초 옷감(衤)을 칼(刀)로 자르는 것이 옷을 만드는 최초의(初) 작업

表 겉/드러낼 표 털이 겉으로(表) 나온 가죽옷의 모양인데 털옷의 모양인데 선비(土)가 입은 옷(衣)의 겉모습(表)만 봐도 형편을 파악할 수 있는 것으로 풀이

制 마를/만들 제 나뭇가지를 잘라 필요한 도구를 만드는 것인데 칼(刂)로 소(牛)와 천(巾)을 자르는(制) 것으로 풀이

製 만들 제 옷감을 잘라(制) 옷(衣)을 만드는(製) 것

帝 임금 제 특별한 천(巾)을 두르고 제단(冖)에 서서(立) 신께 제사하는 임금(帝)으로 풀이

長 길 장 나이가 들면 동곳 같은 것으로 머리를 고정할 수 없어 긴(長) 머리를 풀고 다니는 모습인데 특별한 옷을 입고(衣)과 긴(長) 머리를 휘날리는 노인의 모습으로 풀이

喪 죽을/잃을 상 옷(衣) 입은 상태로 죽은 사람을 묻고 뽕나무 위에서 입(口)으로 통곡하는 것으로 풀이

展 펼 전 집(尸)에서 많은(廾) 옷(衣)을 펼쳐(展) 놓은 것으로 풀이

哀 슬플 애 옷(衣)으로 눈물을 닦으며 입

(口)으로 구슬프게(哀) 우는 것으로 풀이

遠 멀 원　길게 늘어진 옷인데 가족을 잃은 슬픈(哀) 사람들이 장례를 치르기 위해 멀리(遠) 이동하는(辶) 것으로 풀이

園 동산 원　집에서 멀리(遠) 위치한 동산(園) 주변(口)의 모양

讓 사양할 양　도와달라는(襄) 말(言)을 듣고 사양하는(讓) 것으로 풀이

予 나 여　실타래를 걸어 놓는 틀(予)을 관리하는 사람 혹은 북(予)의 모양의 의미하는데 가차되어서 '나'의 뜻으로 사용

序 차례 서　차례차례 창이 뚫린 건축물인데 집(广)에서 물건을 줄(予) 때 서열에 맞게 차례로(序) 전달한다고 풀이

野 들 야　마을(里) 밖 수풀에 세워진 남근석의 모양인데 마을을(里) 벗어나 내(予)가 산책하는 장소인 들(野)로 풀이

矛 창 모　찌를 때 쓰는 긴 창(矛)의 모양인데 내(予)가 물건을 벨(丿) 때 쓰는 창(矛)으로 풀이

柔 부드러울 유　창(矛)을 만들 때 쓰는 나무(木)는 부드러운(柔) 탄력이 있다는 의미

務 힘쓸 무　창(矛)을 손으로(又) 잡고 힘(務)을 다해 내리치는 것으로 풀이

❓ 바람직하지 않은 일을 더 심해지도록 부추기는 것은?

✅ 정답 271쪽

❓ 기쁨과 노여움과 슬픔과 즐거움을 아울러 이르는 말은?

✅ 정답 271쪽

❓ 마음에 어떠한 충동을 받아도 움직임

이 없이 천연스러움을 이르는 사자성어는?

✅ 정답 271쪽

26강

赤 붉을 적　사람을(土) 불에(火) 태우는 모습인데 큰(土) 불(灬)이 붉게(赤) 타오르는 모양인데 땅(土)에 불(灬)이 번져서 붉게(赤) 보이는 것으로 풀이

黑 검을 흑　묵형을 당한 죄수의 모습에서 검다는 의미가 파생된 것인데 지속적으로 붉게(赤) 타서 검게(黑) 된 것으로 풀이

墨 먹 묵　검은(黑) 흙(土)에 물을 타서 만든 먹(墨)

點 점 점　위치를 차지한(占) 곳에 검게(黑) 찍힌 점(點)을 의미

用 쓸 용　자주 쓰는(用) 대나무 통(用)의 모양

角 뿔 각　잔으로 쓰는(用) 소뿔(角)의 모양

解 풀 해　소(牛)에서 뿔(角)을 뽑고 칼(刀)로 고기를 부위별로 풀어내는(解) 것

備 갖출 비　사람(亻)이 풀처럼 뾰족한(艹) 화살을 집(厂)에 있는 통(用)에 갖추어(備) 놓은 것

通 통할 통　대나무나 악기 통의 소리가 쉽게 통한다는(通) 것 혹은 자주 사용하는(用) 길이 막힘없이 갈 수(辶) 있도록 통하는(通) 것으로 풀이

痛 아플 통　병(疒)의 통증이 밖으로 통하니(通) 아픈(痛) 것으로 풀이

歹 부서진 뼈 알　앙상한 뼈(歹)의 모양

死 죽을 사　사람(匕)이 죽은(死) 사람의 뼈(歹)를 수습하는 장면

列 벌일 렬　칼(刂)로 뼈(歹)를 발라내서

펼쳐(列) 놓는다는 의미에서 벌인다는
(列) 뜻이 파생

烈 세찰/매울 렬　벌여(列) 놓은 장작에 불
(灬)이 세차게(烈) 타오르는 것으로 풀이

裂 찢을 렬　옷(衣)을 펼쳐서(列) 찢은(裂) 것

例 법식 례　법식(例)에 따라 사람(亻)을 나
란히 줄을 세워 펼쳐(列) 놓은 것으로
풀이

員 인원 원　따뜻한 솥(鼎) 주변에 여러 인
원(員)이 모이는 것으로 풀이

圓 둥글 원　둥근(囗) 솥(鼎)의 모양

損 덜/줄일 손　인원(員)을 손(扌)으로 빼
간다는 의미에서 수가 줄어든다는(損)
의미 파생

僉 다 첨　여러 사람이(人) 다(僉) 모여 입
으로(口) 대화하는 모습

儉 검소할 검　많은 사람이(亻) 다(僉) 모
였을 때는 물자를 아끼기 위해 검소한
(儉) 생활을 해야 한다는 의미

檢 검사할 검　여러 사람이 다(僉) 모여
검사했다는(檢) 것을 보장하는 나무(木)
도장

驗 증사할/시험할 험　말(馬)을 다(僉) 타
보고 모든 검사를(驗) 마친 후 말을 구
입하는 것으로 풀이

昔 예 석　오래전(日) 물로 뒤덮인(卄) 과
거(昔)를 의미하는데 하루하루(日)가 쌓
여서(卄) 만들어진 과거(昔)의 시간으로
풀이

惜 아낄 석　옛일(昔)을 생각할 때 마음(忄)
속으로 느끼는 감정

借 빌릴 차　과거(昔)에는 물품을 사람(亻)
들끼리 서로 빌렸던(借) 것으로 풀이

非 아닐 비　날아가는 새를 위에서 본 모
양(非)인데 등의 모양이라서 위배된다
는(非) 의미 파생

悲 슬플 비　뜻대로 되지 아니하여(非) 마
음(心)이 슬퍼지는(悲) 것

罪 죄 죄　칼로 죄인의 코를 베는 것인데
바르지 아니한(非) 죄를(罪) 지어서 그물
(罒)로 잡아가는 것

罰 벌할/형벌 벌　그물(罒)로 잡아서 말
(言)로 심문하고 칼(刂)로 벌하는(罰) 것

册 책 책　목간 혹은 대나무 대쪽을 실이
나 가죽으로 엮은 책(册)으로 풀이

典 책/법/의식 전　두 손(八)으로 소중한
책(册)을 받들고 있는 모습

篇 책 편　집(戶)에서 보는 대나무(竹)로 만
든 책(册)인 죽간으로 풀이

論 논할 론　사람(人)이 모여(一) 책(册)의
내용을 논하는(論) 것으로 풀이

倫 인륜 륜　사람(人)이 모여(一) 집필한 책
(册)의 내용을 읽으면서 사람이(亻) 반드
시 지켜야 할 인륜을(倫) 깨닫는 것으로
풀이

于 어조사 우　'어조사 어(於)'와 같은 기능
을 하는 어조사(于)

宇 집 우　집(宀)처럼 넓은 우주(宇)의 공간

乎 어조사 호　'어조사 어(於)'와 같은 기능
을 하는 어조사(乎)

呼 부를 호　입(口)으로 숨을 내쉬는(乎)
모습에서 큰소리로 부른다는(呼) 의미
파생

由 말미암을/까닭/길 유　항아리의 모양
에서 가차된 것인데 밭(田)에서 길(丨)이
시작되는 것이니 말미암다는(由) 의미
가 파생한 것으로 풀이

油 기름 유　불을 얻게 하는 까닭(由)이 되
는 물(氵)이라서 기름(油)으로 풀이

宙 집 주　우주(宙)의 비롯됨(由)

❓ 기와가 깨진다는 뜻으로, 조직이나

계획 따위가 산산이 무너지고 흩어짐을 이르는 말은?

✅ 정답 271쪽

❓ '예'가 아니면 보지 말라는 의미의 사자성어는?

✅ 정답 271쪽

27강

亡 망할 망 못 쓰게 된 연장의 모양인데 사람(亠)이 망해서(亡) 특정 공간(凵)에 몸을 숨긴 것으로 풀이

忘 잊을 망 마음(心)의 기능이 망해서(亡) 기억한 것을 잊은(忘) 것으로 풀이

忙 바쁠 망 해야 할 일을 잊어서(忘) 마음(忄)이 바빠진(忙) 것으로 풀이

望 바랄/원망할 망 사람(千)이 높은 곳에 올라(王) 달(月)을 바라보는(望) 것

卯 토끼 묘 물건을 반으로 나눈 제물의 모양인데 귀가 쫑긋한 토끼(卯)로 풀이

柳 버들 류 물가(卯) 주변에서 잘 자라는 버드나무의(柳) 모양인데 토끼(卯)가 좋아하는 부들부들한 나뭇잎(木)인 버들(柳)로 풀이

留 머무를 류 저수지를 만들어 밭에서(田) 농경을 시작하면서 정착이(留) 시작된 것 혹은 밭(田)에 머물러(留) 칼(刀)로 농작물을 다듬고 있는 것으로 풀이

卵 알 란 테두리 같은 막(卵)에 물고기 알(丶) 두 개가 있는데 토끼(卯) 똥(丶)처럼 둥근 알(卵)로 풀이

弗 아닐 불 활(弓)의 활시위(丨)가 느슨해서는(丿) 안 되는(弗) 것으로 풀이

佛 부처 불 사람(亻)이 아닌(弗) 존재로 여겨지는 부처(佛)로 풀이

費 쓸 비 돈(貝)을 써서 존재하지 않게(弗) 하기 때문에 쓰는(費) 것으로 풀이

宮 집 궁 집(宀)에 여러 방(口)이 있는 궁(宮)으로 풀이

營 경영할 영 집안(宮)이 불타오르듯(火) 번영하도록 경영하는(營) 것으로 풀이

勞 일할/힘쓸 로 힘써(力) 경영하며(營) 일하는(勞) 것으로 풀이

榮 영화 영 열심히 일하면(勞) 나무(木)에 불(火)이 타오르는 것처럼 영화로워진다는(榮) 의미

官 벼슬 관 궁에서(宮) 일하는 벼슬아치(官)

帥 장수 수 천(巾)으로 만든 깃발 꽂고 궁 밖에서 일하는 벼슬아치(官)인 장수(帥)로 풀이

師 스승 사 장수(帥)들을 모아서(一) 병법을 알려주는 책사들인 스승(師)으로 풀이

追 쫓을 추 장수(帥)들이 적병을 쫓아(追) 추격하는(辶) 것으로 풀이

豕 돼지 시 돼지(豕)의 모양

家 집 가 돼지(豕)를 키우는 집(家)

隊 무리 대 사람(人)이 언덕에서(阝) 돼지(豕) 떼(隊)를 방목하여 키우는 것

象 코끼리/모양 상 코끼리(象)의 모양

爲 할/될 위 손(爪)으로 코끼리를 부려서 일하게(爲) 하는 것

緣 인연 연 직물의 끝인 가장자리에서 가차된 것인데 돼지(豕)를 잡는 결혼식이 끝나면 실(糸)이 연결되는 것처럼 인연(緣)이 이어지는 것으로 풀이

彔 나무 깎을 록 풀을 으깬 즙이 아래로 흘러내리는(氺) 모양 혹은 두레박에 담긴 우물물이 넘치는 모양

綠 푸를/초록 록 실에(糸) 풀 즙(彔) 색깔

을 입혀서 푸른색으로(綠) 만든 것

錄 새길/기록할 록 나무를 깎는 듯(彔) 청동(金) 주물에 글씨를 새긴(錄) 것

爿 조각 장 나무(木)를 쪼갰을 때의 왼쪽 (爿) 조각

片 조각 편 나무(木)를 쪼갰을 때의 오른 쪽(片) 조각

壯 씩씩할 장 침상(爿)을 들어 올리는 씩 씩한(壯) 장사(士)로 풀이

將 장수/장차 장, 거느릴 솔 손(寸)에 고 기(月)를 들고 나무 조각(爿) 위에 장차 (將) 올리려는 모습

狀 모양 상, 문서 장 나무판자(爿)에 개 (犬)를 올린 모양인데 개(犬)의 상태를 문서(狀)에 적은 것으로 풀이

臣 신하 신 눈(臣)의 모양인데 왕을 주의 깊게 보필하고 백성을 살핀다는 의미에 서 신하(臣)의 의미가 됨

監 볼 감 사람(亻)이 눈(臣)으로 구리 그릇 (皿)을 보고(監) 있는 모습

覽 볼 람 '볼 감(監)'에 '볼 견(見)'을 추가해 서 두루 자세히 본다는(覽) 의미 강조

臥 누울/엎드릴 와 신하(臣)된 사람(人)이 왕 앞에 엎드린(臥) 것으로 풀이

賢 어질 현 손에(又) 있는 돈을(貝) 백성에 게 전해주는 어진(賢) 신하로(臣) 풀이

堅 굳을 견 흙이 굳은 것인데 어진(賢) 신 하(臣)에게 땅(土)을 하사하니(又) 충성 심이 더 굳어지는(堅) 것으로 풀이

❓ 세 사람이 짜면 거리에 범이 나왔다는 거짓말도 꾸밀 수 있다는 뜻으로, 근 거 없는 말이라도 여러 사람이 말하면 곧이듣게 됨을 이르는 사자성어는?

✅ 정답 271쪽

❓ 개나 말 정도의 하찮은 힘이라는 뜻으 로, 윗사람에게 충성을 다하는 자신의 노력을 낮추어 이르는 사자성어는?

✅ 정답 271쪽

28강

虎/虍 범 호 호랑이(虎)의 모양

處 곳/살 처 호랑이(虍)가 걸어서(夂) 들 어간 굴(几)이라는 의미에서 장소의(處) 개념을 나타내는 것으로 풀이

虛 빌 허 넓고 광활해서 텅 비어 있는 언 덕의 모양인데 호랑이를(虍) 잡기 위한 덫이(业) 비어(虛) 있는 것으로 풀이

號 부르짖을/이름 호 호랑이(虎)처럼 입 (口)을 벌려(丂) 부르짖는(號) 모습으로 풀이

極 다할 극 대들보를 의미하는 것인데 손 (又)에 나무막대(木)를 잡고 입(口)을 크 게 벌려(丂) 힘을 다해(極) 부르짖는 극 한 상황으로 풀이

包 쌀 포 뱃속 아이(巳)를 싸고(勹) 있는 태보로 풀이

抱 안을 포 손(扌)으로 감싸게(包) 되면 안 게(抱) 되는 것

渴 목마를 갈 짐승이 목이 말라서 물가를 찾아온 모습인데 밀폐된 공간에서 연설 한(曰) 사람(人)이 물(氵)을 생각나고 목 마른 것으로 풀이

均 고를 균 땅을 두(二) 지역으로 싸서(勹) 고르게(均) 나눈 것을 의미

約 맺을/약속할 약 밧줄(糸)로 손을 싸서 (勹) 묶은(約) 모양에서 약속(約)이라는 의미가 파생

的 과녁 적 싸져 있는 테두리 가운데가

하얗게(白) 빛나는(ヽ) 것처럼 보이는 과녁(的)

句 글귀 구　입(口)에서 나온 말을 싸서(勹) 정리하면 글귀(句)가 되는 것으로 풀이

敬 공경할/훈계할 경　매를 쳐서(攵) 진실하게(苟) 한다는 의미에서 훈계한다는(敬) 의미 파생

警 경계할/깨우칠 경　말(言)로 훈계하며(敬) 경계시킨다는(警) 의미

驚 놀랄 경　채찍에 맞은(攵) 말이(馬) 놀란(驚) 것으로 풀이

而 말 이을 이　턱선(一) 아래 수염이 난 모양(而)인데 수염이 이어지듯(而) 말이 이어진다는 의미로 사용

端 바를/끝 단　산(山)의 식물들이 바르게(端) 서서(立) 뿌리까지 땅으로 이어진(而) 것으로 풀이

需 구할 수　기우제를 지내며 비(雨)가 수염(而)까지 적시기를 신게 구하는(需) 것

儒 선비 유　세상이 요구하는(需) 사람(亻) 혹은 세상에 필요한 사람인 선비(儒)라고 풀이

干 방패/막을 간　막고 찌를 수 있는 방패(干)의 모양

平 평평할 평　물건과 저울추가 균형을 이룬 평평한(平) 상황으로 풀이

坪 들 평　평평한(平) 땅(土)인 들(坪)

評 평론할 평　치우치지 않고(平) 공평하게(平) 말(言)로 평론하는(評) 것

爰 끌/이에 원　손(爪)으로 방패(干) 같은 막대를 내밀어 위험에 빠진 손(又)을 끌어주는 것으로 풀이

暖 따뜻할 난　태양(日)을 당기니(爰) 따뜻해지는(暖) 것으로 풀이

研 갈 연　방패(干)처럼 평평하게(幵) 돌(石)을 가는(研) 것

缶 장군 부　틀(凵)과 절굿공이(午)의 모양인데 흙으로 만든 질그릇(缶)으로 정리

搖 흔들 요　그릇(缶)에 고기(月)가 있어 기분 좋게 손(扌)으로 흔드는(搖) 것으로 풀이

謠 노래 요　그릇(缶)에 고기(月)가 있어 말(言)이 절로 노래(謠)로 변한다고 풀이

寶 보배 보　집(宀)안에 옥(王)과 도자기(缶)와 돈(貝) 등의 보배(寶)가 가득한 것

瓜 오이 과　덩굴 사이에 오이(瓜) 같은 열매가 달려 있는 모양

孤 외로울 고　오이(瓜) 하나 달랑 열린 것처럼 외아들(子)이 외롭게(孤) 지내는 것

周 두루 주　성(冂)에서 농작물이 두루(周) 잘 자라는 땅(土)을 사람이 두루(周) 돌아보는 것으로 풀이

週 돌 주　두루두루(周) 지나가면서(辶) 한 바퀴 돌아보는(週) 것

調 고를/가락 조　두루두루(周) 살펴서 말(言)을 고르게(調) 하는 것으로 풀이

巠 물줄기 경　천을 짜는 직조기에 실타래(巛)가 걸려 있는 모양(巠)인데 냇물(巛)이 모여(一) 만든(工) 물줄기(巠)로 풀이

經 세로/글/지날/다스릴 경　세로(經)로 걸려 있는 날줄(糸)을 의미하는데 날줄과 씨줄을 교차해 근사한 옷감을 완성하기 때문에 다스리다는(經) 의미 파생

輕 가벼울/가벼이 여길 경　세로로 매달린 실(巠)을 타고 내려오는 것처럼 수레(車)를 타고 달린다는 의미에서 몸과 마음이 가볍다는(輕) 의미 파생

束 묶을 속　물건을 담은 자루를 묶은 모양인데 나무(木)를 묶은(口) 모양으로 풀이

速 빠를 속 묶은(束) 것을 빠르게(速) 이동시킨(辶) 것으로 풀이

柬 분간할 간 잘 분간하여(柬) 종류별로 묶은(束) 것으로 풀이

練 노련할/훈련할/단련할 련 실(糸)을 종류별로 분간할(柬) 수 있을 정도로 노련한(練) 것으로 풀이

收 거둘 수 얽혀(丩) 있는 식물을 손(攵)으로 거두어들이는(收) 작업

❓ 세상에 홀로 떨어져 있는 듯이 매우 외롭고 쓸쓸한 것은?

✅ 정답 271쪽

❓ 공경하되 가까이하지는 않음, 겉으로는 공경하는 체하면서 실제로는 꺼리어 멀리함을 이르는 사자성어는?

✅ 정답 271쪽

29강

關 빗장 관 실(幺)로 얽혀(丩) 놓은 것 같이 굳게 닫힌 빗장(關) 문(門)

黃 누를 황 누런(黃) 불빛을 내며 날아가는 불화살(黃)의 모양

廣 넓을 광 불화살(黃)의 빛이 멀리 퍼진다는 것인데 보통 넓은(廣) 집(广)으로 풀이

寅 삼갈/범 인 화살과 화살촉(宀)의 모양인데 화살(黃)을 목표 지점(宀)에 적중시키려면 정신을 집중하고 삼가야(寅) 하는 것으로 풀이

屯 진 칠 둔 풀(屮)이 땅(一)을 뚫고 나온 모양(屯)에서 진을 치고(屯) 있다는 의미 파생

純 순수할 순 새순(屯)의 순수함(純)과 실(糸)을 결합해서 새로 만든 깨끗하고 순수한(純) 옷이라는 것을 강조

逆 거스를 역 물체가 위로 솟아나는 모양에서 거스른다는 것인데 갓(屮) 쓴 사람들이 가마를 타지 않고 풀밭(屮)으로 걸어서(辶) 거슬러(逆) 올라가는 것으로 풀이

胎 아이 밸 태 몸(月)에서 자라고 있는 태아(台)의 모습

始 처음/시작할 시 여성(女)의 몸에 태아(台)가 생겨서 자라고 있는 모습이라서 시작(始)의 의미 파생

治 다스릴 치 물이 흐르는 순리를 적용해서 다스리는 것 혹은 태아(台)가 자라듯 물(氵)을 불어나는 것을 잘 다스리는(治) 것으로 풀이

潔 깨끗할 결 칼(刀)로 실(糸)을 예쁘게(丯) 잘라서 물(氵)로 깨끗하게(潔) 씻은 것

華 꽃/찬란할 화 풀(艹)로 무성하게 덮인 화려하고 예쁜(丯) 꽃(華)의 모양

逢 만날 봉 예쁜(丯) 풀밭을 걷다가(夂) 우연히 지나가는(辶) 사람을 만나는(逢) 것으로 풀이

作 만들 작 옷을 만드는 모양인데 사람(亻)이 잠깐(乍) 사이 나무를 쪼개서(乍) 조각을 만든(作) 것으로 풀이

昨 어제 작 가장 최근에 만든(乍) 날(日)이라서 어제(昨)로 풀이

尺 자 척 손에서 팔목까지의 길이 혹은 사사람 키를 재는 도구(尺)

局 판 국 자(尺)로 잰 네모(口) 판(局)을 만든 것으로 풀이

氣 기운 기 구름이 일어나는 기운(气)의 모양에다가 기운을 넘치게 만드는 쌀

(米)을 추가

汽 김 기 수증기가(氣) 온도가 내려가서 작은 물방울로(氵) 변한 김(汽)

菜 나물 채 풀(艹)과 나무(木)의 잎을 손 (爪)으로 캐낸 나물(菜)

採 캘 채 손(扌)으로 나무(木)잎 같은 나물 을 캐는(採) 것

戰 싸울 전 무기(單)와 창(戈)으로 진행되 는 전쟁(戰)

鹿 사슴 록 사슴(鹿)의 모양

麗 고울 려 뿔(丽)이 고운(麗) 사슴(鹿)의 모양

慶 경사 경 사슴을(鹿) 잡아 들쳐 매고 집 으로 걸어오는(夊) 사람이 마음(心)으로 느끼는 경사스러움(慶)

亞 버금/흉할 아 십자형(亞) 무덤 터를 위에서 본 모양인데 사는 것은 으뜸이 고 죽는 것은 버금(亞)이라는 의미로 풀이

惡 악할 악, 미워할 오 무덤이나 죽음과 관련한 마음을 의미하는데 흉한(亞) 마 음을(心) 품고 있는 것이 악한(惡) 것이 라고 풀이

叔 아재비 숙 손으로(又) 콩을(尗) 수확하 고 있는 모습인데 가차되어 작은아버지 의 뜻으로 사용

淑 맑을 숙 맑은(淑) 물(氵)만 있어도 잘 자라는 콩(尗)으로 풀이

文 무늬/글월 문 사후 세계에서 부활하 기를 소망하며 죽은 사람(文)의 몸에 심 장 무늬를 새겨 넣은 것

❓ 뜬구름과 아침 이슬이라는 뜻으로, 인생의 덧없음을 이르는 사자성어 는?

✅ 정답 271쪽

30강

■ 독음 다른 것

1. 說
   說話 설화   說文 설문
   說敎 설교   遊說 유세

2. 著
   著名 저명   著作 저작
   共著 공저   著足 착족

3. 拾
   拾得 습득   收拾 수습
   拾遺 습유   參拾 삼십

4. 樂
   快樂 쾌락   苦樂 고락
   樂樂 낙락   風樂 풍악

5. 復
   復歸 복귀   復權 복권
   復習 복습   復興 부흥

6. 辰
   元辰 원신   北辰 북신
   吉辰 길신   辰時 진시

7. 暴
   暴落 폭락   暴行 폭행
   暴露 폭로   暴惡 포악

8. 則
   規則 규칙   校則 교칙
   稅則 세칙   然則 연즉

9. 數

算數 산수　　數學 수학
數理 수리　　數數 삭삭

■ 이음동자

便 편할 편, 똥오줌 변
易 바꿀 역, 쉬울 이
殺 죽일 살, 덜 쇄
乾 하늘 건, 마를 간
著 나타날 저, 붙을 착
於 어조사 어, 탄식할 오
推 밀 추, 밀 퇴

■ 훈음 쓰기

1. '素服'에서 '素'의 훈음은?
2. '更生'에서 '更'의 훈음은?
3. '變更'에서 '更'의 훈음은?
4. '暴露'에서 '暴'의 훈음은?
5. '拾得'에서 '拾'의 훈음은?
6. '貳拾'에서 '拾'의 훈음은?
7. '住宅'에서 '宅'의 훈음은?
8. '推定'에서 '推'의 훈음은?
9. '推進'에서 '推'의 훈음은?
10. '省略'에서 '省'의 훈음은?
11. '相殺'에서 '殺'의 훈음은?
12. '句讀'에서 '讀'의 훈음은?
13. '容易'에서 '易'의 훈음은?
14. '易學'에서 '易'의 훈음은?
15. '交易'에서 '易'의 훈음은?
16. '賞狀'에서 '狀'의 훈음은?
17. '適切'에서 '切'의 훈음은?
18. '星宿'에서 '宿'의 훈음은?
19. '敗北'에서 '北'의 훈음은?

20. '於乎'에서 '於'의 훈음은?
21. '洞口'에서 '洞'의 훈음은?
22. '行列'에서 '行'의 훈음은?
23. '乾菜'에서 '乾'의 훈음은?

 정답 271~272쪽

■ 괄호 채우기

1. ( )色, 紅( ), ( )面不知
2. 絶( ), ( )上會談
3. ( )格, ( )冬雪寒, 至( )
4. 强( ), 目不( )見, ( )苦
5. 外( ), ( )儉
6. 出( ), ( )儉, ( )勉
7. ( )勞者, 皆( )賞, 通( )
8. ( )惜, 悲( ), ( )痛
9. ( )學, 自( )車, 公( )
10. 溫( ), ( )順
11. 毛( ), 羊( )紙
12. 試( ), ( )車, ( )客
13. ( )孫, ( )祖, 未( )有
14. 大歡( ), ( )接, ( )送
15. 移( ), ( )與
16. ( )件, ( )內所, 方( )
17. 苦( ), ( )水期, ( )求
18. 極( ), ( )惡
19. ( )秋, 早( )間, ( )鐘
20. ( )筆, ( )着, 固( )
21. ( )上, ( )遊, ( )揚
22. ( )處, ( )之半, 群( )
23. ( )科, 近視( ), ( )鏡

 정답 272쪽

■ 짜임 정리

• 주술

月出 월출 　 鷄鳴 계명
洞深 동심 　 泉淨 천정

• 수식

苦笑 고소 　 廣域 광역
單身 단신 　 墨香 묵향
流水 유수 　 深度 심도
車票 차표 　 誤判 오판
今週 금주 　 怨聲 원성
混聲 혼성 　 我國 아국
飛鳥 비조 　 病勢 병세
妻族 처족 　 深海 심해

• 술목

開會 개회 　 開業 개업
抱卵 포란 　 失脚 실각
讀書 독서 　 執權 집권
採油 채유 　 飮酒 음주
愛酒 애주 　 解約 해약
育兒 육아 　 送年 송년
施惠 시혜 　 免稅 면세

• 상대 병렬

閑忙 한망 　 深淺 심천
恩怨 은원 　 動靜 동정

• 유사 병렬

扶助 부조 　 根源 근원
崇高 숭고 　 哀痛 애통
兒童 아동

• 성어

嚴冬雪寒 엄동설한 　 敬而遠之 경이원지

紙筆硯墨 지필연묵
頂門一鍼 정문일침
莫逆之友 막역지우
無窮無盡 무궁무진
公私多忙 공사다망
十年減壽 십년감수
物我一體 물아일체
意氣投合 의기투합
大器晩成 대기만성
顔面不知 안면부지
過猶不及 과유불급
步武堂堂 보무당당
一言之下 일언지하
進退兩難 진퇴양난
皮骨相接 피골상접
獨不將軍 독불장군
三人成虎 삼인성호
重言復言 중언부언
雪上加霜 설상가상
易地思之 역지사지
絶海孤島 절해고도
千篇一律 천편일률
堅甲利兵 견갑이병
犬馬之勞 견마지로
日就月將 일취월장
浮雲朝露 부운조로
目不忍見 목불인견
三尺童子 삼척동자
明鏡止水 명경지수
是非曲直 시비곡직
傷弓之鳥 상궁지조
此日彼日 차일피일
不可思議 불가사의
賢母良妻 현모양처
喜喜樂樂 희희낙락
非禮勿視 비례물시

無錢取食 무전취식
朝三暮四 조삼모사
相扶相助 상부상조
五穀百果 오곡백과
喜怒哀樂 희로애락
百害無益 백해무익
白衣民族 백의민족
言中有骨 언중유골
感之德之 감지덕지
馬耳東風 마이동풍
我田引水 아전인수
牛耳讀經 우이독경

亡子計齒 망자계치
泰然自若 태연자약
匹夫匹婦 필부필부
百家爭鳴 백가쟁명
朝令暮改 조령모개
紅東白西 홍동백서
起承轉結 기승전결
無用之物 무용지물
各界各層 각계각층
旣往之事 기왕지사
鷄卵有骨 계란유골
積小成大 적소성대

정답

1강 進取 진취

2강 不肖子 불초자

3강 行政 행정

4강 革命 혁명

5강 亡身 망신

6강 心象 심상

7강 甲骨文 갑골문

8강 三吐 삼토

9강 共鳴 공명

10강 知音 지음

11강 比肩 비견

12강 星宿 성수, 宿命 숙명

13강 語塞 어색

14강 樂山樂水 요산요수

15강 公平無私 공평무사

16강 莫上莫下 막상막하

17강 東征西伐 동정서벌

18강 信衣 신의

19강 大同 대동

20강 人相 인상

21강 歲暮 세모

22강 重且大 중차대, 重且大하다

23강 不死鳥 불사조

24강 身分 신분

25강 三寸 삼촌

26강 相談 상담

27강 靑雲之志 청운지지

28강 思潮 사조

29강 賣春 매춘

30강 推移 추이

3급 대비 한자 1000

2강 仁兄 인형

3강 朋友 붕우, 友人 우인

4강 口舌數 구설수

5강 白眼 백안

6강 退字 퇴자/퇴짜

7강 具存 구존

8강 樂山樂水 요산요수

9강 注目 주목

10강 閑良 한량, 寸志 촌지

11강 積善 적선, 達人 달인

12강 積小成大 적소성대

13강 立冬 입동, 一言之下 일언지하,
明鏡止水 명경지수

14강 歷史 역사

15강 便秘 변비, 宿便 숙변

16강 脚光 각광, 殺到 쇄도, 言中有骨
언중유골

17강 慈堂 자당

18강 落書 낙서, 重言復言 중언부언

19강 先生 선생, 傷弓之鳥 상궁지조

20강 吟味 음미, 絶好 절호, 旣往之事
기왕지사

21강 老炎 노염, 十年減壽 십년감수

22강 秋波 추파, 未亡人 미망

23강 觀光 관광, 進步 진보

24강 改革 개혁, 無色하다

25강 助長 조장, 喜怒哀樂 희로애락,
泰然自若 태연자약

26강 瓦解 와해, 非禮勿視 비례물시

27강 三人成虎 삼인성호,
犬馬之勞 견마지로

28강 孤獨 고독, 敬而遠之 경이원지

29강 浮雲朝露 부운조로

30강
■ 훈음 쓰기
  1. 힐 소
  2. 다시 갱
  3. 고칠 경

4. 드러낼 폭
5. 주울 습
6. 열 십
7. 집 택
8. 밀/헤아릴 추
9. 밀 추
10. 덜 생
11. 감할/덜 쇄
12. 구절 두
13. 쉬울 이
14. 주역 역
15. 바꿀 역
16. 문서 장
17. 적절할 절
18. 별 수
19. 달아날 배
20. 탄식할 오
21. 고을 동
22. 항렬 항
23. 마를 건

■ 괄호 채우기
1. 顔色 안색, 紅顔 홍안,
   顔面不知 안면부지
2. 絶頂 절정, 頂上會談 정상회담
3. 嚴格 엄격, 嚴冬雪寒 엄동설한,
   至嚴 지엄
4. 强忍 강인, 目不忍見 목불인견,
   忍苦 인고
5. 外勤 외근, 勤儉 근검
6. 出勤 출근, 勤儉 근검, 勤勉 근면
7. 勤勞者 근로자, 皆勤賞 개근상,
   通勤 통근
8. 哀惜 애석, 悲哀 비애, 哀痛 애통
9. 轉學 전학, 自轉車 자전거, 公轉 공전
10. 溫柔 온유, 柔順 유순

11. 毛皮 모피, 羊皮紙 양피지
12. 試乘 시승, 乘車 승차, 乘客 승객
13. 曾孫 증손, 曾祖 증조,
    未曾有 미증유
14. 大歡迎 대환영, 迎接 영접,
    迎送 영송
15. 移讓 이양, 讓與 양여
16. 案件 안건, 案內所 안내소,
    方案 방안
17. 苦渴 고갈, 渴水期 갈수기,
    渴求 갈구
18. 極甚 극심, 甚惡 심악
19. 晩秋 만추, 早晩間 조만간,
    晩鐘 만종
20. 執筆 집필, 執着 집착, 固執 고집
21. 浮上 부상, 浮遊 부유, 浮揚 부양
22. 居處 거처, 居之半 거지반,
    群居 군거
23. 眼科 안과, 近視眼 근시안,
    眼鏡 안경